産経NF文庫
ノンフィクション

立憲君主 昭和天皇

下

川瀬弘至

潮書房光人新社

立憲君主 昭和天皇 下——目次

第三部　平和のため君主はどう動いたか

第八章――泥沼の日中戦争

第十一章――太平洋の死闘

第十二章――占領下の戦い

終章——永遠の昭和

〔上　目次〕

立憲君主　昭和天皇

下

天皇家の系図

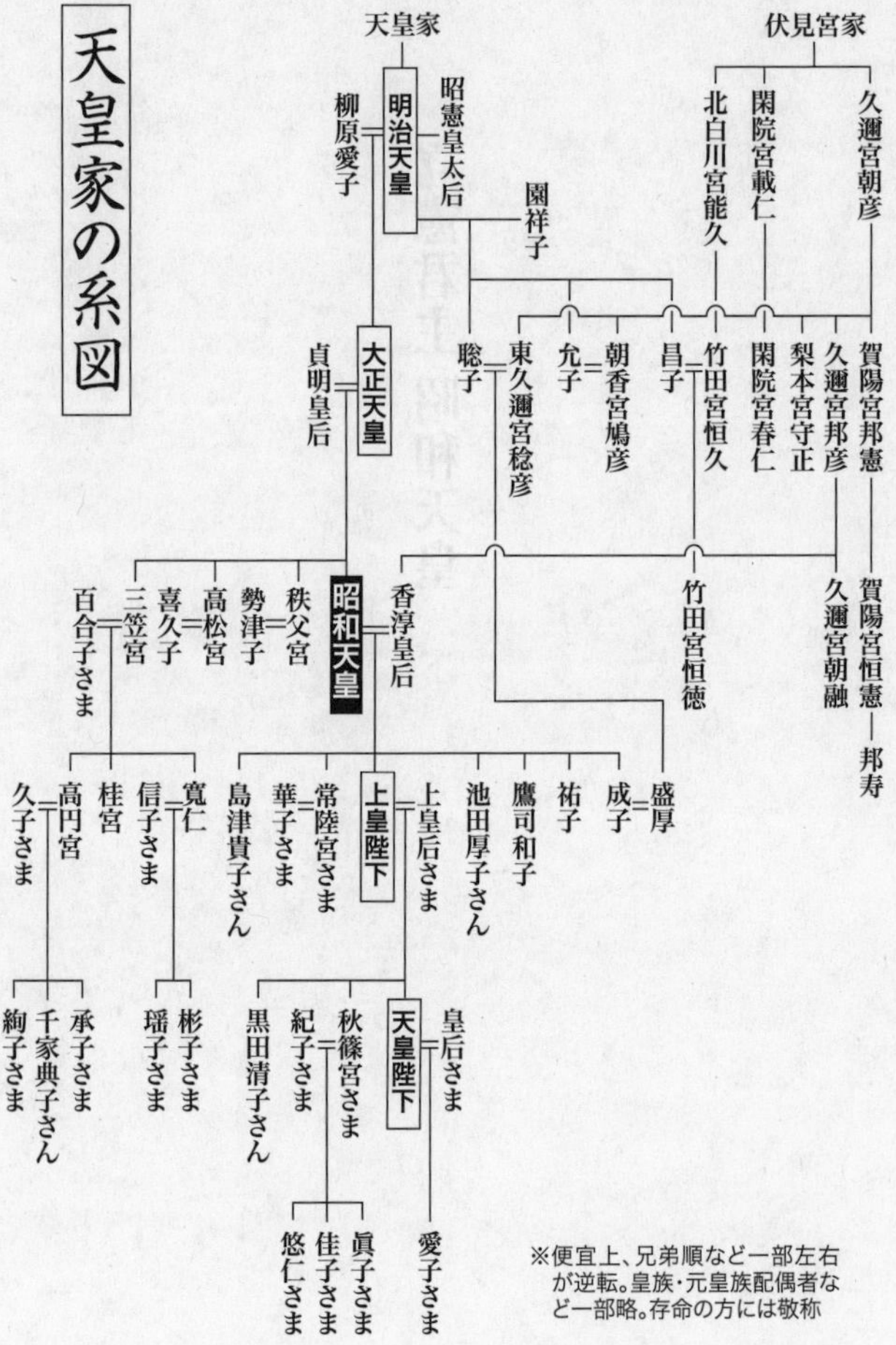

※便宜上、兄弟順など一部左右が逆転。皇族・元皇族配偶者など一部略。存命の方には敬称

第三部

平和のため君主はどう動いたか

第八章——泥沼の日中戦争

盧溝橋事件

昭和十二（一九三七）年六月四日の近衛文麿《このえふみまろ》内閣の発足から一ヵ月余り、それは、錯誤と偶然が重なって発火した。

七月七日、中国・北京の南西約一五キロ、永定河にかかる全長二六七メートルの盧溝橋《ろこうきょう》が、事件の舞台である。

この橋の北側の荒れ地で、日本の支那駐屯歩兵第一連隊第三大隊第八中隊が夜間演習を行っていた。月はなく、星明かりで橋の輪郭がかすかに浮かぶ暗夜である。午後十時半に前半の演習が終わり、中隊長の清水節郎が「集合」の伝令を仮設敵の陣地に送ったとき、その方角から軽機関銃の射撃音が聞こえた。

訓練用の空砲だ。清水は、仮設敵が伝令を誤射したのだろうと思ったが、その直後、別の方角から数発の銃声がした。

今度は実弾だ。危険を感じた清水が部下に集合ラッパを吹かせたところ、再び十数発の銃声が響き、頭上で弾丸がヒュンヒュンと風を切った。

部隊を集めて点呼をとると、初年兵が一人いない。実弾が飛んできたのは、中国軍の塹壕《ざんごう》がある永定河の堤防付近からで、中国軍に銃撃されたか、捕虜にされた恐れもある。清水は伝令を駐屯地に走らせ、大隊長の一木清直に急報した。

一木は勇猛果敢で知られる部隊長だ。大隊主力に出動を命じ、自ら現場に急行した。行方不明の初年兵は道に迷っていただけで二十分後に帰隊したが、その報告を受けても一木は警戒態勢を緩めなかった。

一木から連絡を受けたのは、第一連隊長の牟田口廉也である。のちに無謀なインパール作戦を強行したことで知られる牟田口は、勇猛というより蛮勇に近い。当初は交渉により不法発砲の責任を追及するつもりだったが、八日午前三時二十五分、再び中国側から発砲を受けたとの急報を受け、一木に攻撃を許可した。

午前五時、大隊命令が下り、第三大隊主力が中国軍陣地に向かって前進を開始する。だが、交渉役として現場に到着した連隊付中佐の森田徹が、直前で攻撃を制止した。やむなく一木は部隊に食事休憩を与え、改めて攻撃の了解を得ようとした。

そのときだ。第三大隊に向かって中国軍が一斉射撃し、大隊側も応戦、なし崩し的に戦闘がはじまった。時に午前五時三十分、盧溝橋事件である(1)。

盧溝橋で日中両軍が衝突したとの報告を受けた首相、近衛文麿の第一声は、「まさか、陸軍の計画的行動ではなかろうな」だったという(2)。満洲事変の二の舞いを恐れたのだろう。

だが、事件はまったく偶発的だった。発端となった七日の実弾発砲について日中双方の見解は異なるが、日本軍の夜間演習中、訓練用の空砲に驚いた中国軍の兵士が実弾数発を撃ち、集合ラッパにまた驚いて十数発を撃ったというのが真相ではないか(3)。

両軍部隊が過剰反応する素地はあった。発砲前日の六日、中国第二九軍第一一〇旅長の何基澧が現場の将兵に、「もし日本軍が挑発したならば、必ず断固として反撃せよ」と命じていたからだ(4)。何基澧は、日本と蒋介石政権の共倒れを画策する中国共産党の影響を受けていたとされる。

一方、日本側で攻撃許可を出した連隊長の牟田口廉也も、前年に両軍兵士がトラブルになったとき、妥協的な措置をとったため「皇軍の威信が傷ついた」と悔やんでおり、今度は断固とした措置をとると決心していた(5)。

もっとも、より上級の支那駐屯軍司令部は不拡大方針で動いた。中国側との交渉に奔走したのは北平（北京）特務機関長、松井太久郎だ。両軍部隊の戦闘が断続的に続く中、松井は十一日夜、停戦協定の調印にこぎ着ける。

松井は言った。

「刀を抜いても血を見ずして鞘に収めることが出来れば上乗、動員しても戦争せずにすめば結構だ。此《こ》の協定を締結した為《ため》に害を将来に残すことは絶対にない(6)」

この停戦協定が守られていれば、歴史は変わったかもしれない。しかし、現地の足を東京が引っ張った。

内閣書記官長の風見章のもとに、陸相の杉山元から電話があったのは協定調印の前日、十日午後九時ごろである。

「現地の兵力が、あまりにも手うすである。これでは、その後の経過からみて、あんしんできない。したがって、ある程度の派兵の必要がある」(7)

支那駐屯軍の兵力は約五千八百人、対する中国第二九軍は約九万五千人。戦闘が本格化すれば駐屯軍はもちろん在住邦人の生命が危ない。杉山は、「(十一日の閣議で)至急派兵を決定したい」と訴えた。

風見は驚いた。杉山は九日の閣議でも同じ理由で動員派兵を提案し、海相の米内光政らに反対されて撤回したばかりである。かわりに不拡大方針の堅持を確認し、それは陸軍も認めていたはずだ。

だが、このとき陸軍内部では、深刻な路線対立が起きていたのである。

混乱する参謀本部

七月七日に盧溝橋事件が起きたとき、参謀本部を主導していたのは作戦部長の石原莞爾《かんじ》である。一報を受けた石原は、作戦課員に訓示した。

「支那と戦端を開くときは長期持久に陥り、日本は泥沼に足を突っこんだ如《ごと》く身動きができなくなる。戦争は避けなければならぬ[8]」

当時の石原はソ連の動向を危惧していた。陸軍の戦時総兵力は陸上三十個師団、航空四十五個中隊で、ソ連軍に比べ著しく劣っている。対抗するには日本・中国・満洲が連携しなければならず、中国と戦争するなどもってのほかと考えていたのだ。石原はまた、「今日の支那は昔の支那ではない。（中略）挙国一致の強い力を発揮することができる」ともみていた[9]。

だが、こうした考えは陸軍では少数派だ。多くは中国など一撃を加えれば屈服すると思い込み、拡大論に傾いた。その筆頭が、石原の直属の部下の作戦課長、武藤章である。石原の訓示を渋面で聞いていた武藤は、石原が部屋から出ていくと電話に飛びつき、拡大派の仲間を呼び出して言った。

「面白くなったね。ウン、大へん面白い。大いにやらにゃいかん[10]」

以後、参謀本部は路線対立で大混乱する。石原が現地の支那駐屯軍司令部に不拡大方針を電話で指示すると、直後に拡大派の将校が同軍参謀に電話をかけ、強気でいけとはっぱをかけるありさまだ[11]。それでも九日までは不拡大方針が通っていたが、十日の参謀本部首脳会議で武藤らが三個師団動員案を提起し、風向きが変わった。ほかの部課長らが賛同したため、石原も渋々ながら同意してしまうのだ。

動員派兵すれば中国を刺激し、かえって事態は悪化するだろう。石原に従う少数の不拡大派将校は十一日早朝、外務省東亜局に連絡し、内々に申し入れた。
「今日の閣議で陸相が三個師団動員案を提起する。そいつを外相の反対で葬ってほしい」[12]
混乱の極致である。
東亜局長の石射猪太郎は呆れつつ、外相の広田弘毅に「動員案を食い止めていただきたい、中国側を刺激することは絶対禁物です」と進言した。[13]
ところが、広田は閣議であっさり了承してしまう。陸相が「今すぐの派兵ではなく万一の時に対する備えである」と説明したのを鵜呑みにしたからだ。首相時代、さんざん陸軍に煮え湯を飲まされてきた広田は、すっかり無気力になっていた。

十一日、近衛文麿内閣は内地の三個師団動員を含む派兵方針を表明する。[14] 果たして中国側の態度は硬化した。折しもこの日、現地では停戦協定が調印されたが、日本への不信を強めた蔣介石は十三日、第二九軍の軍長に「和平解決は不可能、日本との単独交渉に応じるな」と打電し、十七日には「断じて一歩も譲歩しない」との声明を発表、[15] 停戦協定をひっくり返した。近衛内閣と陸軍は、武力行使の姿勢を示せば中国は引くはずだと楽観していたが、まるで逆効果だったのだ。

満洲事変時の奉天総領事代理だった森島守人（のちの外務省東亜局長）は述懐する。

「満州事変は出先の関東軍が、中央の不拡大方針を裏切って、（中略）中央を引きずったものであったが、華北事変はこれと正反対に、中央政府が現地の不拡大と局地解決の努力を否認して、政略的出兵に出て、かえって事態を拡大した[16]」

なぜ、首相の近衛は陸軍の動員派兵要求を了承したのか。しかも近衛は七月十一日の夜、わざわざ各界の有力者を首相官邸に集め、派兵方針への協力を自ら積極的に呼びかけている[17]。

この時の近衛について、派兵に断固反対だった当時の外務省東亜局長、石射猪太郎がこう振り返る。

「事件がある毎《ごと》に、政府はいつも後手にまわり、軍部に引き摺《ず》られるのが今までの例だ。いっそ政府自身先手に出る方が、かえって軍をたじろがせ、事件解決上効果的だという首相側近の考えから、まず大風呂敷を広げて気勢を示したのだといわれた。冗談じゃない。野獣に生肉を投じたのだ[18]」

策士策に溺れる、ということだろうか。あてが外れた政府と陸軍は、ますます迷走してしまう。

「陛下の思し召し」

盧溝橋事件の発生時、昭和天皇は神奈川県の葉山御用邸に滞在していた。それより八日前、昭和天皇は内大臣の湯浅倉平を呼び、日中関係の改善のため《先手を打って我が国より支那の希望を容れることを、また、北支対策につき御前会議を開いて方針を決定することを御希望》になったと、『昭和天皇実録』に記されている。[19]

昭和天皇は、日中関係が険悪化したままではいずれ取り返しのつかない事態になると、危惧していたのだろう。不幸にしてそれは、現実のものとなった。

日中両軍衝突の報告を受け、昭和天皇は予定を切り上げて皇居に戻り、以後は唯一の趣味としていた生物学御研究所での研究も取りやめ、連日公務に励んだ。[20] 七月十四日には侍従武官長から現地の支那駐屯軍司令官に、「陛下には今回の北支事変に関し其《そ》の拡大を特に御軫《しん》念《ねん》」と記した書簡が届き、軍司令官に絶対不拡大の決意を固めさせている。[21]

一方、七月十一日に派兵方針を表明した首相の近衛文麿はその後、体調を悪化させて寝込んでしまった。派兵表明がかえって解決を遠のかせたことへの、気落ちもあったのだろう。

病床で近衛は、悲壮な決意を固める。不拡大派の参謀本部作戦部長、石原莞爾の進言を入れ、自ら南京に乗り込み蔣介石と会談しようとするのだ。近衛は内閣書記官長の風見章に言った。

「私は元来身体が弱いので、生きて何時まで奉公できるか判らぬ。今私が南京に飛び蔣と直接交渉するがよいというなら、一命を賭けて直ぐにでも行こう。今こうして病床にあるが、看護婦を一人伴つて行けばよい[22]」

ところがこの案に、陸相の杉山元が反対した。やむなく近衛は、外相の広田弘毅を南京に向かわせようとしたが、広田は「さあ、そういうことをやってみても……」と後ろ向きである。近衛が蔣介石のもとに送ろうとした特使すら、憲兵隊にスパイとみなされ神戸で拘束されてしまうありさまだった。[23] 迷走に次ぐ迷走で、関係機関の統制がまるでとれていなかったのだ。

この間、陸軍内部も揺れに揺れた。参謀本部では不拡大派の石原と拡大派の武藤章が連日激しく言い争い、「君がやめるか、私がやめるかどっちかだ」という石原の怒声が響いた。[24]

停戦合意に向けた現地の努力もあり、しばらく延期されていた派兵方針だが、振り上げた拳の降ろしどころが見つからない政府は七月二十日、ついに内地の三個師団動員を閣議決定する。これに憤慨した外務省東亜局長の石射猪太郎らが外相の広田に辞表をたたきつける騒動まで起きた。[25] 外務省も一枚岩ではなかったのである。

ますます混乱する政府と軍部。だが、「ここで陛下のお思し召しが働いた」と、石射が書く。

「二九日の晩、お召によって伺候した近衛首相に対し、もうこの辺で外交交渉により問題を解決してはどうか、との御言葉があったというのだ。これが陸軍に伝えられて利いたものと見え、三一日柴山（兼四郎）[26] 軍務課長が来訪し、停戦を中国側からいい出させる工夫はあるまいかと相談をかけてきた」

『昭和天皇実録』によると、昭和天皇の要望で近衛が参内《さんだい》し、《軍事行動取り止め如何《いかん》につき御下問》があったのは二十九日ではなく三十日である。(27) 混乱を見かねて、自ら不拡大の舵を支えようとしたのだろう。

石射が述懐するように、この「お思し召し」をきっかけに、ようやく政府と軍部の足並みがそろうかに見えた。しかし、その頃通州（現北京市通州区）で起きた残虐な事件が、日本を泥沼へと引きずり込む。

通州事件

盧溝橋事件を導火線とする日中戦争をめぐり、日本の加害行為がマスコミなどに取り上げられることはあっても、その逆はほとんどない。しかし、一九三七（昭和十二）年七月二十九日に通州で起きた虐殺事件は、泥沼と化した日中戦争の実相を理解する上でも、忘れてはならないだろう。

その日、同盟通信特派員の安藤利男は通州の日本人旅館「近水楼」にいた。前日からラジオでは、「さかんに支那軍の全面戦勝を放送していた」という。現実の戦況は、中国軍が仕掛けては日本軍に反撃され、撤退することを繰り返していたのだが、戦意を高めるために虚報を流していたのである。

激しい銃声で安藤が飛び起きたのは、未明の午前四時だった。電話に飛びついたが、回線は切られていた。銃声が次第に近づいてくる。多数の暴徒が日本人住居の一軒一軒に押し入り、大虐殺をはじめたのだ。安藤はほかの宿泊客らとともに二階の屋根裏に隠れた。

安藤は、惨劇の瞬間は見ていない。ただ、「銃声にまじつて身の毛もよだつ叫喚悲鳴」を聞いただけだ。脱出する前、旅館の女中たちの惨殺死体を目にしたが、「そのむごたらしい有様はいまとなつてこれ以上書くのは忍びない」と手記に残している。(28)

通州は、一九三五年に自治権を獲得した冀東《きとう》防共自治政府が統治していた。事件を起こしたのは、治安維持を担当する自治政府の保安隊約二千人である。保安隊は日本軍と協力関係にあったが、一部は中国軍に通じており、中国軍勝利を伝えるラジオ放送にあおられて反乱を起こしたとされる。(29)

保安隊は七月二十九日未明、不意打ちに日本軍守備隊を攻撃して殲滅《せんめつ》すると、日本人居留民や朝鮮半島出身者を見つけ次第拷問し、惨殺した。のちの東京裁判で目撃者らが証言したところによると、女性は全員強姦され、一部は局部をえぐりとられていた。男性の遺体は首に縄をつけて引き回された跡があり、目をくりぬかれたものもあった。子供も例外ではなく、手の指を切断されたり、鼻に針金を通されたりしていた。虐殺の犠牲になったのは、幼児や妊婦を含む日本人居留民百四人、朝鮮半島出身者百八人に上る。(30)

事件が日中戦争に及ぼした影響は計り知れない。現地の状況が徐々に明らかになると、新聞各紙は連日「鬼畜も及ばぬ残虐」（七月三十一日の東京日日新聞号外）、「幼児を大地へ叩《たた》きつく」（八月四日の読売新聞朝刊）、「恨み深し！　通州暴虐の全貌」（同日の東京朝日新聞夕刊）――などと報じ、国民は激昂《げきこう》した。

以後、日本国内では、暴戻《ぼうれい》な中国をこらしめようという「暴支膺懲《ようちょう》」が国民的スローガンとなり、陸軍の紛争拡大派を支持する声が一気に広まるのである。

ところで中国側は、盧溝橋事件の発生と拡大にどう対処したか。意外にも、蔣介石と対立する中国共産党は、敏速かつ計画的に動いたようだ。

七月七日に日中両軍が衝突した翌日、毛沢東は蔣介石に打電した。

「蔣委員長の高覧を仰ぐ。日本侵略者は盧溝橋を進攻し、その武力による華北奪取という既定の段取りを実行に移した。（中略、願わくば）全国総動員を実行して、北平（北京）・天津を防衛し、華北を防衛して失地を回復されんことを」(31)

即時開戦を呼びかける内容だ。中国共産党はこのほか、中国全土の新聞社などに向けた檄《げき》文《ぶん》を打電。まるで盧溝橋事件が起きるのを、予期していたかのような手回しのよさである。(32)

共産党は、上海で工作活動をしていた周恩来を蔣介石のもとに送り、国共合作による徹底抗戦を強く求めた。同時に、停戦合意の動きを巧妙に妨害する。日中両軍が対峙《たいじ》している現場で毎晩のように謎の銃声が響き、これを合図に戦闘が起きるため日中双方で調べたところ、

共産党の指令で学生らが爆竹を鳴らしていたケースもあった。(33)

蔣介石は共産党との連携に乗り気でなかったが、戦況が不利になるにつれ、交渉に前向きになった。すると共産党は態度を変え、人事問題などで要求をエスカレートさせていく。毛沢東は八月一日、周恩来にこう打電した。

「今の蔣は私たちよりも焦っている」(34)

盧溝橋事件で蔣介石は、共産党の術中に落ちたといえなくもない。

その頃、日本では昭和天皇が、何とか近衛内閣の不拡大方針を支えようとしていた。八月五日には近衛に《迅速な和平交渉の開始を御希望になり、戦況有利な我が国より提議すべき旨を仰せ》にもなった。(35)

だが、通州事件に激昂した国民の戦争熱を抑えるのは容易ではない。政府は十五日、「支那軍ノ暴戻ヲ膺懲シ以テ南京政府ノ反省ヲ促ス為今ヤ断乎《だんこ》タル措置ヲトルノ已ムナキニ至レリ」という、いわゆる「暴支膺懲声明」を発表。(36)昭和天皇も《このようになっては外交による収拾は難しいとの御言葉》を侍従武官に漏らすようになった。(37)

一方、日本が振り上げた拳を下ろせないように、中国も戦況不利のまま停戦するわけにはいかない。共産党にあおられた蔣介石は、自らに有利な場所で日本軍に一矢報いようと決意する。

蔣介石が決戦の地に選んだのは、上海だった。

上海事変

「今こそ対日戦争に踏み切るべきだ」

蔣介石が抱えるドイツ軍事顧問団団長、ファルケンハウゼンがこう進言したのは、早くも盧溝橋事件が起きる一年以上も前、一九三六（昭和十一）年の春頃といわれる。[38]同じ頃、ナチス・ドイツは日本と防共協定を結んだが、[39] ドイツ国防軍は日露戦争でロシアと組んで以来、伝統的に日本を仮想敵国とみなしていた。第一次世界大戦で山東省の租借地を奪われてからはその傾向が強く、国民党政府に顧問団をおくって軍事力の強化に努めていたのだ。

蔣介石は、ファルケンハウゼンの進言を直ちに入れることはなかったが、将来の決戦に備え、上海近郊の非武装地帯にトーチカ群など堅固な陣地を構築した。いざという時、ここを拠点に上海駐屯の日本海軍を叩き、救援に駆けつける日本陸軍も撃破するという、ドイツ仕込みの作戦である。[40] 盧溝橋事件後、北京周辺での戦況が不利になった蔣介石は、いよいよこの作戦を実行する時だと判断したようだ。

直接のきっかけは八月九日、上海で起きた大山事件である。

その日、上海海軍特別陸戦隊第一中隊長の大山勇夫と一等水兵の斎藤與蔵が車で陸戦隊本部に移動中、中国保安隊に銃撃され、二人とも死亡した。大山の遺体には無数の機関銃弾があったほか、銃剣などで陵辱されたあとがあり、頭部は二つに割れ、顔面の半分が潰されていたという。(41)

中国側は、最初に大山が保安隊員を射殺したので銃撃したと偽り、日本側が保安隊の撤退を求めても応じなかった。それどころか、十二日になると完全武装の正規兵を続々と派遣。上海は、たちまち一触即発の状態となった。(42)

上海地域の在留邦人を保護するのは、海軍第三艦隊の担当だ。それより前、日本政府は揚子江沿岸の邦人の引き揚げを決定、上海在住の婦女子二万人を帰国させたが、まだ一万人が租界に残っている。中国軍が乱入すれば、通州の残虐事件が再び起きる恐れもある。

十二日夜、上海確保の大海令(43)が発せられた。

「第三艦隊司令長官ハ現任務ノ外　上海ヲ確保シ同方面ニ於《お》ケル帝国臣民ヲ保護スベシ(44)」

このとき、上海周辺に集結した中国軍は第八七、八八、三六師で、背後には第一五、一一八師などがひかえ、総兵力は約十五万人に達した。(45)対する海軍陸戦隊は五千人弱。初年兵にいたるまで、全員が死を覚悟したに違いない。

戦端を開いたのは中国軍だ。時に十三日午後四時五十四分。日本人街のある虹口地区の北、八字橋付近に埋設された地雷が爆発したのを合図に、中国軍第八八師の部隊約二千人が攻め込んできた。

上海海軍特別陸戦隊司令官、大川内伝七の命令が飛ぶ。

「全軍戦闘配置につけ」

敵の第八八師はドイツ軍事顧問団の訓練を受け、ドイツ製の武器を手にした精鋭中の精鋭である。「一挙ニ海軍陸戦隊ヲ潰滅《かいめつ》セントスル作戦指導振リハ洵《まこと》ニ猛烈執拗《しつよう》ニシテ我ヲシテ応接ニ遑《いとま》ナカラシメ、我ガ租界第一線ノ如キモ再三ノ危殆《きたい》ニ陥リタリ」と、軍令部編纂の『大東亜戦争海軍戦史』が書く。この日の八字橋付近の激戦は五時間以上にわたり、陸戦隊は午後十一時、ようやく敵を撃退した。

翌十四日午前三時、新たな中国軍が北部の陸戦隊陣地を襲う。左翼の小隊が包囲され、陣地を突破されそうになったが、駆けつけた増援部隊が奮戦、死力を尽して守り通した。

北部地区を突破できない中国軍は、攻撃の重点を共同租界の東部に移す。とくに十七日午前八時からの攻撃は熾烈《しれつ》を極め、一部が租界内に侵入、東部地区の陸戦隊は窮地に陥った。

激戦十六時間――。戦況不利とみた中隊長の菊田三郎が敵部隊の真っ只中に斬り込む。「中隊長を死なすな」と下士官兵が続く。壮絶な白兵戦だ。手榴弾《りゆうだん》が飛び交い、彼我《ひが》の肉片が散った。何とか中国軍を押し戻したものの、菊田は戦死した。(46)

東京では、戦端が開かれた十三日に陸軍部隊の派兵を急遽《きゆうきよ》決定したが、どんなに急いでも上海に上陸するのは二十三日以降である。現地で最高指揮権をもつ第三艦隊司令長官、長谷川清が軍令部に打電した。

「本十六日ノ激戦ニ依《よ》リ陸戦隊ハ可成リノ損害ヲ蒙《こうむ》リタリ。士気ハ依然旺盛ニシテ死力ヲ尽シテ戦線ノ維持ニ努メアルモ敵ノ兵力集中情況ニ鑑《かんが》ミ、（中略）後六日間ノ維持ハ極メテ困難ナリ……(47)」

陸戦隊を救ったのは、鹿屋海軍航空隊と木更津海軍航空隊だ。鹿屋空は台湾の台北基地から、木更津空は長崎の大村基地から、当時は世界でも異例の渡洋爆撃を敢行。悪天候などで多くの犠牲を出しながらも南京などの飛行場爆撃に成功し、制空権を握った。

在留邦人が不眠不休で陸戦隊を支援したことも忘れてはなるまい。男は土嚢《どのう》づくりを、最後まで残った婦女八百人は炊き出しなどに従事した。(48)

二十三日未明、待ちに待った陸軍の救援部隊が上海の外港、呉淞《ごしょう》に上陸した。陸戦隊は上海を守りきったのだ。

しかしこの後、救援部隊は大苦戦を強いられる。

松井石根の苦戦

一九三七（昭和十二）年七月の盧溝橋事件を導火線とする日中戦争は、八月の第二次上海事変で発火した。両軍が激突した二日後の八月十五日、蔣介石は中国全土に総動員令を発令、自ら陸海空軍の総司令に就任し、戦時体制を整えた。同じ日、近衛文麿内閣はいわゆる「暴支膺懲声明」を発表。宣戦布告こそしなかったものの、「今ヤ断乎タル措置ヲトルノ已ムナキニ至レリ」と決意を示す。[49]

それからちょうど八年後、昭和二十年八月十五日まで、泥沼の戦争が続くのである。

昭和天皇は憂えた。八月十八日、軍令部総長に《事変の支那全土への拡大を危惧され、事態の早期収拾のため、北支又《また》は上海のいずれか一方に作戦の主力を注いで打撃を与えた上、（中略）和平条件を提出することの可否について御下問になる。また、政府にも事変の早期収拾の要を伝達すべき旨を御下命になる》[50]。

香淳《こうじゅん》皇后も心を痛めた。

八月十七日《予て皇后は、今回の北支事変により、軍人・軍属にして傷痍を受けた者、失眼又は四肢切断の者に対し、繃帯《ほうたい》・義眼・義肢を下賜《かし》される旨の御沙汰を下され、炎暑中連日繃帯巻きの作業に勤しまれる》[51]

宮中の願いは、戦争回避にあったのだ。

海軍陸戦隊の危機を受け、十四日の緊急閣議で動員が決まった上海派遣軍の軍司令官を務めるのは、元軍事参議官の松井石根《いわね》だ。すでに現役を退いていたが、陸軍きっての中国通である。出征にあたり、十七日に参内した松井は昭和天皇に誓った。

「密接にわが海軍と協同し、所在のわが官憲、特に列国外交団ならびに列国軍との連携を密にし、すみやかに上海付近の治安を回復することを期します」(52)

二十三日未明、上海郊外に上陸した派遣軍は直ちに橋頭堡《きょうとうほ》を確保し、前進を開始した。だが、待ち構える中国軍の防御は固く、戦死傷者が続出。松井は大苦戦を強いられた。

派遣軍の進撃を阻んだのは、上海近郊に縦横に広がるクリーク（水路）と、それを巧妙に利用して築かれた中国軍陣地だ。ドイツ軍事顧問団の指導を受け、無数のトーチカなどに立てこもる精鋭部隊が日本軍将兵を狙い撃ちにした。さらには生水を飲んだ兵士からコレラが蔓延《まんえん》し、戦力を著しく弱めた。

上陸から二カ月余り、十一月に入っても上海の在留邦人と海軍陸戦隊を救出することができない。

松井の日記に、「焦燥ノ念ニ禁セス」「攻撃思フ様ニ進捗《しんちょく》セス」の文字が並んだ。(53)

松井はなぜ、苦戦を強いられたのか。上陸当初、松井に与えられた兵力は四国の第十一師団と名古屋の第三師団の計二万人余りで、約十五万人に及ぶ中国軍を相手にするには、あまりに不十分だった。

兵力を出し渋ったのは、参謀本部作戦部長の石原莞爾である。全面戦争を恐れた石原は上海に派兵することすら反対した。派遣軍の苦戦を受け、さらに三個師団を増派するが、やってはいけない兵力の逐次投入といえる。不拡大方針を貫けなかった石原は上海戦の最中、昭和十二年九月二十七日に関東軍参謀副長に左遷され、そこでも参謀長の東条英機と衝突して罷免。昭和陸軍史の表舞台から姿を消した[54]。

中国軍を見くびっていたという側面もある。それまで、北京周辺の中国第二九軍は威勢よく先制攻撃するものの、日本軍に反撃されるとすぐに退却した。だが、ドイツ軍事顧問団の指導と訓練を受けた第八八師をはじめとする上海周辺の中国軍は、日本軍が攻め込んでも容易に崩れず、何度も何度も反撃してきた。

上海近郊に縦横に広がるクリークが、両軍将兵の鮮血でみるみる赤く染まる。

共同租界の東方、公大飛行場を奪取しようとした第一八連隊の支隊は、猛烈な反撃を受けて四人の中隊長のうち三人が戦死、支隊長の飯田七郎も銃弾を受け、軍刀を引き抜いたまま絶命した。

第六連隊は上陸後、二十日間で連隊全体の三割に達する戦死五百三十八人、戦傷五百八十三人の犠牲を出しながら、一日平均わずか一〇〇メートルしか前進できなかった。

九月五日に上陸した第三四連隊の輜重《しちょう》兵が日記に書く。

「砲弾、小銃弾は前後左右、ところ嫌わず落ちきたり、この分にては、とうてい一週間は命なきものと覚悟す」

九月十五日に戦死した第一二連隊の中隊長が部下に言い残す。

「いまの支那兵は匪賊とは違う。強い。お前らは死ぬなよ、最後まで死ぬなよ[55]」

中国軍は兵力を続々と投入し、七十五万人の大兵力となった。以後、十一月上旬まで続く上海戦で日本軍の損害は戦死九千百十五人、戦傷三万千二百五十七人、計四万三百七十二人に達する。[56] これは、日清戦争での日本軍の戦死・戦傷・病死計一万七千二百八十二人の二倍以上だ。[57] まれにみる苦戦といえよう。

戦況を変えたのは、石原のいなくなった参謀本部が決断した第一〇軍（三個師団余）の投入である。十一月五日、第一〇軍が上海南方の金山衛に上陸し、上海の空に「日軍百万上陸」のアドバルーンが揚がると、中国軍が乱れ、一斉に退却しはじめた。[58]

十一月九日、ついに日本軍は上海を完全に制圧する。だが、戦争は終わらず、南京への道に続くのである。

南京攻略戦

「崩れるような敗退で、数日間で精鋭を喪失し、軍規も大きく乱れた。もし敵が大場を占領した際に、計画的に撤退したら、数十万の大軍が総崩れとなることは避けられたはずだ」[59]

一九三七（昭和十二）年十一月五日に日本の第一〇軍が上海南方に上陸し、それまで奮闘していた中国軍が一斉に退却した時のことを、中国側の将軍の一人がこう振り返る。

上海で日本軍を食い止め、長期戦に持ち込んで外国の介入を招こうとした蒋介石の戦略は、崩壊したといえるだろう。上海の後方には堅固な防御陣地があり、そこを拠点に持久戦を続けることもできたが、退却に転じた中国軍将兵の制御はきかず、あっさり放棄して遁走した。蒋介石は日記に、「前後を忘れて、段取りなしに、雪崩を打って敗走するなんて、悲しい極まりだ」と綴《つづ》っている[60]。

一方、自軍の制御がきかなかったのは、日本側も同じだ。石原莞爾が去った陸軍では参謀次長の多田駿が不拡大派の中心となり、戦闘を上海周辺にとどめようとしたが、ほぼ無傷で上陸した第一〇軍は独断で南京への追撃を開始。陸軍中央が定めた上海と南京の中間にある制令線を勝手に越えてしまった。軍司令官の柳川平助は、首都南京を一気に攻略して蒋介石の戦意をくじこうとしたのである[61]。

第一〇軍は中支那方面軍に編入され、上海派遣軍の松井石根が方面軍司令官となった。しかし、松井も多田も、その手綱を引けなかった。

日本軍の進撃に、中国側はパニック状態に陥った。蒋介石は十一月十三日、重慶への遷都を決断したものの、そう簡単には南京を明け渡したくない。固守か放棄か――。中国軍の意見は割れた。

軍幹部の大半は、守りにくい南京を固守することに反対だった。ただ一人、上将の唐生智が「死守すべきだ」と主張したため、蒋は唐を南京衛戍《えいじゅ》司令官に任命、三カ月以上は守り通すよう指示した。十一月十九日のこととされる[62]。

南京は、中国四大古都のひとつだ。その歴史は古く、紀元前八世紀から同五世紀の春秋時代にさかのぼる。由緒ある街並みは、明の時代に築かれた全長約三四キロもの城壁に囲まれ、北西に雄大な揚子江が流れている。

十二月七日、この世界最大級の城塞都市を攻めるにあたり、中支那方面軍司令官の松井は厳命した。

「皇軍カ外国ノ首都ニ入城スルハ有史以来ノ盛事ニシテ（中略）正々堂々将来ノ模範タルヘキ心組ヲ以テ各部隊ノ乱入、友軍ノ相撃、不法行為等絶対ニ無カラシムルヲ要ス」

「掠奪《りゃくだつ》行為ヲナシ又不注意ト雖《いえど》も火ヲ失スルモノハ厳罰ニ処ス　軍隊ト同時ニ多数ノ憲兵、補助憲兵ヲ入城セシメ不法行為ヲ摘発セシム」(63)

松井の方面軍は翌八日に南京城外に到達。九日には総攻撃態勢を整え、上空から降伏勧告のビラを散布する。その直前、蔣は唐に首都防衛の指揮を託し、七日に南京を脱出した。このとき、南京を守る中国軍は約七万人。司令官の唐は降伏勧告を拒否し、絶対死守の姿勢を示した。(64)

十日午後、総攻撃の火ぶたが切られる。無数の砲弾が城壁に突き刺さり、轟音《ごうおん》が南京全市を揺るがした。

守る中国軍は文字通り「必死」だ。敵前逃亡を防ぐため督戦隊も配置された。勝手に退却する兵士を射殺する特別部隊である。トーチカの床や機関銃に足を鎖でつながれた兵士もおり、その機関銃が、城門に近づく日本軍将兵をなぎ倒した。

十日、第九師団（金沢）の決死隊が東南の光華門に突入。一番乗りの日章旗を掲げたが、猛反撃にあって釘づけとなった。十一日、第一六師団（京都）が東の中山門を見下ろす高地を占領するも逆襲され、手榴弾が尽きて石まで投げ合った。十二日、第六師団（熊本）などが南の中華門に突撃し、激戦の末、ついに攻略した。

南京死守を誓ったはずの中国軍のトップで南京衛戍司令官、唐生智が突如として全軍撤退を命じたのは、いよいよ城内での市街戦が始まろうかというとき、十二日の夜である。

「各隊各個に包囲を突破し、脱出せよ」

唐は、その命令が行き届かないうちに幕僚を連れて南京城から脱出、ひそかに揚子江を渡った。

この唐の、敵前逃亡ともいえる行為が中国軍将兵を激しく混乱させたのは言うまでもない。たちまち前線陣地は放棄され、算を乱しての逃走劇が始まった。揚子江に近い挹江《ゆうこう》門に殺到した将兵を、撤退命令を知らない督戦隊が猛射し、それでも将兵が狭い門に群がったため多数の圧死者が出たとされる。また、数千人以上が軍服を脱ぎ捨て、在留欧米人が設定した安全区に潜り込んだ。[65]

一方、予想外の事態に日本軍も狼狽《ろうばい》した。南京が陥落した十三日以降、投降兵が続々と出現したからだ。陸軍中央も各軍上層部も、統制を失った捕虜が大量に出ることを想定していなかった。その結果、捕虜の処置は現場部隊に丸投げされ、現在まで論争の続く悲劇を生むことになる。

「南京大虐殺」とは何か

司令官自らの敵前逃亡で中国軍が総崩れとなり、南京が陥落した十二月十三日の翌日、南京城の北方、幕府山の砲台を占領した第一〇三旅団長の山田栴二《せんじ》は驚いた。大量の中国軍将兵らが白旗を掲げて投降してきたからだ。その数、およそ一万四千人。山田は日記に書く。「斯《か》ク多クテハ殺スモ生カスモ困ツタモノナリ」

山田の部隊は約二千二百人。投降兵らはその六倍以上だ。上級司令部に連絡すると「皆殺セトノコトナリ」である。山田はますます困惑した。(66)

山田だけではない。南京城外の戦闘地域では十三日以降、各地で投降兵が続々と現れ、部隊長を悩ませた。攪乱《かくらん》目的の偽装投降兵が紛れ込んでいる恐れもあり、処置を誤れば自軍が危機に陥る。陸軍中央や中支那方面軍からの指示はなく、投降兵の処置は事実上、現場指揮官の裁量に委ねられた。

別の地域で第六六連隊は、投降した千六百人余を処断(銃殺)した。第三八連隊は、約七千二百人を収容所に入れた。第四五連隊は、約五千五百人を武装解除の上、全員解放した。(67)

山田はどうしたか――。公刊戦史によれば、「皆殺セ」の指示には従わなかったようだ。まず非戦闘員とみられる約六千人を解放、約八千人を収容所に入れた。だが、収容所の火災で半数が逃亡する。やむなく山田は残り約四千人を揚子江の対岸に逃がそうとしたが、移動中に投降兵らがパニック状態となり、危険を感じた日本兵が機関銃を乱射、約千人が死亡し、残りは逃亡した。(68)

いわゆる「南京大虐殺」論争は、こうした投降兵らの処置が最大の争点である。投降兵らを捕虜とみなせば、銃殺は戦時国際法違反だからだ。(69)

南京城内では、軍服を脱ぎ捨てて安全区に潜り込んだ便衣兵の摘発が問題となった。治安を早急に回復したい日本軍は、青壮年の男を次々に連行、便衣兵とみなせば銃殺した。その識別方法は(一)靴ずれがあるか(二)面タコがあるか(三)目付きが鋭いか――など相当いい加減《かげん》で、一般市民が多数犠牲になった可能性は否めない。

南京陥落後に処断された中国軍将兵らの数は、約一万六千人に上るとされる。(70)

悲劇の責任は、日中両軍の首脳にあったといえるだろう。陥落直前まで中国軍は勇敢に戦っていた。南京衛戍司令官の唐生智が最後まで軍を統率していれば、無秩序な敗残兵や便衣兵を出さずに済んだはずだ。

一方で中支那方面軍司令官の松井石根は、一般市民の保護を厳命しながら、投降兵らの処置については方針を示さず、現場を混乱させた。

南京攻略後の十三年二月、松井は職務を解任される。松井は、無念の唇をかんだに違いない。陸軍きっての中国通だ。在任中、口を酸っぱくして軍紀の厳正をとなえ、中国人を見下すような風潮を戒めていた。陸軍中央から派遣されていた武藤章は松井について、「心底からの日支親善論者であった。作戦中も随分無理と思われる位《くらい》支那人の立場を尊重された」と書き残している[71]。にもかかわらず、占領後の混乱の責任を取らされる形となった。

何よりやり切れないのは、南京陥落で終わると思っていた戦争が、終わらなかったことだ。その責任は松井にではなく、首相の近衛文麿にあった。

大本営政府連絡会議

第二次上海事変で日中両軍が激突した昭和十二年八月以降、首相の近衛文麿は不拡大の意思を持ちながら、中国側と交渉の糸口さえつかめないでいた。

統帥権があるため陸海軍の作戦に全く関与できず、その内容も知らされていなかったからだ。華北でも戦火が拡大し、陸軍はズルズルと派兵を繰り返した。近衛は手記に、「(派兵しても)その兵が何処に行くのか、その後一体どうするのかは、少しも政府には判らぬ始末」だったと書き残している[72]。政府がこんな状態では、交渉のしようがないだろう。

戦争状態を終結させるには、政府と軍部の意思疎通が欠かせない。そこで近衛が考えたのは、大本営の設置である。大本営は戦時に設置される天皇直属の最高統帥機関だ。正式な構成員は参謀本部と軍令部の首脳たちだが、かつて伊藤博文が首相の立場で列席した前例がある。近衛は、大本営を設置した上で自ら構成員に加わろうとした。

第二次上海事変が終わりに近づいた頃、内閣書記官長の風見章が陸海軍の意向をただしてみた。

海相の米内光政は、「陸軍がいいというなら、海軍は賛成しようじゃないか」と言った。陸相の杉山元は、「ウム、そりゃよかろう」だった。ところが数日後、杉山が「陸軍のほうには異議がないのだが、海軍が反対しているので困っている」と言い出した。驚いた風見が米内にただすと、「冗談じゃない、陸軍のほうが反対しているんだ」と言う(73)。

この非常時に、またしても混乱である。大本営の設置は、立ち消えになりかけた。

そのとき、風見に知恵をつけたのは同盟通信社社長の岩永裕吉である。

「陸海軍とも、近衛に辞められたら困ると思っている。辞める辞めると言って、ひとつ、おどかしてやれ(74)」

果たして、その効果はてきめんだった。風見がそれとなく、首相が辞めそうだとマスコミなどに流したところ、陸海軍が折れ、「首相を大本営の構成員にするのは統帥上許されないが、内閣と大本営の連絡会議をつくるから、それでがまんしてほしい」と、妥協案を持ち出してきたのである(75)。

当時は日中双方とも宣戦布告をしておらず、本来なら大本営は設置できない。しかし昭和天皇は十二年十一月十七日、従来の戦時大本営条例を廃止し、大本営政府連絡会議の設置を裁可した。(76)

この連絡会議のもとで進められたのが、駐華ドイツ大使オスカー・トラウトマンを仲介とするトラウトマン和平工作だ。ところが近衛は、この工作をめぐり大失敗を犯してしまう。

トラウトマン工作

日中戦争の初期、ドイツは微妙な位置にいた。(77)日本と防共協定を結ぶ一方で、中国とは経済提携を強め、軍事顧問団を送り込んでいる。いわば二重外交だが、双方に顔が利いたといえるだろう。

駐日ドイツ大使のディルクセンと、外相の広田弘毅が会談したのは昭和十二年十一月二日、上海が陥落する直前である。広田は、「ドイツが中国に和平を促すなら歓迎する」とした上で、和平条件として（一）内蒙古に自治政府を設立する（二）華北は一定の条件のもと中国に行政権を委ねる（三）上海の非武装地帯の拡大（四）排日政策の中止（五）共同防共政策の推進――などを示した。

ディルクセンは、直ちにドイツ本国に報告した。

「これらの条件は極めて穏健なものであり、その受諾は、南京（蔣介石政権）にとって面子《メンツ》を失うことなしに可能であるから、これらの条件を受諾するように南京に圧力を行使することが賢明である[78]」

ドイツ本国からの指示を受け、中国側の説得にあたったのは駐華大使のトラウトマンだ。親中派のトラウトマンは、中国に一定の影響力を持っている。だが、蔣介石は十一月五日、和平条件を一蹴した。

「日本側が現状を盧溝橋事件前に戻す用意がない限り、いかなる要求も受け入れられない[79]」

このとき蔣介石は、国際連盟の主導で始まった九カ国条約会議[80]に期待を寄せていた。会議で日本の軍事行動が条約違反とされ、日本に対する経済制裁などを引き出すことができれば、情勢は一変するだろう。しかし、会議は実質的成果を上げることができず、十一月十五日に閉会してしまう。

蔣介石は頭を抱えた。和平交渉を拒んでいるうちに上海が陥落し、南京も風前のともしびである。十二月二日、蔣介石は軍幹部を招集し、日本の和平条件を示して意見を聞いた。最高幹部の一人、白崇禧が言う。「これだけの条件だとすれば、なんのために戦争しているのか」。

徐永昌もうなずく。「ただこれだけの条件ならば、これに応ずべし[81]」

同日、蔣介石はトラウトマンに会い、「ドイツの仲介を受け入れる用意がある」と伝えた。

あとは日本側の決断次第だ。だが、ここで近衛文麿内閣が第一の失敗を犯す。十二月十三日に南京が陥落したことを受け、和平条件を一気に引き上げてしまうのだ。華北の特殊地域化を要求したり、賠償請求を追加したりと、中国の面子を潰すような内容だった。

十二月二十三日、新たな条件を伝えられた駐日大使ディルクセンは、外相の広田に言った。

「これらの条件を中国政府が受諾することは、あり得ないだろう[82]」

果たして中国は、トラウトマンから新条件を示されて沈黙した。日本側は翌年一月六日を期限とし、回答を待ったが、うんともすんとも言ってこない。

ただ、何もしなかったわけではなかった。実はこの時、中国は新条件をソ連に内通し、アドバイスを受けていたのだ。スターリンは十二月三十一日、こう打電した。

「盧溝橋事件以前の状態に戻すという条件でなければ応じるべきではない。仲介したドイツの意図は日本を休ませることにあり、日本は休戦してもすぐにそれを反故《ほご》にする[83]」

蔣介石は戦争継続に傾いた。

一方、親日派の汪兆銘らは和平を主張した。汪の自叙伝によれば、最高国防会議で協議した結果、「トラウトマン大使の和平提議を受諾することに決定した」という[84]。蔣介石が同意したかどうかは不明だが、少なくとも中国内部の意見は割れていたようだ。もしも日本側が粘り強く交渉を続けていたら、妥協点を見いだせた可能性もある。

しかし、近衛は粘らなかった。このまま蔣介石政権が和平を求めてこないなら、親日的な新政権の成立を助長し、それと交渉して戦争を終わらせようとしたのである。

近衛内閣はこの方針を、御前会議で確定させようとする。新たな要求が加えられたとはいえ、和平条件は全般的に中国の主権を認めていた。それを天皇お墨付きの、不動の国家方針にしたかったのだ。(85)

重要な国家方針を御前会議で決めることは、かねて昭和天皇も望んでいたことだ。十三年一月十一日、昭和になって初の御前会議が開かれた。

近衛声明

昭和十三年一月十一日《午後二時、(昭和天皇は) 御学問所において開催の支那事変処理に関する御前会議に臨まれる。(中略) 御前会議には首相、外相、蔵相、内相、陸海両相、両総長、両次長、枢密院議長出席し) 支那事変処理根本方針を審議・可決する。ここに、国民政府の対応如何によっては事変解決を同政府に期待せず、新興支那政権の成立を助長するとした根本政策が決定する》(86)

この根本方針は、「満洲国及び支那と提携して東洋平和の枢軸を形成し、これを核心として世界の平和に貢献する」ことを真っ先に掲げていた。中国に対し、(一) 満洲国の承認 (二) 排日・反満政策の放棄 (三) 華北に共存共栄を実現する機構の設立 (四) 防共政策の確立 (五) 所要の賠償——などを求めたが、(一) 以外は妥結の余地がある。(三) も中国の主権を認め、（五）の賠償額も設定せず、譲歩の余地を残していた。[87] 交渉次第で、和平成立の可能性はまだあったと言えるだろう。

御前会議で昭和天皇は発言しなかった。前日に首相の近衛文麿が《御発言のないことを願う旨の言上《ごんじょう》》をしたからだ。[88] 昭和天皇は、和平に向けた近衛の決意を信じるしかなかった。ところが、近衛は御前会議後、致命的な判断ミスを犯す。一月十四日に中国がドイツを通じ、「日本側の条件は漠然としているので具体的に明示してほしい」と照会してきたとき、誠意がみられないとして、蔣介石政権との交渉打ち切りを閣議決定してしまうのだ。

驚いたのは、参謀次長の多田駿である。多田も、蔣介石政権の対応次第では「期待せず……」と決めた御前会議に出席したが、その三日後に交渉を打ち切るとは思ってもみなかった。陸軍の戦争遂行能力は限界点を超えており、当面の戦争相手である蔣介石と、可能な限り和平努力を続けなければならない。[89]

翌十五日の大本営政府連絡会議で、多田は懸命に交渉継続を訴えた。

だが、それを外相の広田弘毅が突き放す。

「中国側に和平解決の誠意がないことは明らかです。参謀次長は外務大臣を信用できませんか」

海相の米内光政も多田に冷たかった。

「統帥部が外務大臣を信用しないなら、政府不信任である。内閣総辞職になってもいいのか」[90]

多田は、唇をかんだ。

翌十六日、近衛は声明を発表する。

「帝国政府ハ爾後国民政府ヲ対手（相手）トセス、帝国ト真ニ提携スルニ足ル新興支那政権ノ成立発展ヲ期待シ、是ト両国国交ヲ調整シテ更生新支那ノ建設ニ協力セントス」[91]

事実上の国交断絶といえよう。近衛はこの声明で、戦争相手との交渉窓口を、自ら閉ざしてしまったのだ。

のちに近衛は、「この声明は、識者に指摘されるまでもなく、非常な失敗であった。余自身深く失敗なりしことを認むるものである」[92]と手記に書いている。「相手とせず」との表現は、その五日前に御前会議で決めた「期待せず」より厳しい。近衛は昭和天皇に、「最初は左《さ》程《ほど》強い意味はなかりしも議会の関係に於て非常に堅苦しきものとなれる」と弁明したが[93]、和平を遠のかせた責任は否定できまい。

昭和天皇の苦悩と落胆は大きかった。心労からか風邪をこじらせ、二月上旬には寝込んでしまっている。謁見した外相の広田が、「いかにも憔悴《しょうすい》してをられる。まことに見上げるのもお気の毒なやうな御様子であつた」と漏らしたほどだ[94]。

侍従の岡部長章も述懐する。

「（日中戦争が長引いて）陛下はお考え込みになる場合が多くなりました。片方のお靴には拍車が光っていて陸軍装であるのに、他方は海軍式のものをお用いになるということがあり、(中略)お悩みのご心中が拝察されるのでした」(95)

閣僚や軍上層部も、昭和天皇の健康を憂慮した。

二月十五日《御学問所において内閣総理大臣近衛文麿に謁《えつ》を賜《たま》う。その際、閣員の総意として御静養のため葉山御用邸へ行幸を願う旨の奏上《そうじょう》を受けられる》

二月十六日《御学問所において、参謀総長載仁《ことひと》親王に謁を賜い、御静養のため葉山御用邸へ行幸を願う旨の奏上を受けられる。(中略)午後二時三分、軍令部総長博恭《ひろやす》王に謁を賜い、同様の奏上を受けられる》(96)

昭和天皇の心を占めているのは、戦地にいる将兵の苦境だ。静養を勧められて、参謀総長に言った。

「自分がこの際僅かな病気で転地するやうなことがあつては、第一線にゐる将士に対してどういふ影響があるか、大丈夫か」

参謀総長が即座に答える。

「無論大丈夫でございます。玉体にお障りになるやうなことがあれば、なほのこと士気に関しますから……」(97)

二月十九日、昭和天皇は香淳皇后とともに神奈川県の葉山御用邸に行幸啓し、三月五日まで滞在した。その間、久々に生物学の研究に取り組んだが、泥沼化した戦争への不安が頭から離れることはなかっただろう。

一方、帝国議会ではその頃、近衛内閣が提出した国家総動員法案をめぐり、激論が巻き起こっていた。

国家総動員法

第四条「政府ハ戦時ニ際シ国家総動員上必要アルトキハ勅令ノ定ムル所ニ依リ帝国臣民ヲ徴用シテ総動員業務ニ従事セシムルコトヲ得」

第八条「政府ハ（中略）物資ノ生産、修理、配給、譲渡其ノ他ノ処分、使用、消費、所持及移動ニ関シ必要ナル命令ヲ為スコトヲ得」

昭和十三年二月、早期和平の見通しを失った近衛文麿内閣が帝国議会に付した、国家総動員法の一部である。大日本帝国憲法が保障する国民の権利を大幅に制限する、超法規的な内容といえよう。のちに企画院総裁を務める星野直樹が、こう語っている。

「この法律で何と何が統制できるかと考えるよりも、この法律で統制できないものがあるなら、それをさがした方がはるかに早いだろう[98]」

同法には、立憲民政党はもちろん親軍的とされる立憲政友会からも批判が続出した。三月二日の衆院特別委員会。政友会の植原悦二郎が近衛を追及する。

「国民の為に国防が存するのだ、国防の為に国民は犠牲にされるのではない」

近衛は言った。

「国防も国家の為に存するのであります。国民も国家の為に存する」[99]

一方、法案に賛成したのは、意外にも左派の社会大衆党だ。日中戦争で急速に右傾化した社大党は、法案成立に逡巡《しゅんじゅん》する政・民両党を攻撃した[100]。

三月十六日の衆院本会議。社大党の西尾末広が近衛を激励する。

「ムッソリーニの如く、ヒットラーの如く、或《あるい》はスターリンの如く、大胆に日本の進むべき道を進むべきであります」[101]

はしゃぎ過ぎである。政・民両党は「スターリンの如く」を問題にし、懲罰委員会にかけて西尾を議員除名とした[102]。これもやり過ぎだろう。

賛否の激論で議会が混乱する中、近衛内閣は、解散もちらつかせて政・民両党を揺さぶり、法案を成立させた。三月十六日のことだ。

昭和天皇は、複雑な思いだったのではないか。何事も隠さず奏上する近衛を、昭和天皇は信頼していた。しかし、憲法の精神を遵守《じゅんしゅ》する昭和天皇が、ファッショに近い国家総動員法に賛同していたとは思えない。その頃の『昭和天皇実録』には、議会情勢を伝えるラジオ放送に深夜まで聞き入る様子も記されている。

同法により、社会全体の戦時色が一段と強まったことは言うまでもない。

「相手とせず」声明で戦争相手との交渉窓口を閉ざし、国家総動員法で戦時色を強めてしまった近衛は、その頃からしきりに辞意を口にするようになった。国民に人気があっても陸軍の手綱は引けず、むしろいいように操られていると、感じていたからだ。

四月一日、政務報告で参内した近衛は、昭和天皇にこぼした。

「自分のやうな者はほとんどマネキンガールみたやうなもので、何にも知らされないで引張つて行かれるんでございますから、どうも困つたもんで、まことに申訳ない次第でございます」

昭和天皇は言った。

「(国民や陸軍に)尊崇されてゐる近衛から陸軍に向つてよく注意を与へてやつたら、陸軍は近衛の言葉に従ふんではないか」(103)

昭和天皇の励ましを受け、近衛が考えたのは内閣改造、すなわち外相と陸相の更迭である。「相手とせず」声明を軌道修正したい近衛にとって、外相の広田弘毅の更迭は必然といえよう。何事にも消極的な姿勢が目立つ広田は当時、外務省の部下からも信頼されていなかった。(104)

五月二十六日、広田は辞任し、後任には陸軍ににらみを利かせられる、元陸相の宇垣一成が就任する。

その際、宇垣は近衛に言った。「声明を反古《ほご》にするかもしれんがよろしいか」

近衛は答えた。「万事任せます」[105]

もう一人、近衛が辞めさせたかったのは陸相の杉山元だ。内閣書記官長の風見章によると、杉山は悪い人間ではないが、「陸軍の不拡大方針が、どしどしくずれてゆくのを、約束とちがうではないかとせめたててみても、(杉山は)ああ、そうなつちやつたネなどと、ひとごとのようにこたえて、けろりんかんとして」いるようなところがあった。[106]そんな杉山に、何度煮え湯を飲まされてきたことか。

近衛が後任に望んだのは、満洲事変時の関東軍高級参謀、板垣征四郎である。問題は、陸相人事への介入を拒む陸軍を、どう説得するかだ。近衛は、昭和天皇にすがった。

昭和天皇は、内閣改造が成功しなければ近衛が辞職するとみている。近衛の求めに応じて調整に乗り出し、参謀総長に意向を伝えた。

参謀総長「板垣でなければ近衛は辞めるでせうか」

昭和天皇「十中の八九までさうだらう」[107]

六月三日、陸相は交代し、内閣改造は成功した。

だが、この新体制のもとで、陸軍が最も恐れていた事態が起こる。満洲の国境で、ソ連が軍事行動を開始したのだ。

張鼓峰事件

朝鮮半島の北境、豆満江の河口から二〇キロ余り上流に、標高約一五〇メートルの丘陵がある。朝鮮、満洲、ソ連の国境が近接する地点で、その名を張鼓峰という。

ソ連兵が張鼓峰の頂上に現れ、満洲領の西側斜面に突如として陣地を築きはじめたのは、一九三八（昭和十三）年七月九日のことだ。張鼓峰周辺の国境警備は朝鮮軍が担当している。日本の駐ソ大使館はソ連に抗議し、撤兵を要求したが、ソ連は自国領だと言い張り、かえって兵力を増強した(108)。

一触即発となった日ソ両軍――。改造間もない近衛文麿内閣は動揺した。日中戦争の泥沼にはまりながら、対ソ戦をはじめる余裕はない。七月二十日に関係閣僚が協議し、新陸相の板垣征四郎は現地軍の増強を主張したが、新外相の宇垣一成が首を横にふった。

「防備の強化は必要だろうが、現地に集結した部隊が越境して攻勢に出る場合は、事前に閣議の承認を得てもらわねば困る。今は支那事変の最中だ。張鼓峰は外交的に片付けた方がよくはないか(109)」

宇垣と板垣とでは、貫禄が山ほども違う。板垣は渋々うなずいた。

「そういうことにしましょう(110)」

事前承認の同意を得た宇垣は参内し、事態を憂慮する昭和天皇に協議内容を奏上した。昭和天皇は、「外交交渉に努力するように」と述べたという。(111)

ところが、その後に参謀総長が参内して提出した書類には、「備考」として、現地軍の運用は「参謀総長に御委任相成度《あいなりたく》」などと書かれていた。陸軍は、閣僚協議と異なる内容を、そっと書類の片隅に付け足していたのだ。(112)

昭和天皇は見逃さなかった。『昭和天皇実録』によると、書類を手許《てもと》にとどめて裁可せず、侍従武官長を通じて陸相の板垣に、「この件に関する拝謁は無益である」と伝えた。(113)

《しかるに、陸軍大臣板垣征四郎よりの強いての拝謁願いにより、（中略）御学問所において陸軍大臣に謁を賜う。関係閣僚との相談につき御下問になり、委細協議した旨の奉答、及び速やかなる実力行使の必要な所以につき奏上を受けられる。これに対し、語気を強められ、満洲事変・支那事変勃発時の陸軍の態度につき御言及の上、命令に依らずして一兵たりとも動かさないよう訓諭される(114)》

昭和天皇が怒りをあらわにしたのは、武力行使について板垣が「外相も海相も賛成いたしました」と、事実と異なることを言ったからだ。(115) この時の陸軍の対応をめぐり、宇垣は日記に「見様によりては一種のペテン」と書いている。(116) その〝ペテン〟を昭和天皇に見破られ、板垣は真っ青になった。

ほうほうの体で退出した板垣が、うなだれて言う。

「とても再び陛下のお顔を見上げることはできない。ぜひ辞めたい[117]」

板垣の失態に、仰天したのは首相の近衛である。すでに近衛は板垣の能力を見限っていたが[118]、ここで辞められたら内閣が瓦解《がかい》する。近衛は七月二十一日に参内し、板垣の続投を求めて昭和天皇にすがった。

昭和天皇も、強く言い過ぎたと思ったのだろう。かつて田中義一内閣を問責して総辞職につながった、苦い経験もある。

昭和天皇は翌二十二日、《侍従長百武三郎に対し、陸軍大臣への訓諭は陸軍全体あるいは陸軍大臣個人に対する不信任の意図ではなく、信任すればこその訓諭である旨の御言葉を述べられ、その旨を侍従武官長を通じて陸軍大臣に伝達するよう命じられる[119]》。

昭和天皇の意向により、板垣は辞意を撤回した。同時に、衝突回避の方針は不動のものとなる。

一方、張鼓峰に進出したソ連軍は容赦しなかった。七月二十九日、ソ連軍の一部が満洲領内にさらに深く進入。朝鮮軍第一九師団が撃退すると、戦車や爆撃機を続々と投入し、猛攻撃を仕掛けてきたのだ。

第一九師団は張鼓峰の頂上を奪還したものの、ソ連領には入らず、専守防衛に徹した。衝突回避の方針により、日本側からは一台の戦車も、一機の航空機も援護に現れない。それでも第一九師団の将兵は圧倒的兵力のソ連軍を撃退し続けた[120]。

八月十日、外交交渉によりようやく停戦協定が成立する。全面衝突は回避されたのだ。昭和天皇は、専守防衛を貫いた第一九師団の将兵を激賞した。

十五日、参謀総長を呼んで勅語を与えた。

《今回ノ張鼓峰事件ニ於テ我カ将兵カ困難ナル情況ノ下ニ寡兵之ニ当リ自重隠忍克《よ》ク其任務ヲ完ウセルハ満足ニ思フ　尚死傷者ニ対シ哀矜ノ情ニ勝ヘス　此旨将兵ニ申シ伝ヘヨ[121]》

張鼓峰事件でソ連軍は、三千七百十二人の死傷者を出した。日本側死傷者千四百四十人の二・五倍もの損害だ。[122]ソ連は、圧倒的兵力でも崩せなかった日本の軍隊の実力に、驚愕《きょうがく》したことだろう。

以後、ソ連は日本の軍事的圧力を弱めようと、さまざまな工作活動を展開する。ソ連のスパイ網は、すでに近衛政権の中枢にも及んでいた。

ゾルゲ事件

大阪朝日新聞上海特派員の尾崎秀実《ほつみ》が、ソ連共産党中央委員会所属のドイツ人スパイ、リヒャルト・ゾルゲに会ったのは一九三〇（昭和五）年五月、満洲事変が起きる一年半ほど前だ。場所は上海の中華料理店「冠生園」。ゾルゲが言った。

「日本の新聞記者として、集められる限りの内部情報を教えてほしい[123]」

尾崎は共産主義の信奉者だ。進んでゾルゲ諜報団に加わり、「オットー」の暗号名を与えられた。昭和七年に帰国した尾崎は、東京朝日新聞政治部に転属、上海から東京に拠点を移したゾルゲの右腕となり、諜報活動を本格化させる。新聞記者の肩書を生かし、中国問題の専門家として政界有力者に接近した尾崎は、西園寺《さいおんじ》家嫡男の公一や朝日出身の風見章、そして近衛文麿の懐に潜り込んだ[124]。

十二年六月に近衛内閣が発足すると、朝日を退社して内閣嘱託となり、近衛のブレーンの一人となる。日本の内部機密は、ソ連に筒抜けになったといえるだろう。

中国共産党の秘密政治顧問でもあった尾崎は、日本と蒋介石政権の共倒れも画策する。十二年七月の盧溝橋事件後、尾崎は次々と雑誌論文を寄稿した。

「戦に感傷は禁物である。目前日本国民が与へられてゐる唯一の道は戦に勝つといふことだけである。その他に絶対に行く道はないといふことは間違ひの無いことである。『前進！前進！』その声は絶えず叫び続けられねばなるまい[125]」

尾崎は、和平の動きを警戒した[126]。和平条件に含まれる共同防共政策により、中国共産党が打撃を受けることを恐れたのだ。近衛のブレーンである尾崎の主張は、日中戦争を泥沼にした「相手とせず」声明にも影響を及ぼしたとされる。

また、尾崎が関わった近衛側近の政策研究団体「昭和研究会」にも共産主義志向の知識層が多数集まり、戦時色の強い政策を生み出していく。

日中戦争の初期、ドイツ外務省はモスクワ発の情報から、ソ連が日本の軍事的圧力を弱めるため「あらゆる方法で紛争を駆り立てている」と綿密に分析し、日中戦争はソ連を利するだけだと日本に警告していた[127]。これに対し日本は、国内で展開するソ連の工作活動にすら、極めて認識が甘かったと言わざるをえない。

尾崎が治安維持法違反などの容疑で特別高等警察に逮捕され、ゾルゲ諜報団の暗躍が明らかになるのは十六年十月以降である。

それまでに日本は、日中戦争から足を抜け出せないばかりか、破滅の日米開戦へと導かれていくのだ。

米の隔離政策と独の同盟提案

日中戦争が始まって以来、中国に利権を持つアメリカの対日感情が悪化したのは言うまでもない。日中が本格衝突した第二次上海事変勃発後の一九三七（昭和十二）年十月五日、米大統領フランクリン・ルーズベルトはシカゴで演説した。

「不幸にも世界に無秩序という疫病が広がっているようである。身体を蝕《むしば》む疫病が広がりだした場合、共同体は、疫病の流行から共同体の健康を守るために病人を隔離することを認めている[128]」

ルーズベルトは、軍事色を強める日本、ドイツ、イタリアを「伝染病患者」にたとえ、「アメリカは戦争を憎む。アメリカは平和を望む。それ故、アメリカは平和を追求する試みに積極的に参画する」[129]と、何らかの介入を示唆した。これが内外に波紋を呼んだ、「隔離演説」である。

アメリカは当時、甚大な犠牲を強いられた第一次世界大戦への介入を失敗と捉え、孤立主義をとっていた。[130]不況にあえぐ国内問題の解決を優先し、欧州で独伊の脅威が高まっても介入を避けていた。しかし「隔離演説」以降、徐々に風向きが変わり始める。

昭和天皇は憂慮した。日本は当時、アメリカから石油のほぼ六割を輸入し、生糸や綿製品を輸出して外貨を稼ぐなど、対米貿易に依存している。[131]もしもアメリカが禁輸に踏み切れば日本は干上がってしまうだろう。アメリカが孤立主義を棄《す》てないうちに日中戦争を終結させるしか道はない。

だが、日中戦争が始まって一年が過ぎても、近衛文麿内閣は混乱と迷走を重ねていた。

昭和十三年六月以降、外務省では宇垣一成が陣頭指揮をとり、蔣介石政権の孔祥熙《こうしょうき》（財政部長）を窓口とする和平交渉に乗り出したが、陸軍次官の東条英機らの反対で結実しなかった。[132]陸軍では、参謀本部軍務課長の影佐禎昭を中心に、蔣政権ナンバー２の汪兆銘を担ぎ出そうと工作を進めており、互いに足を引っ張る形になっていたのだ。

政府方針が一本化しないまま、宇垣は九月二十九日、外相就任四カ月で近衛に辞表を差し出した。これを受けて近衛も「首相を辞めたい」と言い出し、厚相の木戸幸一や元老私設秘書の原田熊雄らが大慌てで慰留に努める騒動もあった。(133)

内閣にはびこる疑心暗鬼と縄張り争い。まさにドタバタである。先の大戦後、日中戦争は日本の侵略行為と論じられることが多いが、実際には、こうした混乱により泥沼から抜け出せなかったのである。

そしてもう一つ、内閣を混乱の淵《ふち》に落とした問題があった。米英の圧力から逃れたいがため、独伊と軍事同盟を結ぶ動きが俄然《がぜん》強まってくるのだ。

一九三六(昭和十一)年の夏、ナチス・ドイツは「四カ年計画」を策定し、「ドイツ軍は四カ年のうちに出動能力を獲得しなければならない。ドイツ経済は四カ年のうちに戦争遂行能力を獲得しなければならない」と掲げた。その中でアドルフ・ヒトラーが、日本についてこう記している。

「そもそもドイツとイタリア以外では、ただ日本のみが(ボルシェビズムという)世界的危険に対抗している国家とみなしうる」(134)

一方でヒトラーは、一九二五年出版の『わが闘争』の中で日本文化を軽視し、「(アーリア文化の影響が及ばなくなれば日本の)現在の文化は硬直し、七十年前にアーリア文化の大波によって破られた眠りに再び落ちてゆくだろう」とも書いている。(135)

ヒトラーは日本を、自らの軍事的野望を実現するための、都合のいいパートナーとしか見なかったといえるだろう。

日中戦争の初期、ドイツ国防軍が蔣介石政権に肩入れし、支援していたことはすでに書いた。しかしヒトラーの側近、リッベントロップが一九三八年二月に外相となると、ドイツ外交は急速に日本支援に傾く。リッベントロップは中国への武器輸出を禁止し、軍事顧問団を引き揚げた[136]。

ヒトラーとリッベントロップの狙いは、近く予想される英仏との戦いに日本を巻き込むことだ。同年七月、リッベントロップは駐独大使館付武官の大島浩に、日独伊の三国軍事同盟を提案した。

「日本が同意すれば、（軍事同盟を）イタリアに押しつける自信はある」[137]

日独伊の枢軸強化は、ソ連を牽制《けんせい》して封じ込めるのに役立つだろう。陸軍は、同盟に前のめりになった。だが、英米との摩擦を恐れる海軍と外務省が反対し、対ソ戦に限定した軍事援助案に修正しようとする。英仏を対象とするリッベントロップの提案を呑むかどうか、近衛内閣は、またしても閣内不一致の状態に陥ってしまう[138]。

この間にも、日中戦争は拡大の一途をたどった。日本軍は五月に徐州（現中国江蘇省徐州市）を占領。八月には三十万人の大兵力をつぎ込んだ武漢作戦を発動し、十月二十一日に要衝の広東（現広東省広州市）を、同月二十七日に漢口（現湖北省武漢市）を攻略。蔣介石政権の拠点だった武漢三鎮を制圧した（中国軍は同月十七日に撤退）。

戦争を終わらせたい近衛内閣は、ここが和平交渉のターニングポイントとみたようだ。しかし、近衛は決心を貫けず、内閣を放り投げてしまう。

近衛内閣の崩壊

蔣介石政権が拠点とする武漢三鎮の攻略後、昭和十三年十一月三日、首相の近衛文麿が内外に向け、「東亜新秩序建設声明」を発表した。いわゆる第二次近衛声明である。

「今や、陛下の御稜威《みいつ》に依《よ》り帝国陸海軍は、克く広東、武漢三鎮を攻略して、支那の要域を戡定《かんてい》したり、（中略）帝国の希求する所は、東亜永遠の安定を確保すべき新秩序の建設に在《あ》り、（中略）固より国民政府と雖も従来の指導政策を一擲《いってき》し、その人的構成を改替して更生の実を挙げ、新秩序の建設に来り参ずるに於ては敢て之を拒否するものにあらず」(139)

この声明で近衛は、「国民政府を相手とせず」とした同年一月の声明（第一次近衛声明）を修正した。暗示的な言い回しながら、蔣介石政権との交渉窓口を開こうとしたのだ。

一方で近衛は、陸軍が進める汪兆銘工作にも期待を寄せた。蔣政権ナンバー2の汪を担ぎ出して親日的な新政権を樹立させるという、一種の謀略である。むろん蔣の反発は必至で、第二次近衛声明とは矛盾した工作といえよう。

昭和天皇は、汪兆銘工作には全く懐疑的だった。十二月十日、内大臣にこう言っている。

「謀略などといふものは当てになるものぢやあない。大体できないのが原則で、できるのが不思議なくらゐだ[140]」

十二月十八日、汪は蔣と決別して重慶を脱出。それに呼応して近衛は二十二日、「相互に善隣友好、共同防共、経済提携の実を挙げん」とする声明（第三次近衛声明）[141]を発表した。だが、中国側で汪に従う有力者はおらず、昭和天皇の予測通りの結果に終わる。

近衛の「辞めたい」病が、再び激しくなった。

戦争の真っ最中だ。首相が辞めれば政府の混乱を国内外にさらすことになる。陸相の板垣征四郎は「いま近衛に辞められては断じて困る」と猛反対したが、それまで何度も近衛の辞意に振り回されてきた閣僚や重臣らは、付き合いきれなくなっていたようだ。

近衛の盟友、厚相の木戸幸一が元老私設秘書の原田熊雄に言う。

「（近衛が）多少真剣味を欠いてをるやうなら、やつぱり代わつた方がよい……[142]」

元老の西園寺公望《きんもち》も投げやりになる。

「近衛が総理になつてから、何を政治してをつたんだか、自分にもちつとも判らない[143]」

国家の非常時だ。本人にやる気がなければ、難局は乗り切れない。十二月末、参謀総長と陸相が相次いで参内し、「どこまでも近衛内閣をおとめ戴《いただ》きたい」とすがった時、昭和天皇は静かに首を振った。

「どうもそれはとても難しからう[144]」

十四年一月四日、近衛は多くの将兵を戦地に残したまま、内閣総辞職を奏上した。首相は辞職すれば重責から逃れられる。しかし天皇は辞職できない。近衛の辞職直前、元老の西園寺公望は嘆息した。

「陛下に対してまことにお気の毒である。あれだけ陛下は判つた方であられるだけ、まことに御同情に堪へない」(145)

昭和十二年七月の盧溝橋事件以来、昭和天皇が戦局の悪化を憂い、唯一の趣味としていた生物学御研究所での研究を自粛して公務に励んでいたことはすでに書いた。それから一年後、十三年七月の昭和天皇の様子を、宮中関係者はこう記している。

「休日と雖も、寛々《ゆるゆる》御憩ひの事もなし、連日連夜、御軍装を脱がせ給《たま》ふ御暇《いとま》もなく、万機御親裁、殊《こと》に戦況に付ては、時を選ばず御聴取あらせらる」(146)

『昭和天皇実録』の記述からも、昭和天皇がつねに戦地の将兵を気づかい、国民生活の窮状に心を痛めていた様子が随所にうかがえる。

十三年七月十二日《去月二十二日に大蔵大臣より経済事情等に関する奏上を御聴取の後、ガソリンを始め種々の節約につき注意を払われ、さらに御自身の御食事についても省略に及ばれる》(147)

七月二十六日《支那事変下の兵士の労苦、一般臣民の苦難への思し召しから避暑等は希望されない旨を仰せになる》(148)

一方、戦局が悪化する中でも、皇太子（上皇さま）をはじめ皇男女子は順調に成長されていた。

十一月二十七日《皇太子参内につき、皇后と共に御対面になる。内庭において皇太子が自転車を乗り回す様子を御覧《ごらん》の後、御昼餐を御会食になる》(149)

新たな命も誕生した。

十四年三月二日《この日朝より皇后に御産の兆しがあり、（中略、午後）四時三十五分、皇后は内親王を御分娩、天皇は入江（相政《すけまさ》）より皇后・内親王共に御健勝の旨の奏上を受けられる》(150)

昭和天皇は、誕生した第五皇女を貴子《たかこ》と名付け、清宮《すがのみや》の称号をおくった。

同年一月五日、総辞職した近衛内閣の路線を引き継ぐ形で、枢密院議長の平沼騏一郎が組閣する。この内閣のもとで大問題となるのは、英米と対立する日独伊の軍事同盟だ。それが国家破滅につながるとみた昭和天皇は、時代の流れに敢然と立ち向かおうとする。

註

(1)盧溝橋事件の経緯は安井三吉『盧溝橋事件』、秦郁彦「盧溝橋事件の再検討　七月七日夜の現場（一）、（二）」（日本政治経済史学研究所『政治経済史学』平成六年三、四月号所収）、坂本夏男「盧溝橋事件勃発の際における牟田口廉也連隊長の戦闘開始の決意と命令」（藝林会発行『藝林』四二巻一号所収）より。なお、盧溝橋事件の経緯については諸説ある

(2)風見章『近衛内閣』より

(3)「盧溝橋事件の再検討　七月七日夜の現場（一）、（二）」より

(4)、(5)「盧溝橋事件勃発の際における牟田口廉也連隊長の戦闘開始の決意と命令」より。何基澧は一九三九年一月、国民党軍の軍籍のまま中国共産党に入党し、秘密党員として地下活動に関わったとされる

(6)秦郁彦「盧溝橋事件から日中戦争へ（二）」（千葉大学法学会『法学論集』九巻二号所収）から引用

(7)『近衛内閣』三〇頁から引用

(8)、(9)井本熊男『支那事変作戦日誌』八八頁から引用

(10)同書八九頁から引用

(11)『石原莞爾』上巻より

(12)、(13)石射猪太郎『外交官の一生』より。石原莞爾も参謀本部首脳会議で動員案に同意しながら、十一日早朝、首相の近衛文麿に「閣議で否決してください」と頼み、近衛を驚かせたという。しかし近衛は閣議でほとんど発言しなかった

(14)政府が表明した方針では、最初に関東軍と朝鮮軍の各一個師団を派兵し、事態が悪化すれば内地から三個師団を派兵するとしていた。また、盧溝橋事件以降の日中紛争を「北支事変」と呼ぶことにした

(15)秦郁彦「盧溝橋事件から日中戦争へ（三）」（千葉大学法学会『法学論集』九巻三号所収）、『支那事変作戦日誌』より

(16)『陰謀・暗殺・軍刀』一三三頁から引用

(17)昭和十二年七月十三日の東京朝日新聞夕刊より

(18)『外交官の一生』二六七頁から引用

(19)『実録』二四巻八二頁から引用。昭和天皇の下問に対し内大臣の湯浅は「従来の支那のやり方から見て、我が国が先方の希望を容れてもこれを徳とせず、かえって侮日の因を作ることにな

るべきを以て検討を要する」と否定的な意見を述べた

(20)『実録』二四巻より

(21)香月清司「支那事変回想録摘記」(小林龍夫ほか編『現代史資料(一二)』所収)から引用

(22)矢部貞治『近衛文麿』上巻四〇三頁から引用

(23)同巻、『広田弘毅』より

(24)『石原莞爾』上巻より

(25)『外交官の一生』より。石射らの辞表は広田の慰留により撤回された

(26)同書二七四頁から引用。外務省は以後、在華日本紡績同業会理事長の船津辰一郎を交渉役として全面的国交調整を図る「船津工作」に乗り出すが、上海で起きた海軍中尉殺害事件(大山事件)により頓挫した

(27)『実録』二四巻一〇三頁から引用

(28)安藤利男「通州の日本人大虐殺」(『文藝春秋』昭和三十年八月臨時増刊号所収)より。屋根裏に隠れていた安藤は保安隊に見つかり、処刑場へと引き連れられたが、脱走して無事生還した

(29)『大東亜戦争への道』、『続対支回顧録』上巻より。通州事件の二日前に関東軍の誤爆で保安隊員数人が死亡する事件があり、それが反乱の原因となったとする説もある。保安隊は事件後、逃走して中国軍に合流しようとしたが、途中で日本軍の急襲を受け降伏した

(30)『支那事変回想録摘記』、『大東亜戦争への道』より。保安隊員や犠牲者の数は諸説ある

(31)日本国際問題研究所中国部会編『中国共産党史資料集』八巻四三七頁から引用

(32)岡野篤夫『蘆溝橋事件』より

(33)上村伸一『日本外交史(二〇)日華事変(下)』より。共産党関係者が両軍陣地に銃弾を撃ち込んだとする説もある

(34)鄒燦「盧溝橋事件とその後の中国共産党」(中国現代史研究会『現代中国研究』三三号所収)より

(35)『実録』二四巻一〇五頁から引用

(36)『戦史叢書 支那事変陸軍作戦(一)』二六三頁から引用

(37)『実録』二四巻一〇八頁から引用

(38)、(40)阿羅健一『日中戦争はドイツが仕組んだ』より

(39)田嶋信雄『ナチズム極東戦略』より

(41)『大東亜戦争への道』より

(42)『戦史叢書 中国方面海軍作戦(一)』より

(43)軍令部総長が天皇の裁可を受け、指揮官に対して発する命令

(44)『戦史叢書 中国方面海軍作戦(一)』三一五頁

から引用　原文はスペースなし
(45) 海軍歴史保存会編『日本海軍史』六巻より。中国軍の兵力には諸説あり、『戦史叢書 中国方面海軍作戦（一）』によれば、十三日夜の段階で海軍陸戦隊に直接対峙したのは第八七、八八師と武装保安隊の計約三万人としている
(46)、(48) 上海での戦闘（第二次上海事変）の経緯は、軍令部編『大東亜戦争海軍戦史』本紀巻一（防衛省戦史研究センター所蔵）、『戦史叢書 中国方面海軍作戦（一）』、『日中戦争はドイツが仕組んだ』、昭和十二年八月十四～二十五日の東京朝日新聞、東京日日新聞、読売新聞より
(47)『大東亜戦争海軍戦史』本紀巻一から引用
(49)『戦史叢書 支那事変陸軍作戦（一）』より。政府は九月二日、それまで「北支事変」と限定的にとらえていた日中間の紛争を「支那事変」と改称した
(50)『実録』二四巻一一四頁から引用
(51)『実録』二四巻一一三頁から引用
(52)『戦史叢書 大本営陸軍部（一）』四七二頁から引用
(53) 南京戦史編集委員会編『南京戦史資料集（二）』所収「松井石根大将戦陣日記」より
(54)『支那事変作戦日誌』より
(55)『日中戦争はドイツが仕組んだ』より
(56)『戦史叢書 支那事変陸軍作戦（一）』より
(57) 朝雲新聞社編集局編著『防衛ハンドブック（平成二三年版）』より。中国軍の戦死傷者も甚大で、何應欽将軍の報告では日本軍の四倍以上、十八万七千二百人に達した
(58) 早坂隆『松井石根と南京事件の真実』より。「百万上陸」は実際の十倍以上に誇張された宣伝だが、中国軍将兵に動揺を与え、その効果は大きかったとされる
(59)、(60) 楊天石「1937、中国軍対日作戦の第1年」（波多野澄雄ほか編『日中戦争の国際共同研究（二） 日中戦争の軍事的展開』所収）から引用
(61) 服部聡「盧溝橋から南京へ」（同書所収）、早坂隆「松井石根と南京事件の真実」より
(62)「1937、中国軍対日作戦の第1年」、藤岡信勝『近現代史教育の改革』より。重慶への遷都が正式決定するのは十一月十七日である
(63)『戦史叢書 支那事変陸軍作戦（一）』四二七～四二八頁から引用
(64) 同書、南京戦史編集委員会編『南京戦史』、東中野修道『再現 南京戦』より
(65) 南京攻略戦の経緯は、『南京戦史』、『再現 南

京戦』、『松井石根と南京事件の真実』より。南京撤退をめぐっては蔣介石の命令も錯綜し、唐生智に対して十二月十一日、「機会を狙って撤退」するよう指示しながら、翌十二日には「持久して堅守」するよう檄を飛ばした
（66）『南京戦史資料集（二）』所収「山田栴二日記」から引用
（67）『南京戦史』より
（68）『戦史叢書 支那事変陸軍作戦（一）』より。山田の処置や死者数などについては諸説ある
（69）虐殺肯定派は投降兵らを捕虜とみなし、否定派は、当時は戦闘中であり投降受け入れを拒否できるので、捕虜ではないとしている
（70）『南京戦史』より。処断数については諸説ある。なお、昭和二十三年十一月に言い渡された東京裁判の判決で、日本兵により「殺害された一般人と捕虜の総数は、二十万以上」とされたが、一次史料にその事実はなく、虚偽と誇張に基づくでっち上げとする説が有力である
（71）『松井石根と南京事件の真実』より
（72）矢部貞治『近衛文麿』上巻四〇二頁から引用
（73）、（74）、（75）『近衛内閣』より
（76）『実録』二四巻より
（77）宮田昌明「トラウトマン工作再考」（軍事史学会編『日中戦争の諸相』所収）より
（78）、（79）三宅正樹「トラウトマン工作の性格と史料」（日本国際政治学会『日中戦争と国際的対応』所収）より
（80）九カ国条約とは、日米英仏中など九カ国が第一次世界大戦後、中国の門戸開放・機会均等・主権尊重などを定めた条約。日中戦争を受け、一九三七年十一月にベルギーのブリュッセルで締結国が会議を開いたが、成果を出せずに事実上無効化した
（81）『広田弘毅』より
（82）「トラウトマン工作の性格と史料」より
（83）「トラウトマン工作再考」より。なお、ドイツは当時、モスクワからの情報で、ソ連が日本の軍事力を弱めるため、あらゆる手段で紛争を駆り立てていると分析しており、それがトラウトマン工作に乗り出す一因となった（「トラウトマン工作の性格と史料」より）
（84）安藤徳器編訳『汪精衛（兆銘）自叙伝』一八一頁から引用
（85）この時の御前会議は、陸軍も開催を強く求めていた
（86）『実録』二五巻七頁から引用
（87）『広田弘毅』より

(88)『実録』二五巻六頁から引用
(89)参謀本部では日中戦争の始まる前、中国に展開できる兵力は最大で十一個師団と考えていたが、すでに限界を上回る十三個師団を投入しており、十三年一月時点で日本に残っている常設師団は北海道の第七師団と近衛師団しかなかった
(90)畝本正巳「証言による『南京戦史』」(偕行社の機関誌『偕行』昭和五十九年四月号所収)より。蔣介石政権との交渉打ち切りは、近衛よりも広田が積極的に主張した。問題になった「相手とせず」声明も、広田の影響が強かったとされる
(91)『実録』二五巻九頁から引用
(92)矢部貞治『近衛文麿』上巻五二六頁から引用
(93)古川隆久『近衛文麿』一二七頁から引用
(94)『西園寺公と政局』六巻二三二頁から引用
(95)岡部長章『ある侍従の回想記』九五頁から引用
(96)『実録』二五巻二一〜二二頁から引用
(97)『西園寺公と政局』六巻二三七頁から引用
(98)木道茂久「国家総動員法の製作者」(猪瀬直樹監修『目撃者が語る昭和史』五巻所収)から引用
(99)古川隆久『近衛文麿』一三二頁から引用
(100)『昭和の政党』より
(101)矢部貞治『近衛文麿』上巻四七九頁から引用
(102)除名の際、発言の揚げ足を取って議員の職まで奪うことに政友会重鎮の尾崎行雄が反発し、あえて西尾と同様に「スターリンの如く」演説して「西尾君を除名する前に、私を除名せよ」と意地を見せたが、尾崎は除名にならなかった。西尾の除名により、自由な議論を封じる風潮がますます強まり、議会はさらに弱体化したとされる
(103)『西園寺公と政局』六巻二七二頁から引用
(104)外務省東亜局長の石射猪太郎は当時の日記で広田を「アキレ果てたる大臣」と酷評していた
(105)『外交官の一生』より
(106)『近衛内閣』五八〜五九頁から引用
(107)『西園寺公と政局』六巻三三五頁から引用
(108)『大東亜戦争への道』より
(109)、(110)、(111)、(112)『宇垣一成日記(二)』、『天皇陛下』より
(113)『西園寺公と政局』七巻によれば、このとき昭和天皇は、「もし万一武力行使を許せといふやうなことで(陸相が)来るのならば、自分はどこまでも許す意思はない」と言ったという
(114)『実録』二五巻九七頁から引用
(115)『西園寺公と政局』七巻より
(116)『宇垣一成日記(二)』一二五二頁から引用

(117)『西園寺公と政局』七巻五一頁から引用
(118)近衛は板垣の陸相就任直後、昭和天皇に「会ってみたらぼんくらな男」だったとこぼし、昭和天皇は側近に「近衛はすぐ変るね」と苦笑した
(119)『実録』二五巻九七～九八頁から引用
(120)『大東亜戦争への道』より。ソ連軍は停戦成立までに、延べ約千九百台の戦車と延べ約七百八十機の航空機を投入したとされる
(121)『実録』二五巻一〇七～一〇八頁から引用
(122)笠原孝太『日ソ張鼓峯事件史』より
(123)、(124)小尾俊人編『現代史資料（二）』所収「尾崎秀実訊問調書」より
(125)尾崎秀実「長期抗戦の行方」（『改造』昭和十三年五月号所収）から引用
(126)鳥居民「尾崎秀実の本当の大罪　事変拡大の煽動者」（『別冊正論』一五号所収）より
(127)「トラウトマン工作の性格と史料」より
(128)、(129)西川秀和「フランクリン・ローズヴェルト大統領の『隔離』演説」（南山考古文化人類学研究会編『南山考人』平成十八年三月号所収）から引用
(130)、(131)鈴木晟「アメリカの対応　戦争に至らざる手段の行使」（『日中戦争の諸相』所収）より
(132)古川隆久『近衛文麿』より
(133)『西園寺公と政局』七巻、古川隆久『近衛文麿』より。宇垣の突然の辞職に近衛は「わけが分からん」と当惑し、閣内不一致などを理由に辞意を固めたが、閣僚や宮中の説得を受け翻意した
(134)『ナチズム極東戦略』一九頁から引用
(135)アドルフ・ヒトラー『わが闘争　完訳』上巻三七八頁から引用
(136)『日中戦争はドイツが仕組んだ』より
(137)、(138)矢部貞治『近衛文麿』上巻より。首相の近衛は、英仏を対象とする軍事同盟案には反対で、陸軍との軋轢《あつれき》に悩み、辞職願望を強めた
(139)昭和十三年十一月三日の読売新聞から引用（傍点は筆者）
(140)『西園寺公と政局』七巻二三四頁から引用
(141)古川隆久『近衛文麿』より
(142)『西園寺公と政局』七巻二四一頁から引用
(143)同巻二五一頁から引用
(144)同巻二五四頁から引用
(145)同巻二五二頁から引用
(146)『昭和天皇伝』二七一頁から引用。昭和天皇はその後、健康状態を心配する侍従長らの進言を受け、生物学御研究所に足を運ぶようになった
(147)、(148)、(149)、(150)『実録』二五巻九二、九九、一五三、『実録』二六巻二五頁から引用

第九章——欧州の戦雲と三国同盟

ヒトラーの野望

一九三三（昭和八）年以降、莫大《ばくだい》な公共投資と軍備拡張で国力を充実させたナチス・ドイツが、いよいよ近隣諸国への侵攻政策を本格化させるのは一九三八年、日本が日中戦争の泥沼にはまっていた頃である。

同年九月十二日のナチス全国党大会最終日、アドルフ・ヒトラーは演説した。

「全知全能の神は、ベルサイユ条約によって外国の隷属下におくために、ドイツ人を創り出したのではない(1)」

ヒトラーの当面の目標は、ベルサイユ体制を打破し、第一次世界大戦で失った領土を取り戻すことだ。同年三月にオーストリアを併合すると、九月の全国党大会でチェコスロバキアへの侵攻を示唆した。

「私は、チェコスロバキア内でドイツ人同胞が圧迫されているのを、いつまでも黙って見過ごしているつもりはない(2)」

欧州は震えた。

ベルサイユ体制の中心である英仏両国首脳は、ヒトラーと対決するより、譲歩する道を選ぶ。全国党大会からほぼ半月後の九月二十九日、英仏独伊の四首脳がミュンヘンで巨頭会議を開いた時、英首相チェンバレンは、ヒトラーがこれ以上の領土要求を行わないことを条件に、ドイツ系住民の多いチェコスロバキア領ズデーテン地方のドイツ帰属を認めた。戦争を回避したチェンバレンの宥和《ゆうわ》政策は、一時的に拍手喝采を浴びる。だが、恫喝《どうかつ》外交で領土の拡張に成功したヒトラーの野望は尽きない。次の目標をポーランドに定め、欧州の戦雲は日に日に厚く、黒く広がっていった。

一方、ドイツの躍進に、極東から憧憬のまなざしを送る者もいた。日本の陸軍上層部である。ソ連の軍事圧力を受ける陸軍は、ドイツと同盟を結ぶことで事態打開の道を開こうとしたのだ。

これに対し海軍と外務省は、英米を敵に回すドイツとの同盟など、もってのほかと考えた。日本経済は英米圏に依存している。アメリカから石油と鉄の輸入を止められれば、元も子もなくなるだろう。(3)

イタリアも含めた日独伊の三国同盟をめぐり、関係省庁の溝が埋まらない中、政権を投げ出した近衛文麿のあとをうけて首相となったのは、枢密院議長の平沼騏一郎である。平沼が組閣した昭和十四年一月五日、駐日アメリカ大使のグルーは嘆息した。

「中世から復活したような禁欲主義者で神道論者の新首相により、日本は独伊と接近を図るだろう……」

一方、駐日ドイツ大使のオットーは歓喜した。

「日本でファシズムの父ともいえる新首相により、日独伊の枢軸関係は強化されるだろう……」(4)

平沼、このとき七十一歳。歴代首相の中で、これほど誤解されることの多い人物はいまい。やがて米独両大使も、平沼への評価を改めることになる。

平沼が陸軍や右派勢力に人気があり、たびたび首相候補に挙げられながら、穏健保守派の元老、西園寺《さいおんじ》公望《きんもち》から遠ざけられていたことはすでに書いた。だが、近衛文麿内閣の後継に平沼を推したのは、同じ穏健保守派の内大臣、湯浅倉平ら宮中側近グループである。実は、平沼への大命降下が不可避とみた湯浅らは、事前に親英米派の助言者を平沼につけ、ファッショ的な姿勢を懐柔していたのだ(5)。

当時、宮中側近ら穏健派が憂慮していたのは、独伊との同盟締結問題である。締結を急ぐ陸軍を抑えられるのは、右翼の総帥ともいわれた平沼しかいないと、側近らは考えたのではないか。

一方、昭和天皇の意を察した平沼も、自らに課せられた使命を理解したようだ。組閣の際、外相の有田八郎にこう言った。

「英仏を相手にしてまで、日本が日独伊防共協定を強化するといふやうなことには、自分は反対である。万一さういふことを陸軍から強ひられたら、自分は君と一緒に辞める」[6]

ドイツが日本に、軍事同盟を正式に提案したのは一月六日、早くも組閣の翌日である。提案には、契約国がソ連や英仏など第三国の攻撃対象となった場合、他の契約国は「アラユル使用シ得ル手段ヲ以テ助力ト支援ヲ与フルノ義務ヲ有スル」とあった。[7]

ドイツ外相のリッベントロップが、駐独大使の大島浩に付言する。

「これはヒットラー総統の承認した正式の案文である」[8]

ドイツの狙いは、欧州を覆う戦雲の下に日本を引き込み、英仏に圧力をかけることだ。一方、日本としては、ソ連を対象とする同盟案なら大歓迎だが、英仏まで対象に含めたくはない。平沼内閣は、何とか英仏を除外しようと苦心した。

だが、政府にとって予想外のことが起きる。出先の大島らが政府の訓令を無視して、独断専行で走り出したのだ。発足間もない平沼内閣は、いきなり崖っぷちに立たされる。

平沼の遅延策

日独伊三国同盟――。歴史的にみてそれは、日中戦争で悪化した日本とイギリスとの関係改善を断ち切り、イギリスを支援するアメリカとの開戦へと突き進む、片道切符といえるだろう。

昭和十四年一月六日、ドイツから三国同盟の正式提案を受けた首相の平沼騏一郎は、陸海両相と外相、蔵相による五相会議を招集、対応を協議した。有事の際、ソ連のほか英仏も攻撃対象とする同盟案に賛成したのは陸相のみで、外相が反対したのは言うまでもない。海相と蔵相も外相を支持し、激論の末、やや妥協して次の四条件を付けることにした。

一、ソ連を主たる対象とするが、状況により第三国（英仏）を対象とすることもある

二、第三国を対象とする武力援助は、行うかどうか、その程度も含め状況による

三、外部に対しては防共協定の延長と説明する

四、（二）と（三）は秘密事項とする[9]

外相の有田八郎は言った。

「ドイツ側がこれ以上の譲歩を求めてきても、変更の余地は全然ない[10]」

ところが、この修正案を駐独大使の大島浩と駐伊大使の白鳥敏夫が握りつぶしてしまう。陸軍高官だった大島はもともと三国同盟の提唱者、革新官僚の白鳥は外務省きっての急進派だ[11]。ドイツの快進撃に目がくらんだ二人は、政府の訓令を無視してでも同盟締結にこぎ着けようとした。

二人を説得するため有田が派遣した特使を、白鳥が一喝する。

「こんな案ではとても独伊の同意はえられぬ。大島が怒るぞ[12]」

大島も、独外相の前で大見得を切った。

「無留保、無担保の三国同盟ができないのなら、自分は白鳥と二人で大使を辞めてやる」(13)

いまや国家の命運は、出先の独断専行により危機に瀕《ひん》したといって過言ではない。それを最も憂慮したのは、昭和天皇である。大島らの訓令無視が目に余るようになった三月、侍従武官長にこう漏らした。

「もし陸軍が出先の大使の言つて来たやうなことを押し通さうとすれば、外務大臣も総理も到底同意ができないのだから、或は内閣は代らなければならないやうな結果を導くかもしれない」(14)

昭和天皇が懸念したように、陸相が三国同盟をごり押しすれば、閣内不一致で総辞職もあり得ただろう。しかし、首相の平沼は海千山千だった。孤立する陸相の肩を持って総辞職を避けつつ、ひたすら結論を先送りするという、遅延策に出たのだ。

以後、五相会議が延々と繰り返され、その数は平沼の在職中、八カ月足らずで七十回以上に及んだ。「優柔不断の誹《そしり》を受けながら（五相会議で）数十回に渉《わた》り討議を累《かさ》ねたり」と、平沼自身がのちに書き残している。(15)

早期締結を求める陸軍からは、「首相の言はハッキリしているがシッカリしておらぬ」と不満の声も上がった。(16)何と言われようと平沼は、泥をかぶる覚悟でいたのだろう。

一方、出先の独断専行に外相の有田は激怒し、海相の米内光政は大使罷免を主張した。平沼はそれもなだめ、妥協案を再び訓令することにした(17)。

それでも、大島と白鳥の暴走はとまらない。四月二日、独外相リッベントロップと会見した大島は、条件つきながら日本の参戦義務に同意してしまうのだ。同じ頃、白鳥も伊外相チアノにこう言い切った。

「独伊が英仏と戦争する場合、条約の条項に基づき、日本が参戦するのはもちろんだ(18)」

無茶苦茶である。

両大使の「参戦」発言に、平沼内閣が仰天したのは言うまでもない。だが、政府と軍部は一枚岩ではなかった。外相の有田が五相会議で、両大使の発言を取り消す訓令を出そうと主張したものの、陸相の板垣征四郎は両大使の肩を持つような意見を唱え、訓令が曖昧《あいまい》なものになってしまう。

のちに有田は、当時の状況をこう書き残している。

「東京において陸軍の主張が通らず、(陸軍にとって)不本意の訓令を政府の名において発出されると、今度はこの政府の訓令を現地において(大島と白鳥が)メチャメチャにしてしまおうとした(19)」

最悪の状況だ。しかし、ここで昭和天皇が動く。四月十日、陸相の板垣に《出先の大島・

白鳥両大使が訓令に反し参戦義務を明言したことは大権を犯すものとのお考えを示され、陸軍大臣が五相会議においてこれを擁護したこと、また会議ごとに決定事項を逸脱する発言をすることに対し、御注意になる》[20]。

昭和天皇は、欧州の戦争に巻き込まれまいとする政府の方針を、貫徹させようとしたのだ。昭和天皇の苦悩は尽きない。その頃、陸軍に籍を置く雍仁《やすひと》親王とも意見が対立した。先の大戦後、側近にこう打ち明けている。

「私は秩父宮《ちちぶのみや》（雍仁親王）と喧嘩《けんか》をして終《しま》つた。秩父宮はあの頃一週三回位私の処に来て同盟の締結を勧めた。終《つい》には私はこの問題に付ては、直接宮には答へぬと云《い》つて突放ね《ママ》て仕舞つた」[21]

昭和天皇が憂慮を深める中、海千山千の平沼はどうしたか――。実は、いたずらに小田原評定を重ねていたわけではなかった。戦争回避に向け、極秘で日米交渉を画策していたのだ。

米英との確執

事態打開に向け、首相の平沼騏一郎が米大統領にあててメッセージを書いたのは、昭和十四年の春である。

五月二十三日、首相官邸で米大使館のドゥーマン参事官と極秘で会見した平沼は言った。

「（恒久平和のために）必要な第一歩は、二つの敵対する政治的陣営に欧州が分割されつつある傾向に歯止めをかけることです」[22]

このとき平沼が内々に提案したのは、以下のようなものだ。（一）欧州での戦争回避に向け米大統領が英仏に世界会議への参加を打診するなら、日本は独伊に参加を呼びかける準備がある（二）その世界会議では欧州問題だけでなく極東問題も議題となしうる（三）中国への和平条件を緩和する用意がある（四）自分の首相在任中、独伊と軍事同盟を締結することは絶対にない——。[23]

平沼の真意は、欧州問題を表向きのテーマにしながら、日中和平の仲介をアメリカに求め、世界会議の名の下に平和を実現することにあった。非公式とはいえ、思い切った提案といえるだろう。しかも平沼は、この提案を五相会議にはかけず、ほぼ独断で行った。事前に漏れれば、日独伊三国同盟に執心する陸軍から横やりが入るのは必至だからだ。この時期の平沼は、いかに周囲から誤解されようとも、すべてを背負う覚悟を持っていたといえよう。

ドゥーマンは感動した。米国務長官にあてて長文の速達便を送るとともに、懇意にしていた元老私設秘書の原田熊雄に、こう打ち明けた。

「総理は実に立派な人ぢやあないか」「（平沼の提案を）アメリカ政府と日本政府との公式の話になつて行くやうにするつもりであるし、また当然さうしなければならない……」[24]

平沼は、アメリカからの回答を、祈る気持ちで待ったことだろう。もしもアメリカが平沼の提案を受け入れたなら、先の大戦はなかったかもしれない。

だが、アメリカが下した判断は、平沼に「何ら特別な回答を行わない」というものだった。(25)

その判断はこうだ。

(一) アメリカが和平交渉のイニシアチブをもつと、かえって日本の地位を有利にしてしまう

(二) アメリカが主導的であるほど、日本の軍国主義者たちの逃げ道を広げることになる

(三) どんな和平案も日中双方に妥協を強いることになり、その妥協をもたらしたアメリカが双方の敵意の的《まと》になってしまう……(26)

歴史は変わらなかった。アメリカから具体的な回答を得られなかった平沼は、悄然と肩を落とす。

しかもこの後、さらなる悪夢が平沼を襲う。イギリスとの関係が、決定的に悪化してしまうのだ。

発端は一九三九（昭和十四）年四月九日、中国・天津の英仏租界で、親日派の中国人官吏がテロリストに射殺されたことだった。

租界当局などの捜査で容疑者四人が逮捕され、犯行を自供したので、テロ被害に苦慮する日本側は容疑者の引き渡しを求めた。しかし、イギリス側が拒絶したため、日本国内の世論は激昂する。背中を押された現地の日本軍が六月十四日に租界を封鎖し、出入りするイギリ

ス人らの身体検査をはじめると、今度はイギリス国内が激昂。[27] 日英両政府とも、過熱した自国の世論を抑えられない状況となった。

昭和天皇は、日英関係の悪化を憂慮した。

租界の封鎖など強硬姿勢をみせているのは陸軍だ。昭和天皇は六月十四日、陸相の板垣征四郎に対し、《天津英仏租界の封鎖につき、徒らに意地を張って対立することは不得策につき、解決の道を講じること、（中略）不意の事件が突発しないようすべきことを御注意になる[28]》。

翌十五日も《参謀総長に対し、天津租界封鎖問題を速やかに解決すべき旨の御言葉を述べられ、（中略）犯人引渡しがあれば、封鎖解除を考慮する旨の奉答を受けられる。よって内大臣湯浅倉平をお召しになり、外務大臣に対し参謀総長の奉答を伝え、内閣総理大臣が同意ならば、犯人引渡しを条件に封鎖解除の運びに進むべき事を伝えるよう命じられる[29]》。

しかし、平沼内閣は容易に動けなかった。反英世論の高まりが、政府に一切の妥協を許さなかったのである。

世論をあおったのは、またも新聞報道だ。六月十五日の東京朝日新聞が夕刊コラムに書く。

「（イギリスに）断じて半歩をも誤るなかれ」

七月八日の東京日日新聞も社説でたきつけた。

「本質の点において、妥協や譲歩の余地が、一厘一毛もない[30]」

こうした反英報道の背後に、英仏を攻撃対象に含める日独伊三国同盟の締結を急ぐ、陸軍がいたことは言うまでもない。右翼団体も騒ぎだし、同盟に反対する重臣や海軍首脳にまで斬奸状《ざんかんじょう》が送りつけられるなど、国内に不穏な空気がみなぎった。

その頃、同盟阻止に奔走する海軍次官の山本五十六は、暗殺されることも覚悟し、こんな遺書を書いている。

「一死君国に報ずるは素《もと》より武人の本懐のみ、豈《あに》戦場と銃後とを問わむや。（中略）誰か至誠一貫、俗論を排し倒れて已むの難きを知らん」(31)

一方、陸軍側にものっぴきならない事情があった。実はこのとき、満洲で、ソ連軍が猛烈な攻勢をかけていたのである。

ノモンハン事件

一九三九（昭和十四）年夏、満洲とモンゴルの国境地帯の、見渡す限りの大草原を流れる、ハルハ河東岸の無人の地、ノモンハン――。ここを互いに自国領と主張する満洲国軍とモンゴル人民軍の小競り合いが、背後にいる関東軍とソ連軍の大衝突につながった。

要因の一つは、前年夏の張鼓峰事件だ。圧倒的兵力のソ連軍を相手に、専守防衛に徹した日本の朝鮮軍が孤軍奮闘し、昭和天皇に激賞されたことはすでに書いた。しかし関東軍は、朝鮮軍が攻勢をとっていればソ連軍部隊を撃滅できたと考え、自軍の勢力圏で挑発を受けたら断固とした措置をとると決心していた。関東軍の作戦参謀、辻政信が述懐する。

「三対一の実力とは謂《い》え『寄らば斬るぞ』の侵すべからざる威厳を構えることが、結果に於て北辺の静謐《せいひつ》を保持し得るものであるとの信条は、軍司令官以下全関東軍の一兵に至るまで透徹していた[32]」

一方、ソ連軍は、東京のゾルゲ機関が集めた情報に基づき、一大攻勢をかける機会をうかがっていた。日本政府の不拡大方針を熟知し、関東軍を攻撃しても全面戦争には至らないと判断したのだ[33]。

五月中旬、関東軍第二三師団の部隊が満洲国軍と共同で、ノモンハンに〝越境〟したモンゴル軍を駆逐しようと出動する。対するソ連第五七特設軍団もハルハ河を越え、モンゴル軍とともに東岸に布陣した。

二十八日、第二三師団の捜索隊がソ連側陣地の一部を突破し、敵を攪乱《かくらん》したが、孤立して全滅。三十日、今度はソ連側が攻勢をかけたものの、第二三師団が撃退。以後、ソ連側はハルハ河西岸に主陣地を移動し、関東軍は部隊を引き揚げた[34]。

五月末までの第一次ノモンハン事件で、関東軍は航空隊も投入した。日中戦争で経験豊富な日本軍機は、未熟なソ連軍機の敵ではない。地上戦ではほぼ引き分けたが、空中戦では圧勝した[35]。

昭和天皇が報告を受けたのは、六月五日だ。陸相から《不拡大方針を堅持し、努めてソ聯邦を刺激することなく局地問題として解決を図る》旨の奏上があったと、『昭和天皇実録』は記す。[36] 陸相の言葉に、偽りはなかっただろう。日中戦争で手一杯の陸軍中央に、ソ連軍を相手にする余裕はない。

だが、ソ連側は拡大する腹だった。六月の初め、現地のソ連第五七特設軍団司令官に、新たな将軍が着任する。その名はゲオルギー・ジューコフ。のちに独ソ戦を勝利に導く、ソ連軍最高の英雄である。

ジューコフは、強力な火砲と戦車を次々に投入、一大攻勢をかける作戦を立てた。関東軍も陸軍中央の方針を逸脱し、負けじと国境に部隊を動員する。

七月、ノモンハンに集結した関東軍の総兵力は二万人、戦車・装甲車九十両、火砲百四十門、航空機百八十機。対するソ連軍は一万二千五百人、戦車・装甲車四百五十両、火砲百十門、航空機二百八十機。[37] 火力と機動力に勝るソ連側に、やや分があったといえよう。だが、関東軍は強かった。

最初に動いたのは関東軍だ。戦車第三、第四連隊を中心とする機動部隊がハルハ河東岸のソ連軍陣地を正面から攻め、第二三師団の歩兵部隊が西岸に回りこんで背後から叩くという、挟撃作戦である。

七月二日午後六時十五分、折からの雷雨をついて、機動部隊が前進を開始した。日本の戦車は砲力と速度に劣るが、乗員の練度は抜群だ。巧《たく》みな射撃でソ連の装甲部隊を撃破し、戦車第三連隊は日没までに敵陣左翼の奥深くに進入した。右翼を攻めた戦車第四連隊は、戦車戦で世界初となる夜襲を敢行。敵陣を蹂躙《じゅうりん》して野砲を踏みつぶし、逃げまどう敵兵を蹴散らした。

三日午前六時十分、主力の歩兵部隊がハルハ河西岸に渡る。不意打ちとなった渡河攻撃に、ソ連軍は狼狽《ろうばい》した。ソ連第一一戦車旅団が応戦したが、関東軍の砲兵に狙い撃ちされ、次々に擱座《かくざ》、炎上する。午前中に関東軍が破壊した戦車、装甲車は約百両に上った。

ソ連第五七特設軍団司令官、ジューコフは愕然《がくぜん》とした。のちに、こう述懐している。

「旅団は人員の半分を戦死者、負傷者として失った。戦車も半数かそれ以上を失った。攻撃を支援していたソ連軍とモンゴル軍の装甲車部隊はもっと大きな損害を出した。戦車は私の目の前で燃えた。ある戦区では三六両の戦車が散開したが、そのうち二四両は瞬く間に燃え上がっていた(38)」

しかし、関東軍の進撃はここまでだった。砲弾が尽きてしまったのだ。ソ連軍を過小に見積もって十分な準備をしなかった、司令部参謀の失態である。西岸に渡った歩兵部隊は五日までに東岸に撤退(39)。敵陣を踏み散らした戦車部隊も歩兵の到着が遅れたため、占領地を保持できずに後退した。

一方、ジューコフは用意周到だった。関東軍が撤退し、戦線が膠着《こうちゃく》した七月中旬から八月中旬、あらゆる手段で兵力の増強に努め、兵員五万七千人、戦車・装甲車八百四十両、航空機五百八十機を集結させた(40)。

この間、関東軍の現地部隊は司令部の指示で冬籠もりの準備をしており、わずかに歩兵一個連隊程度が増強されたに過ぎない。活躍した戦車部隊も解散させられ、一両の戦車もないというありさまだ(41)。

八月二十日、満を持したジューコフの、大地を揺るがす猛攻撃が始まった。圧倒的火力を有する五万七千人のソ連軍が、砲弾が欠乏しかけた二万人弱の関東軍に襲いかかる。関東軍第二三師団は包囲され、ノモンハンの地を明け渡して敗退した。

ジューコフがスターリンに打電する。

「当地時間八月二八日二二時三〇分、敵の最後の拠点高地が一掃されました(42)」

この日、関東軍の不敗神話は崩れた。ある砲兵隊の最後の状況を、九死に一生を得た軍曹が述懐する。

「やがて自爆するための最後の一発の弾丸までことごとく撃ち尽くしてしまった。山崎大尉の命令で、火砲に最敬礼したのち、その重要部分を土中に埋めた。残された道は、敵戦車への肉弾攻撃。（中略）私は日記帳に最後の模様《もよう》を書き込んだ。わずか八行だった。走り書きの文字は私以外に判断できないが、『天皇陛下万歳』という最後の六文字だけはだれが見てもわかる。これを書き終えて、私は『いつ死んでもよい』と気が楽になった」[43]

敗退の理由は、上級司令部の杜撰《ずさん》な作戦指導だ。ソ連軍の兵力を過小に見積もり、十分な砲弾を準備しなかったうえ、近代的な機動戦に無理解だった。にもかかわらず上級司令部は、自らの責任を現場になすりつけ、砲弾が尽きて後退した指揮官に自決を強要するなどの醜態をさらした。[44]

張作霖爆殺事件以降、陸軍の軍紀が乱れ、昭和天皇を悩ませてきたことは何度も書いた。しかしそれは、すべて陸軍士官学校および陸軍大学校卒業のエリート軍人によるものだ。一般の将兵の規律は極めて高く、どんな過酷な戦闘にも耐え抜いた。五月以降の全期間を通じた両軍死傷者数は、関東軍の一万七千四百五人に対しソ連軍は一万八千七百二十一人。[45]ノモンハンの地を奪われたとはいえ、ソ連軍に多大な出血を強いた一般将兵の力戦は、称賛されるべきだろう。

翌年五月、大将に昇進してモスクワに凱旋《がいせん》したジューコフに、スターリンが聞いた。

「君は日本軍をどのように評価するかね」

ジューコフは答える。

「彼らは戦闘に規律をもち、真剣で頑強、とくに防御戦に強いと思います。若い指揮官たちは極めてよく訓練され、狂信的な頑強さで戦います。(中略、それに比べ)高級将校は訓練が弱く、積極性がなくて紋切型の行動しかできないようです」[46]

ジューコフは、見抜いていたのだ。

「欧州は複雑怪奇」

ノモンハン事件の勃発により、陸軍が日独伊三国同盟の締結を急いだのは言うまでもない。ソ連軍の猛攻で関東軍が敗退するほぼ半月前、昭和十四年八月八日に開かれた五相会議で、陸相の板垣征四郎は「ドイツが提案する三国同盟を、至急、留保なしで締結すべきだ」と力説した。(47)

ドイツの提案は、ソ連だけでなく英仏も攻撃対象としている。それに留保をつけることは、昭和天皇に念書まで提出して裁可された不動の方針だ。(48)首相の平沼騏一郎は突っぱねた。「自分としては、苟《いやし》くも一旦お上の御允裁《いんさい》を経《へ》てゐる既定方針以外のことを申上げることはできない」(49)

同意が得られなかった板垣は、驚くべき行動にでた。十一日、駐日ドイツ大使と駐日イタリア大使に、「同盟の締結を実現せしめるために、最後の手段として辞職を賭《と》して争う決意である。（中略）辞職は八月十五日にする積りだから、独、伊両国が譲歩によって援助を与えてくれるよう希望する」と申し入れたのだ。(50)一国の大臣が他国の大使に倒閣の陰謀を打ち明けるなど、前代未聞の愚行と言えるだろう。

だが、その後に世界中が驚くことが起きる。二十三日、ノモンハンで関東軍がソ連軍の猛攻にさらされている最中に、ドイツがソ連と不可侵条約を締結したのだ。

その第二条は、こう規定する。

「締約国（独ソ）の一方が第三国（日本を含む）による交戦行動の目標となった場合、他の一方はいかなる方法によっても第三国に援助を与えない」(51)

明白な裏切り行為だ。三国同盟に奔走していた駐独大使の大島浩は抗議したが、ドイツ外相のリッベントロップに軽くあしらわれただけだった。

ドイツの狙いは、ポーランド侵攻にあった。東のソ連と西の英仏に挟撃されることを避けるため、侵攻前にソ連と手を組んだのだ。日本のことなど、考慮していなかったのである。

陸軍の面目は丸つぶれだ。当然、三国同盟の交渉は打ち切られた。一方、もともとナチス・ドイツを信用していなかった昭和天皇は、むしろ安堵《あんど》したようである。二十三日、侍従武官長に言った。

「これで陸軍が目ざめること、なれば却て仕合せなるべし」(52)

首相の平沼も、昭和天皇と同じ気持ちだったのではないか。周囲に誤解されながらも、英仏を攻撃対象とする同盟は結ばないと心に決めていた。初志貫徹した平沼に、政権への未練はない。二十八日、「欧州の天地は複雑怪奇」の言葉を残し、内閣総辞職した。

陸相人事を指示

日独伊三国同盟の交渉打ち切りに、昭和天皇の意向が影響していたことは疑いない。三国同盟に懐疑的だった昭和天皇は平沼騏一郎内閣時代、同盟を急ぐ陸軍の手綱を引こうと、立憲君主の枠内でさまざまなアプローチを試みている。昭和十四年五月二十五日には、陸軍とのパイプ役だった侍従武官長の宇佐美興屋《おきいえ》を交代させた。(53)昭和天皇は宇佐美を、「人格者ではあつたが、政治的才能に欠け」るとみており、自身の意向を陸軍に浸透させることが、なかなかできなかったからだ。(54)

後任の武官長は、中支那派遣軍司令官だった陸軍大将、畑俊六である。昭和天皇は宮内大臣に命じ、畑が三国同盟に反対であることを確かめさせてから、この人事を裁可した。(55)畑は、温厚にして誠実な武人だ。交代後、昭和天皇は侍従武官の一人に、「今度の武官長はいゝよ」と語っている。(56)

ノモンハン事件の勃発で陸軍の焦燥が激しくなり、同盟締結の圧力が強まった八月初旬、昭和天皇は首相の平沼に言った。「統帥権について――言葉を換へていへば陸軍について、何か難しいうるさいことが起つたならば、自分が裁いてやるから、何でも自分の所に言つて来い」(57)

平沼は感激しつつ、内大臣に「陛下をお煩はせすることはよくないから、よく〳〵でなければ、さういふことは願ふまい」と伝えている。(58)

八月二十八日、平沼内閣の総辞職で組閣の大命が下ったのは、台湾軍司令官などを務めた予備役陸軍大将、阿部信行だ。内大臣の湯浅倉平らは「阿部は経験に乏しい」などと難色を示したが、陸軍がごり押ししてきたのである。(59)

その阿部が参内したとき、昭和天皇は「憲法を厳に遵守すること」を求めるとともに、こう言った。

《陸軍には久しく不満足であり粛正しなくてはならず、陸軍大臣には現侍従武官長畑俊六又は陸軍中将梅津美治郎《よしじろう》の他には適任者がいないように思われ、たとえ三長官の反対があっても実行するつもりであることを述べられた上で、困難を排し努力することを望む旨の御言葉を賜う》(60)

昭和天皇が閣僚人事で、具体名を挙げて指示を出すのは初めてのことだ。立憲君主の枠組みからも逸脱しかねないが、破滅の戦争を回避するため、あえて自らの意思を明らかにしたのだろう。

だが、いかに昭和天皇でも、世界的な歴史の流れは変えられない。阿部内閣の発足直後、欧州で、やがて全世界を巻き込む戦争が勃発する。

ポーランド侵攻

一九三九（昭和十四）年九月一日、欧州の戦雲に、雷光が走る。夜明け前の空はドイツ軍機に覆われ、地上はドイツ軍戦車に埋め尽くされた。時に午前四時四十五分。第二次世界大戦の序曲となるナチス・ドイツのポーランド侵攻作戦が、ついに発動されたのだ。

この日、アドルフ・ヒトラーは仕立て下ろしの軍服を身につけ、クロールオペラハウスで演説した。

「わたしはいま自分がドイツ軍の最初の兵士となることしか望まない。したがってわたしはふたたび軍服を身にまとった。わたしにとっては常に神聖かつ貴重なものであった軍服を。わたしは勝利の日まで軍服を脱ぐつもりはない」(61)

聴衆は熱狂し、「ジーク・ハイル！」の絶叫がクロールオペラハウスに響きわたった。

これより前、恫喝《どうかつ》外交で領土を拡張してきたヒトラーは、軍幹部らに「ポーランドに侵攻しても英仏との戦争にはならない」と言い聞かせていた。ヒトラーの情勢判断は、半分当たり、半分外れたといえよう。九月三日、英仏両国はドイツに宣戦を布告、ヒトラーを愕然とさせたが、国境沿いに部隊を展開しただけで、攻撃してくることはなかった。(62)

英仏両軍の軍事支援を得られず、ドイツ軍の機動力に圧倒されたポーランド軍にとどめを刺したのは、九月十七日に突如として攻め込んできたソ連軍である。開戦九日前に締結された独ソ不可侵条約の秘密協定により、ポーランドは分割されて独ソ両国の勢力圏に組み込まれることが、決まっていたのだ。二十八日、自主独立国としてのポーランドは消滅した。

ドイツの電撃侵攻とソ連の非情行為に、世界中が震撼《しんかん》した。昭和天皇も、強い関心を抱いたようだ。

九月一日《午後九時、常侍官候所にお出ましになる。この日、ドイツ・ポーランド開戦が報じられたため、当直常侍官を御相手に、国際関係などにつき種々お話しになる(63)》

九月三日《(夕方に当番常侍官らと欧州情勢などにつき話した後)午後九時前、再び常侍官候所に出御され、当直常侍官を御相手に、世界情勢などにつき種々お話しのところ、同四十分、英国の対独宣戦布告のニュースをお聞きになる(64)》

もしも日独伊三国同盟が締結されていたら、この時点で日本は戦争に巻き込まれただろう。昭和天皇は、改めて安堵したのではないか。

四日、発足直後の阿部信行内閣が声明を出した。

「今次欧州戦争勃発に際しては帝国は之に介入せず専ら支那事変の解決に邁進《まいしん》せんとす(65)」

昭和天皇の意を汲んだ阿部は、この機会に、ドイツに傾斜していた外交政策を切り替えようとした。問題は、外相を誰にするかだ。外務省内には、日独伊三国同盟をごり押しした駐伊大使の白鳥敏夫を推す声もあったが、論外だろう。(66) 悩んだ末、阿部が白羽の矢を立てたのは、学習院長の野村吉三郎だった。

海軍予備役大将でもある野村は、誰もが認める親米派である。米大統領のフランクリン・ルーズベルトとは旧知の間柄で、野村が駐米大使館付武官だった大正四年頃、当時海軍次官だったルーズベルトの私邸を訪れて歓談するほどだった。(67) 日米関係を好転させるには、うってつけの人事といえる。

一方、阿部から外相就任を打診された野村は戸惑い、こう言った。

「来年は皇太子が学習院にお入りになる。それについて、今日院長が代はることも面白くないと懸念する」(68)

学習院長としての野村の評価は高い。宮中側近の中にも、院長を交代させるべきではないと否定的な声が上がった。しかし、話を聞いた昭和天皇は言った。

「国家のためならば、学習院の方はどうでもいゝぢやないか」(69)

九月二十五日、首相が兼務していた外相に、野村が就任した。以後、野村は米大使のグルーや英大使のクレーギーと会談を重ね、対米英関係の改善に奔走する。

喫緊の課題は、日米通商航海条約をいかに継続するかだ。アメリカは七月、同条約を翌昭和十五年一月二十六日をもって廃棄すると通告しており、これを回避しなければ石油、資材、原料を輸入できる保証がなくなる。

野村は十月二十日、伊勢神宮へ参拝に向かう車中で、敢然と所信を明らかにした。

「日米両国が堅く協力して、その属する太平洋地域の平和確立に協力したい」(70)

野村の誠意を、グルーもしっかり受け止めたようである。十二月二十二日の会談で、グルーは野村に、米大統領の緊急措置により日米貿易の現状を維持する案などを示したという。(71)

だが、昭和初期の歴史は、平和を願う保守派にどこまでも冷淡だった。日中戦争で疲弊した国内情勢と、欧州で急展開をみせる国際情勢とが、野村の努力を潰してしまうのである。

窮乏する国内生活

欧州で戦端が開かれた昭和十四年、日本の国民生活は、窮乏の一途をたどっていた。

政府は二月、軍需物資の不足を補うため鉄製不急品の回収を開始、ポストやベンチが木製となる。三月、国民精神総動員委員会が設置され、ぜいたく全廃運動がスタート。十月、インフレ抑制のため価格等統制令が施行。十二月、ネオンやエスカレーターなどの電力使用が禁止され、木炭の配給もはじまった。(72)

昭和天皇は心を痛めた。その頃から率先し、自ら生活を切り詰めている。

五月十九日《時局を考慮され、金製品の使用を控えるべき旨の思召《おぼしめ》しにより、従来御使用の金縁の眼鏡をお止めになり、この日よりサンプラチナ縁の眼鏡を御使用になる(73)》

六月五日《葉山において採集に御使用の三浦丸は、支那事変以来、油の消費節約の思召しを以て、葉山には回航せず海軍横須賀工廠《こうしょう》に依託保管中のところ、この際海軍において活用させるため、下賜されることとなる》(74)

九月一日《震災記念日につき例年御昼餐は簡素な御食事とされてきたところ、思召しにより、この日より毎月一日は朝・昼・夕を通じて一菜程度の極めて簡単な御食事とすることを定められる》(75)

物資の欠乏だけでなく、思想統制が強まったことにも、昭和天皇は危機感を抱いた。

十月二十七日《(進講者の人選などをめぐり侍従長に)国史研究者につき、皇室に関することは何も批評論議せず、万事を可とするが如き進講は、聴講しても何の役にも立たずと評される。(中略)新経済学者などの極端な学説は、それに化せられる憂いがあり不可にして、穏健なる進講者にして各種学説を紹介する程を可とする御意見を述べられる》(76)

一方、国民生活が悪化する中、阿部内閣が国政の求心力となるには、荷が重すぎたようだ。近衛文麿、平沼騏一郎と大物政権が続いたあとで、首相の阿部は、力不足とみられたのである。(77)

最初に見切りをつけたのは、政党だ。阿部は十一月に内閣改造を行い、民政党総裁の町田忠治らに入閣を懇請したが、拒絶された。十二月の議会には一部の政党から内閣不信任決議案と辞職勧告が出され、民政党と政友会の有志議員も含め二百人以上が内閣に善処を求める

決議まで行った。(78)

翌十五年一月十六日、出身母体の陸軍からも見放された阿部は、在任四カ月半ほどで内閣総辞職する。次期首相の大命降下を受けたのは海軍大将、米内光政だ。しかし、欧州の戦局が新たな展開を迎えたことで、米内内閣も短命に終わってしまう。

「バスに乗り遅れるな」

西ひかし　むつみかはして　栄ゆかむ
世をこそいのれ　としのはしめに(79)

阿部信行内閣の総辞職からほぼ半月後の昭和十五年一月二十九日、皇居の歌会始で詠まれた昭和天皇の御製《ぎょせい》である。欧州の戦雲がアジアにも伸びようとする中、平和を祈る心が、一字一句に込められている。

次期首相、米内光政は昭和十二年から十四年までの海相時代、英仏を敵に回す日独伊三国同盟に体を張って反対した硬骨漢だ。昭和天皇の期待は高かっただろう。ただし、陸軍が協力的でなければ内閣はもたない。大命降下の日、昭和天皇は陸相の畑俊六を呼んで聞いた。

「陸軍は新しい内閣に対してどういふ風な様子か」

「陸軍は纏《まと》まって、新しい内閣に随いて参ります」

「それは結構だ。協力しろ」(80)

米内は、阿部内閣がとった米英重視の外交路線を引き継ぎ、外相に有田八郎を迎えた。近衛文麿内閣の後半以降、ともに閣僚として三国同盟を阻止した盟友である。だが、欧州の戦局が、米内に腕をふるうことを許さなかった。


一九四〇（昭和十五）年四月、ナチス・ドイツはノルウェーに侵攻。五月にはフランスに攻め込み、西部戦線で独軍と英仏両軍がにらみ合いを続けていた「まやかしの戦争」は、膨大な出血を強いる「凄惨《せいさん》な戦争」へと一変した。東部戦線ではソ連がバルト三国に大軍を送り込んで占領。戦禍が一気に拡大する。

世界は、独軍の電撃戦を驚愕の目で見つめるしかなかった。仏軍は西部戦線に六十六個師団の大兵力を展開していたが、独軍の機甲三個軍団が防備の手薄なアルデンヌの森を突破。戦略予備軍を用意していなかった仏軍は総崩れとなり、英軍の遠征部隊もダンケルクから英本土へと撤退する。六月十四日、作戦発動から一カ月余りでパリは陥落し、それより前にオランダとベルギーも降伏した。(81)

独軍の快進撃に、強く刺激されたのは日本の陸軍と革新勢力である。独ソ不可侵条約で棚上げされた三国同盟の動きが再燃し、「バスに乗り遅れるな」の大合唱とともに、同盟反対の米内内閣を揺さぶった。

七月十六日、陸相の畑が辞職し、内閣は瓦解する。畑は昭和天皇に「協力」を言明していたが、倒閣に走り出した陸軍を抑えきれなかったのだ。

昭和天皇は嘆息したことだろう。ただ、畑の辞表は従来の陸相と異なり、理由を明確にしてあった。翌十七日、恐懼《きょうく》して参内した畑に、昭和天皇は言った。

「今回のことは誠に遺憾に思ふ。而《しか》し今迄《までと》莵角《かく》曖昧な態度が多かったが、今回責任を明にしたのは不幸中の幸と思ふ」(82)

畑の頬《ほお》を、涙がつたった。

昭和天皇が期待をかけた米内内閣が退陣した背景には、欧州の戦乱という国際情勢に加え、政党の変革という国内問題があった。元首相で枢密院議長の近衛文麿を担ぎ出し、全国民的な新党をつくろうという、新体制運動の盛り上がりである。

いわゆる近衛新党の動きは、第一次近衛内閣の昭和十三年夏頃から強まっていた。最初に前のめりになったのは、日中戦争で右傾化した社会大衆党や中野正剛の東方会など左右両翼の革新系だ。政友会の領袖らにも波及し、十五年二月の衆院本会議で「反軍演説」(83)をした民政党の斎藤隆夫が除名されたのを機に、政・民二大政党の保守派は総崩れとなる。

米内内閣は、内大臣の湯浅倉平らが後ろ盾となって発足した。全体主義的な風潮が強まる中で、自由主義的な米内内閣は「重臣の秘めた切り札」だったと、当時の新聞が書いている。(84)

その切り札への揺さぶりは重臣にも向けられ、湯浅は健康を悪化させて十五年六月一日に辞職した。後任の内大臣は近衛の盟友、木戸幸一である。

七月十七日、米内内閣が瓦解し、昭和天皇から後継首班の下問を受けた木戸は、宮中に首相経験者ら七人を集めて重臣会議を開き、わずか三十分ほどで近衛の推薦を決めた。新体制運動が盛り上がる中、近衛以外では国民の支持は得られなかっただろう。何より、陸軍によって潰されてしまうことが目に見えていた。

首相選定は本来、元老の西園寺公望の役目だ。しかし、西園寺は第一次近衛内閣を最後に、内大臣らが持ち込んだ案に賛同するだけで、深く関わろうとしなかった。自身が推薦した首相が陸軍に次々と潰されていくことに、うんざりしていたのではないか。

今回は、賛同することさえ辞退した。[85] 四カ月後に死去する西園寺には、第二次近衛内閣の行く末が見えていたのかもしれない。

七月十七日夜、昭和天皇は《お召しにより参内の公爵近衛文麿に謁を賜い、組閣を命じられる。その際、内外時局重大につき外務・大蔵両大臣の人選には特に慎重にすべき旨を仰せになる[86]》。

近衛の人事は、良くも悪くも斬新だ。昭和天皇から「特に慎重にすべき」と指示された外相には、国際連盟脱退で名を売った元外交官の満鉄総裁、松岡洋右を起用した。軍部統制のカギを握る陸相は、統制派を束ねる航空総監、東条英機である。

この二人を、新聞各紙は「登場した両巨星」などともてはやし[87]、こぞって歓迎した。

だが、近衛も新聞も、見る目がなかったといえよう。この二人が、やがて近衛が命がけで取り組む和平工作をぶち壊してしまうのだ。

松岡外交と同盟成立

第二次近衛文麿内閣の外相となった松岡洋右は、自己顕示欲が強く、はったりの多い人物とされる。日中戦争がはじまる前の昭和十一年十二月、日独防共協定の成立を受け、こんな演説をしていた。[88]

「日本人は心中といふことを知ってる筈《はず》だ。（中略）ドイツと結婚した許《ばか》りなるに直ぐ（英米など）他所の女に色目を使ふとは一体何事であるか。今少し国民の気節なり気品と云ふことを考ふるがよい。手れん手管が外交の総《すべ》てゞはない」[89]

この〝心中方針〟を四年後も抱懐していたとすれば、松岡を外相にしたのは亡国人事といえよう。だが、近衛は松岡流のはったりとみたようだ。組閣二日前の十五年七月二十日、近衛は元老私設秘書の原田熊雄に、こう言っている。

「松岡は、日米戦争でもやるやうな風に言ひ出すので、初めの内は海軍大臣なども驚いてゐたやうだが、結局は非常に穏健な論で安心したやうだつた。あゝいふ柄にもないことを一応言つて、人を驚かしたりすることは、どうも彼の欠点だ」[90]

近衛が松岡を起用したのは、このはったりで陸軍を抑えるためだったとの見方もある。[91]これまで陸軍は、外交に口出しして政府を振り回してきた。しかし、ときに陸軍を上回るような強硬論を唱えつつ「結局は非常に穏健な」松岡ならば、陸軍の介入を容易に許さないのではないか――。

結論をいえば、見込み違いだ。のちに近衛は、陸軍よりも松岡に振り回されることになる。

七月二十二日に発足した第二次近衛内閣は、早くも二十七日の大本営政府連絡会議で「世界情勢ノ推移ニ伴フ時局処理要綱」を決定した。ドイツに降伏したフランスとオランダが東南アジアにもつ植民地を日本の勢力下に置くため、(一)独伊両国との政治的結束の強化(二)対ソ国交の飛躍的調整(三)対米英開戦の覚悟――を規定した政軍連携の外交方針で、[92]阿部信行内閣以降の「中道外交」を一気に転換するものといえよう。

昭和天皇は憂慮した。七月二十九日、参謀総長と軍令部総長に説明を求め、軍令部総長から《日米開戦の場合、持久戦になれば不利が予測されるため、特に資材の準備が完成しない限り軽々に開戦すべきではない旨の言上》を受けると、翌日、侍従武官長に《(陸海)両軍の歩調が十分揃《そろ》わない観があることから、陸軍が無理に海軍を引き摺らないよう注意することを御下命》になったと、『昭和天皇実録』に記されている。[93]

一方、松岡は日独伊三国同盟の締結に向け、猛然と走り出した。

内閣発足から間もない頃だ。松岡は外務省欧亜局の主管課長に、日独伊の提携強化についてただした。欧亜局では、「参戦にいたらざる限度における最大限の提携」を目指す案を文書で提示したが、それを一読した松岡は言った。

「こんなものではダメだ」

松岡は、その案に「虎穴に入らずんば虎児をえず」の一文を書き込んで突き返したという。(94)

以後、松岡は省内の幹部らにも相談せず、ほぼ独断で三国同盟を推し進めていく。

昭和十五年九月七日、ドイツ本国から特使のスターマーが来日すると、松岡は私邸に招いて会談を重ね、早くも十日、日本は欧州における独伊の指導的地位を、独伊は東アジアにおける日本の指導的地位を認めて尊重するとした同盟私案を提示。これに対しスターマーは、日独伊の一国が「現在の欧州戦争又は日支紛争に参入し居《お》らざる一国」から攻撃を受けた場合、「有ゆる政治的、経済的及軍事的方法により相互に援助」すべきとする修正案を申し入れた。(95)

ドイツの狙いは、イギリス支援に動くアメリカの参戦を、日独伊の軍事同盟により牽制《けんせい》することだ。武力的な威嚇でアメリカを刺激する同盟案は本来、穏健保守派の重臣や宮中側近らが憂慮してきたことだが、松岡は原則同意した。

「今もはや日独伊と結ぶか、日独伊を蹴って英米の側に立つか、日本としてハッキリした態度をきめなければならぬ時期に来てる」(96)

松岡が、首相や陸海軍上層部を説いた言葉である。

松岡の案は四相会議や臨時閣議でも了承され、九月十九日の御前会議で最終確認された。その際、枢密院議長の原嘉道が、同盟によりアメリカの対日圧力が強まり、石油や鉄の禁輸措置に踏み切るだろうと懸念を示したが、松岡は強気だった。

「今や米国の対日感情は極端に悪化しありて、僅かの気嫌取りして恢復《かいふく》するものにあらず。只々《ただただ》我れの毅然《きぜん》たる態度のみが戦争を避くるを得べし」(97)

九月二十七日、ついに三国同盟は成立する。

もっとも、同盟締結の責任を松岡だけに背負わせるのは酷だろう。当時、新聞をはじめ世論の大多数が早期締結を熱狂的に支持していたからだ。(98)

締結後、東京朝日新聞主筆の緒方竹虎が前首相の米内光政に聞いた。

「米内、山本（五十六）の海軍が続いていたら、徹頭徹尾反対したでしょうか」

米内は、「無論反対しました」と答えた後、しばらく考えてからこう付け足した。

「しかし殺されたでしょうね」(99)

混迷の内外情勢

日独伊三国同盟が成立した昭和十五年九月以降、日米関係は、一気に危険域へと達した。同盟締結後の十月十二日、米大統領のルーズベルトは「独裁者たちの指示する道を進む意図は毛頭ない」とする強硬な演説を行い、同月三十日に蔣介石政権への一億ドル追加支援を発表、十二月には対日禁輸品目の範囲を拡大するなど、日本への圧力を強めていく。(100)いわゆるABCD包囲網が急速に形成されていくのも、この頃である。(101)

自信家の外相、松岡洋右が同盟締結に踏み切った根底には、欧州で快進撃を続けるドイツとの関係を強化し、ドイツの斡旋《あっせん》により日ソ関係をも修復し、日独伊にソ連も加えた威圧によってアメリカから妥協を引き出すという、したたかな狙いがあった。(102)松岡の目論見《もくろみ》は、無残に打ちのめされたといえるだろう。

アメリカからの原料輸入がストップすれば、日本は資源を求めて南方に目を向けざるを得ない。南方に植民地を持つフランスの降伏で南進論が一気に高まり、日本軍は九月、蔣介石支援の輸送ルート遮断を名目に北部仏印（フランス領インドシナ）へ進駐。これに反発してアメリカがくず鉄の全面禁輸に踏み切ると、日本軍はさらに南部仏印への進駐を本格検討するなど、悪循環に陥ってしまう。(103)

それより前、昭和天皇は三国同盟の危険性を、周囲に繰り返し指摘していた。七月二十九日には参謀次長に、こう言っている。

「独ソは共に不信の国である。我が国が対米戦争で国力を疲弊するのに乗じて、我が国に対し不信行為に出るようなことはないか」(104)

九月二十一日にも、内大臣に「此の同盟を締結すると云ふことは結局日米戦争を予想しなければならぬことになりはせぬか」と憂慮を示した[105]。

昭和天皇は、当時の国際情勢を正確に把握していたといえるだろう。その危惧は、不幸にしていずれも的中する。

昭和天皇と同じく、三国同盟を強く懸念したのは元老、西園寺公望だ。私設秘書の原田熊雄に反対の意思を何度も示し、政治問題も含め「馬鹿げたことだらけで、どうしてこんなことだろうと思ふほど馬鹿げてゐる……」とまでこぼしている[106]。

その西園寺も十一月二十四日、腎盂《う》炎をこじらせて死去した。享年九十。末期の病床で「外交もどうもこれぢやあ困る」と独り言をいうなど[107]、どこまでも国家を案じた、最後の元老だった。

翌日、昭和天皇は内大臣の木戸幸一に、《一時間余にわたり公爵西園寺公望の死去を悼まれ、種々思召しを示される[108]》。

第二次近衛内閣の発足により、急変したのは外交政策だけではない。議会情勢も激変した。近衛を中心とする新体制運動に乗り遅れまいと、各政党が雪崩を打って解散したのだ。

早くも組閣前の昭和十五年七月六日に社会大衆党が解散したのをはじめ、十六日には政友会久原派、二十六日に国民同盟、三十日に政友会中島派、八月十五日には議会中心主義の民政党まで解党し、帝国議会は無政党状態となってしまう[109]。

一方、近衛は八月下旬に新体制準備会を立ち上げ、政界、財界、言論界、右翼の有力者を委員にして挙国一致体制づくりを本格化する。[110] 従来の権力分立主義では国家の総力を一元化しにくいと、憲法改正まで匂わせるようになった。

一段と強まる政治の統制色――。それを憂慮したのは、昭和天皇である。八月三十一日、昭和天皇は内大臣の木戸幸一に、《憲法改正が必要ならば、正規の手続きにより改正することに異存はないが、総理がとかく議会を重視していないように思われること、また我が国には歴史上、蘇我と物部、源氏と平氏を始め常に相対立する勢力が存在していることに鑑《かんが》み、相対立する二つの勢力を統一することは困難と思われる旨の御感想を述べられる[111]》。

この年は皇紀二六〇〇年。皇室の傘の下、対立する勢力も共存してきたのが日本の歴史だ。昭和天皇は、ファシズムのような権力集中体制は国柄に合わないと、考えていたのだろう。

近衛の新体制運動は、十月十二日に発足した大政翼賛会に帰着する。しかし、途中で嫌気がさした近衛が投げ出したため、同会はやがて、近衛の真意とは真逆の、軍部の方針を支える組織になっていく。

この間、日中戦争も行き詰まっていた。親日派の汪兆銘が一九四〇（昭和十五）年三月、日本の意を受けて新政府を樹立するも中国民衆の支持は得られず、参謀本部などがひそかに進めてきた蒋介石政権に対する裏面工作（桐工作）も、十月には頓挫した。何をやってもうまくいかなかったのだ。

昭和天皇は、破滅の戦争の足音が近づいてくるのを、感じ取っていたのではないか。[112] 九月十六日、参内した近衛に言った。

「自分は、この時局がまことに心配であるが、万一日本が敗戦国となつた時に、（中略）総理も、自分と労苦を共にしてくれるだらうか[113]」

これまで、多くを中途半端に投げ出してきた近衛だが、この一言は胸に重く突き刺さったはずだ。以後、近衛は人が変わる。決死の思いで、日米開戦の回避に奔走するのである。

註

（1）、（2）綱川政則『ヒトラーとミュンヘン協定』より

（3）藤岡信勝編著『条約で読む日本の近現代史』より。独伊との枢軸強化を支持する声は、海軍でも主に中堅将校らの間で高まっていたが、海相の米内光政、次官の山本五十六、軍務局長の井上成美の三人が結束して反対し、陸軍のように統制が乱れることはなかった。とくに井上は、独伊と同盟しても得られるのは数隻のUボートぐらいで、海軍にとってメリットはほとんどないと考えていた（池田清「三国同盟と海軍左派トリオ」〈『歴史と旅』平成十一年九月号所収〉より）

（4）、（5）加藤陽子「昭和一四年の対米工作と平沼騏一郎」（東京大学文学部史学会『史学雑誌』九四編一一号所収）より。平沼に外交政策をアドバイスした穏健派には、駐米、駐英大使を務めた宮内大臣の松平恒雄、日銀総裁や蔵相を務めた財界重鎮の池田成彬らがいた

（6）『西園寺公と政局』七巻二五八頁から引用

（7）外務省百年史編纂委員会編『外務省の百年』下巻四一五頁から引用

（8）鈴木健二『駐独大使 大島浩』一四一頁から引用

（9）、（10）有田八郎「欧州情勢は複雑怪奇」（『目撃者が語る昭和史』五巻所収）より

（11）大島は駐独大使館付武官となった昭和九年頃からナチス高官との接触を深め、日独防共協定を画策（十一年調印）。十三年に駐独大使になると、防共協定を軍事同盟に格上げしようと奔走した。一方の白鳥は、外務省情報部長だった昭和六～八年、満洲事変で強硬論を唱え、国際連盟脱退を主張したことでも知られる

（12）、（13）『駐独大使 大島浩』一六二、一六四頁から引用

（14）『西園寺公と政局』七巻三一一頁から引用

（15）『平沼騏一郎回顧録』二四五頁から引用

（16）高橋勝浩「首相平沼騏一郎と『道義外交』防共協定強化問題と『支那事変』処理」（国史学会編『国史学』一六四号所収）より

（17）『駐独大使 大島浩』より

（18）『外務省の百年』下巻より

（19）「欧州情勢は複雑怪奇」から引用

（20）『実録』二六巻四四頁から引用

（21）『昭和天皇独白録』五〇～五一頁から引用

（22）、（23）「昭和一四年の対米工作と平沼騏一郎」

より

(24)『西園寺公と政局』七巻三七八～三七九頁から引用

(25)、(26)「昭和一四年の対米工作と平沼騏一郎」より。後日に米大統領から届いた回答は、平沼がドゥーマンに口頭で説明した提案には触れず、曖昧で抑制された内容だった

(27)王文隆「天津事件と日英中関係」(軍事史学会編『日中戦争再論』所収)より

(28)『実録』二六巻七五頁から引用

(29)『実録』二六巻七六頁から引用

(30)玉井清「日中戦争下の反英論」(慶應義塾大学法学研究会『法学研究』七三巻一号所収)によれば、天津租界封鎖問題をめぐる新聞論調は反英一色で、国民の憤慨を「鎮静化させるのではなく、むしろその火に油を注ぐ先導役を演じていた」

(31)「三国同盟と海軍左派トリオ」から引用

(32)辻政信『ノモンハン』四六頁から引用

(33)ゾルゲは後に、自らのスパイ活動の功績の一つにノモンハン事件を挙げている

(34)、(35)第一次ノモンハン事件については、『戦史叢書 関東軍(一)対ソ戦備・ノモンハン事件』、古是三春『ノモンハンの真実』、小田洋太郎ほか著『ノモンハン事件の真相と戦果』より

(36)『実録』二六巻六九頁より

(37)『ノモンハンの真実』より。数字はいずれも概数。関東軍には満洲国軍の、ソ連軍にはモンゴル軍の兵力も含まれる

(38)マクシム・コロミーエツ『ノモンハン戦車戦』六四頁から引用

(39)第二次ノモンハン事件の状況は、『戦史叢書 関東軍(一)対ソ戦備・ノモンハン事件』、『ノモンハンの真実』より

(40)『ノモンハン事件の真相と戦果』より。数字はいずれも概数

(41)『ノモンハンの真実』より

(42)鎌倉英也『ノモンハン 隠された「戦争」』より

(43)ノモンハン・ハルハ河戦争国際学術シンポジウム実行委員会編『ノモンハン・ハルハ河戦争』二三八～二三九頁から引用

(44)『ノモンハンの真実』より。関東軍参謀らは快速の戦車部隊と鈍足の歩兵部隊を組み合わせて長距離移動させるなど、機械化部隊の運用に無理解で、日本の戦車部隊の技術力を活用できなかった

(45)『ノモンハン・ハルハ河戦争』より。ソ連軍は

一九六〇年代まで死傷者千二百～千三百人と偽り、関東軍惨敗のプロパガンダが定着することとなった。ソ連崩壊後に明らかになった損害には諸説あり、死傷者二万五千六百五十五人とする集計もある

(46) ゲ・カ・ジューコフ『ジューコフ元帥回想録』一三二頁から引用

(47) 有田八郎「欧州情勢は複雑怪奇」より

(48) 平沼内閣は三月二十八日、出先大使の独断専行に政府方針が引きずられることを憂慮した昭和天皇の求めに応じ、同盟案に留保をつける念書を提出した

(49) 『西園寺公と政局』八巻四四頁から引用

(50) 「欧州情勢は複雑怪奇」から引用

(51) 不破哲三「独ソ不可侵条約。ポーランド分割」（日本共産党中央委員会理論政治誌『前衛』平成二十五年十一月号所収）より

(52) 伊藤隆ほか編『続・現代史資料（四）』所収「畑俊六日誌」から引用

(53) 『昭和天皇独白録』五四～五五頁から引用

(54) 『西園寺公と政局』七巻によれば、宇佐美は「陛下が（陸軍に）『言ってはいけない』と仰せになったことは先方に通ずる例が非常に多く、『言へ』とおつしやつたことは寧《むし》ろ自分だけ含んでおいて言はなかつたりする」ことがたびたびあったという

(55) 『昭和天皇独白録』より

(56) 『西園寺公と政局』七巻三七七頁から引用

(57)、(58) 同書八巻四五頁から引用

(59) 同巻より

(60) 『実録』二六巻一〇六頁から引用

(61) ジョン・トーランド『アドルフ・ヒトラー（三）第二次世界大戦』一二二頁から引用

(62) リデル・ハート『第二次世界大戦』上巻、アラン・ワイクス『ヒトラー』より。独軍と英仏両軍は一九四〇年五月までにらみ合いを続け、この間は「まやかしの戦争」「奇妙な戦争」ともいわれる

(63) 『実録』二六巻一一〇頁から引用

(64) 『実録』二六巻一一一頁から引用

(65) 昭和十四年九月五日の読売新聞から引用

(66) 『西園寺公と政局』八巻より

(67) 木場浩介編『野村吉三郎』より

(68) 『西園寺公と政局』八巻七六頁から引用

(69) 同巻七八頁から引用

(70) 『野村吉三郎』三九八頁から引用

(71) 野村は対米宥和のため、日本軍の勢力下にある揚子江の南京下流を経済開放しようとした

が、現地の日本軍の反対で頓挫し、日米通商航海条約は翌年廃棄された

(72) 毎日新聞社発行『20世紀年表』『昭和史全記録』より

(73)、(74)、(75)、(76)『実録』二六巻六一、六九〜七〇、一一〇、一四〇頁から引用

(77)『西園寺公と政局』によると、阿部内閣は発足直後から、短命に終わるだろうと悲観的にみられていた。凶作も重なり、三カ月ほどで国民の支持は急速に低下、近衛内閣で農相を務めた有馬頼寧は「(農家の間には) いかにも今の内閣はたよりないといふ気持に満ちてゐるやうに自分は感ずる」と話していた

(78) 矢部貞治『近衛文麿』下巻より

(79)『実録』二七巻一六頁から引用。原文はスペース、改行なし。意味は「西洋も東洋も、睦《むつ》み交わして栄えていく世になることを、新年にあたり何よりも祈っている」

(80)『西園寺公と政局』八巻一七四頁から引用

(81)『第二次世界大戦』上巻、『ヒトラー』より

(82)『木戸幸一日記』下巻八〇七頁から引用。昭和天皇は二・二六事件で内閣が総辞職したときなど、最も責任の重い陸相の辞表がほかの閣僚と同一の文面であることに、強い不満を持っていた

(83)『昭和の政党』より

(84) 竹山護夫「第三七代 米内内閣」(林茂ほか編『日本内閣史録』四巻所収) より。米内内閣は蔵相など四閣僚を政党から起用するなど、自由主義的な色合いを打ち出していた

(85)『西園寺公と政局』八巻より。西園寺は近衛の再登板について、老齢で病気もしていたため政情が的確に分からないとし、宮中からの使者に「この奉答だけは御免蒙りたい」と話した

(86)『実録』二七巻一一三頁から引用

(87) 昭和十五年七月十九日の東京日日新聞より。なお、昭和天皇は「松岡外相は大丈夫か」と二度念押ししたという

(88) ソ連を中心とする共産主義的破壊活動に対する相互通報・防衛協議などを定めた防共協定。昭和十一年十一月に調印されたが、列国に配慮し、半ば骨抜きされた内容だった

(89)『松岡洋右』一四三頁から引用

(90)『西園寺公と政局』八巻二九三頁から引用

(91)『日本内閣史録』四巻より

(92)『実録』二七巻より。「世界情勢ノ推移ニ伴フ時局処理要綱」は、すでに米内光政内閣の末期に陸海両軍の内部で原案が練られており、近衛、松岡、陸海両相予定者の四人が組閣前に協

議した「荻窪会談」で、枢軸強化の方針が固められた
(93)『実録』二七巻一二一、一二三頁から引用
(94)『外務省の百年』下巻より
(95)松岡洋右伝記刊行会編『松岡洋右 その人と生涯』より
(96)同書七七六頁から引用
(97)稲葉正夫ほか編『太平洋戦争への道 別巻資料編』三四〇頁から引用
(98)『太平洋戦争と新聞』より。三国同盟締結後の各紙社説は、「国際史上画期的の出来事として誠に欣快に堪えざるところ」(東京朝日)、「新しき希望を地球上に布くもの」(東京日日)などと論じた
(99)緒方竹虎「米内光政を憶ふ 三国同盟をめぐつて」(『文藝春秋』昭和二十四年八月号所収)より
(100)『外務省の百年』下巻より
(101)アメリカ(America)、イギリス(Britain)、オランダ(Dutch)、中国の(China)頭文字をとった対日経済包囲網
(102)矢部貞治『近衛文麿』下巻、『松岡洋右 その人と生涯』より
(103)義井博『昭和外交史』より
(104)森松俊夫編『参謀次長 沢田茂回想録』一一七頁から要約
(105)木戸日記研究会編『木戸幸一関係文書』一八頁から要約
(106)、(107)『西園寺公と政局』八巻三六〇頁、三九六頁から引用
(108)『実録』二七巻二〇五頁から引用
(109)『昭和の政党』、古川隆久『近衛文麿』より
(110)近衛は新体制運動に取り組む一方、一国一党的な政治体制は国体に反するとし、新党運動からは距離を置いた
(111)『実録』二七巻一三五頁から引用
(112)昭和天皇は重大局面に備え、皇族が務める陸海両総長の更迭の検討を指示、参謀総長に杉山元(十月三日)、軍令部総長に永野修身(十六年四月九日)が就任した
(113)『西園寺公と政局』八巻三四七頁から引用。近衛はこのとき、伊藤博文が明治天皇に「(日露戦争で敗戦したら)爵位勲等を拝辞し、単身戦場に赴《おもむ》いて討ち死にする覚悟です」と言上した例を挙げながら、「自分も及ばずながら誠心御奉公申上げる覚悟です」と奉答した。翌日の閣議でこのやりとりを聞いた外相の松岡洋右は、声をあげて泣き出したという

第十章――開戦前夜

野村大使の渡米

阿部信行内閣で日米関係改善に努めた元外相、野村吉三郎は、昭和十五年の夏を富士山麓にある知人の別荘で、家族とのんびり過ごしていた。海軍で大将に上りつめ、軍事参議官や学習院長を歴任し、そろそろ閑雲野鶴《かんうんやかく》の余生に入ろうかという境遇である。

八月下旬の残暑の日、その野村のもとに、外相の松岡洋右から「お会いしたい」との電報が届いた。松岡は当時、日独伊三国同盟の締結に向けて奔走しており、いわば時の人だ。同盟に否定的だった自分に何の用だろうと、首をかしげて帰京した野村の自宅に、松岡が早速たずねてきた。

「駐米大使に御苦労願いたい」

野村は仰天した。松岡の三国同盟と、自分の日米親善とは水と油である。とても務まらないと丁重に断った。だが、松岡はあきらめない。三日後に再び野村をたずねて大使就任を懇請し、同盟締結後の十月以降は古巣の海軍からも次々と奮起を促してきた。

野村は、首を横に振り続けた。自信がなかったのだ。短命に終わった阿部内閣で外相を務めたとはいえ、所詮は一介の武片。素人外交ではこの難局を乗り切れず、討ち死にするのは目に見えている。

かたくなに拒む野村に、松岡が言った。

「野村君、もう湊川へ行ってもいいじゃないか」

絶妙の殺し文句だ。建武三（一三三六）年、後醍醐天皇に反旗をひるがえした足利尊氏の大軍が京都に攻め上《のぼ》ったとき、楠木正成は勝ち目がないと知りつつ湊川の戦いに出陣、天皇に決死の忠節を尽くした。「湊川へ行く」の言葉に、野村はグラリと来た。

それから一カ月余りたった十一月二十七日、野村は特命全権駐米大使に就任する。翌年一月二十三日に横浜港を出港し、二月六日にサンフランシスコに到着。数十人の米人記者らを前に、野村は言った。

「日米関係を改善する。その信念をもって太平洋を越えてきた」

その日、現地紙の夕刊に、「野村提督は偉大なるアメリカの友人なり」の見出しが躍った。(1)

予想外の人気である。しかし、前途に光を見たような気がしたのは一瞬だった。五日後に首都ワシントンに着くと、出迎えの米政府要人の姿もまばらで、冷え込んだ日米関係の現実を思い知らされた。

野村は着任早々の二月十二日、米国務長官のコーデル・ハルを訪ねて会見したが、与えられた時間はわずか四分。現地の新聞は「短い会見時間のレコードだ」などと報じた。

十四日は信任状捧呈式。いよいよ米大統領フランクリン・ルーズベルトに会う日である。野村は大正四年から七年に駐米大使館付武官を務め、同時期に米海軍次官だったルーズベルトとは旧知の仲だ。その後も文通を続けていたが、再会するのは二十余年ぶりとなる。

御名御璽《ぎょめいぎょじ》の入った信任状を手に、ホワイトハウスの門をくぐった野村は身を硬くした。出迎えた旧友の表情も、どこかぎこちなかった。両者は型通りのあいさつを交わし、捧呈式は、あっけなく終わった。

ところが、式典後に少人数での歓談がはじまると、ルーズベルトはとたんに相好を崩した。

「アドミラル野村、あなたは一向に変わらない」

この一言に、野村は生気を取り戻したことだろう。続けてルーズベルトは言う。

「私は日本の友であり、米国をよく知る君は米国の友である。だからお互い、率直に話ができるはずだ」

ルーズベルトは、日本の南進政策と三国同盟に懸念を示した。口調は穏やかだが、日本への不信感を隠そうとはしなかった。野村は、返す言葉に力を込めた。

「自分は、日米は戦うべきではないと徹底的に信じている。両国は協力すべきだと確信しています」

ルーズベルトが表情を緩める。

「私は今後、いつでも喜んで君に面会するだろう(2)」

それまでの張りつめた空気が、うそのように打ち解けた歓談だった。三日前には野村の着任に冷淡だった現地の米紙も、この歓談を好意的に報じた。(3)

以後、野村は精力的に動く。三月八日にはハルと二時間にわたり会談。ハルは改めて三国同盟と南進政策への警戒感を示し、野村は日本の立場を説明した。

別れ際、ハルは言った。

「自分はあなたとのみ、この問題を非公式に、あるいは個人的に、オフレコで話をすることができる。大統領と自分とは同じ意見だが、あなたが大統領と会見を望まれるなら、自分が仲介しよう(4)」

滑り出しは上々だ。野村は、第一のハードルを乗り越えたと手応えを感じたのではないか。だが、障害はむしろ東京にあった。外相の松岡が、アメリカを刺激するような行動を起こしたのである。

松岡外相の訪欧

ワシントンで駐米大使の野村吉三郎が米国務長官のハルらと会談していた頃、東京では外相の松岡洋右が首相の近衛文麿らに見送られ、欧州歴訪の旅に出た。出発は昭和十六年三月十二日の夜。自ら渡欧して独伊との関係強化を誇示するとともに、ソ連と不可侵条約を締結し、アメリカに圧力をかけて譲歩を引き出そうというのが、松岡の狙いである。[5]

この時代、その方向性はともかく、松岡ほど馬力のある日本人はいなかっただろう。知略に富み、語学にも秀でている。最初に目指したのはモスクワ。シベリア鉄道の車中で、松岡は随員らにしゃべりまくった。

……ロシア革命に干渉したシベリア出兵はアメリカの謀略だった……、アメリカの策謀が日本の真意をあやまらせた……、日本はソ連と結ばねばならぬ……

車内に盗聴器が仕掛けられていることを知っての、リップサービスである。[6] こういう芸当ができるのも、松岡の持ち味といえよう。

モスクワに着いた松岡は三月二十四日、クレムリン宮殿にソ連外相モロトフをたずねた。しばらくしてスターリンも姿をみせ、二人は固い握手を交わす。

その場で松岡は、臆することなく一席ぶった。

「日本人は道義的共産主義者である。この理念は遠い昔から子々孫々受け継がれて来た……[7]」

松岡流のはったりだ。スターリンは煙に巻かれた。松岡は不可侵条約を提案すると、ソ連側の回答を待たず、その日のうちにモスクワを離れた。

次の目的地はベルリン。二十六日にアンハルター駅に到着した松岡を待っていたのは、独外相リッベントロップをはじめずらりと並ぶナチス高官である。宿泊所までの沿道は日独国

旗を打ち振る約三十万人の群衆で埋め尽くされた。(8)

大国の元首級の扱いで松岡をもてなしたドイツの狙いは、対英戦に日本を巻き込むことだ。二十七日から二十九日まで、リッベントロップは松岡と三回会見し、日本にシンガポール攻撃を求めた。二十七日にはヒトラーが直々に交渉し、熱弁をふるって日本の奮起を促した。

だが、ドイツの誘いにうかつに乗るような松岡ではない。会見に同席したドイツ側関係者は後日、「松岡は決定的な言質を一つも与えなかった」（通訳を務めたシュミット）、「松岡が八紘一宇論で長広舌をふるったので、ヒットラーは不機嫌になった」（駐日大使のオットー）と話している。(9)

三十一日からはローマを訪問。ここでもムソリーニから異例の歓待を受け、独伊訪問中、枢軸強化の新聞報道が世界中を駆け巡った。

華々しい外交を展開する松岡が、世界中の耳目を集めながら再びモスクワ入りしたのは四月七日である。松岡の狙いは外交の〝電撃戦〟。日ソ不可侵条約の即時調印だ。(10)日本に有利な条件を引き出すため、松岡はドイツの斡旋《あっせん》を期待したが、独ソ関係は急速に悪化しており、訪独中に色よい返事は得られなかった。しかし、松岡は意に介さなかったばかりか、むしろソ連を揺さぶる好機とみたようである。

実際、ソ連は日独に挟撃されることを恐れていた。この時点で日本もソ連も、何らかの安全保障を求めていたといえるだろう。あとはどちらが大きなパイを得るかだ。ソ連はこの機会に、ロシア革命後に日本が獲得した北樺太の石油利権を取り戻そうとする。

交渉は、弱みや焦りを見せた方が負けだ。松岡とモロトフの、息詰まる駆け引きがはじまった。

七日、松岡が改めて不可侵条約を提案し、北樺太を買収したいと申し出た。これに対しモロトフは、提携度の弱い中立条約が適当だと主張し、あわせて日本の北樺太利権の放棄を迫った。

九日、松岡は一歩引いて中立条約に同意し、北樺太問題とは切り離して即時調印するよう求めた。しかしモロトフはかたくなに、北樺太問題の解決が不可欠だと言い張った。

ここで松岡が手腕をみせる。「これ以上、会談を続けるのは無駄なようですな」と、帰り支度をはじめたのだ。モロトフは慌てた。「十一日にもう一度お会いしたい」と引き留め、十日に作戦を練り直す。一方で松岡は同日、もう交渉には興味がないといった様子でバレエ鑑賞を楽しんだ。

十一日、モロトフのもとを訪ねた松岡は、これまでの歓待を謝し、別れを告げた。モロトフはそれを制し、従来の主張に多少の色をつけた条約案を手渡した。松岡は納得せず、条約とは別に北樺太問題の「解決に努力する」とした非公式文書を手交するという、いわば最後の妥協案を提示し、モロトフが逡巡していると、未練もみせずに辞去した。

その夜、松岡の宿泊先に、スターリンから連絡があった。

「明日、何時でもいいから面会したい」

十二日、松岡の妥協案をもとに、スターリンとの間で合意が成立し、十三日、日ソ中立条約が調印される。そのニュースは、世界中をあっと驚かせた。[11]

松岡外交の、〝電撃的〟勝利といえるだろう。

一方、アメリカでもその頃、野村吉三郎の地道な努力が、ひとつの成果を上げようとしていた。

日米諒解案

自信家の外相、松岡洋右とスターリンが合意し、日ソ中立条約が電撃的に調印される一カ月前のことだ。一九四一（昭和十六）年三月十四日、駐米大使の野村吉三郎と米大統領のルーズベルトが非公式に会談した。

海軍出身の野村に、松岡のような駆け引きはできない。交渉を進めるにあたり、まずは言った。

「自分は水兵の率直さをもってお話をするが、礼を失することあってもその点御容赦を乞《こ》う」

ルーズベルトは、「君の英語は大丈夫である」といって笑った。[12]

野村は会談で、もしも日米が開戦すれば長期戦となり、仮にアメリカが勝ったとしても極東が不安定となるので、アメリカに不利であることを切々と説いた。ルーズベルトは、日米関係の重要性に同意したものの、日独伊三国同盟と日本の南進政策に、改めて危惧を示した。[13]両者の主張に隔たりはあったが、野村の誠実さは、米首脳の心に届いたようだ。別れ際、同席していた国務長官のハルは満足の表情を浮かべ、こう言った。

「当面の問題のため、日本からイニシアチブをとってくれないか」[14]

以後、イニシアチブをとるにあたり野村が目をつけたのは、米カトリック系メリノール宣教会などが進めていた、日米首脳会談工作である。

話は松岡の渡欧前、昭和十五年十一月にさかのぼる。

晩秋の寒風が吹く横浜港に、二人の聖職者を乗せた貨客船が到着した。埠頭《ふとう》に降り立ったのは、メリノール宣教会のウォルシュ司教とドラウト神父。東アジアの布教に力を入れる同宣教会は、日米関係を何とか修復したいと考えていた。来日した二人は、日米首脳の直接交渉で事態打開を図るとする私案「ドラウト覚書」を手に、各界有力者の間をひそかに回った。日本政府は、二人のアプローチに興味を示したが、深入りはしなかった。二人がどんな立場で動いているのか、米政府とつながっているのか、不明だったからだ。このため首相の近衛文麿は、ドラウトらとの交渉を政府高官ではなく、産業組合中央金庫理事の井川忠雄に任せた。[15]

だが、ドラウトらの背後には米郵政長官のウォーカーがいた。二人は、米政府とつながっていたのである。翌年一月下旬、帰国したドラウトから、ルーズベルトとの間に交渉の糸口ができたとの連絡を受けた井川は、近衛とも相談の上、二月に渡米する。ドラウトと井川は、極秘に会談を重ねた。

二人の間で国交調整の基礎案ができたのは三月十七日である。もっとも、それは日本政府の後ろ盾を得たものではない。外務当局はむしろ、井川らの素人外交を危ういものとみなしていた。(16)

しかし、ここで二人に新たな助っ人が現れる。(17)野村の要請もあり、陸軍省が工作活動のスペシャリストを派遣したのだ。陸軍中野学校を設立したことでも知られる、軍事課長の岩畔《いわくろ》豪雄《ひでお》である。

岩畔の参入で、和平工作は現実味を増した。それまでノータッチだった駐米大使館も側面支援し、四月、ドラウトらの基礎案をもとに「日米諒解案《りょうかいあん》」が作成される。それは、次のような内容だった。

日独伊三国同盟については、アメリカがドイツを積極的に攻撃しない限り日本の軍事上の義務は生じないとし、その効力を大幅に弱める。日中戦争については、(一)中国の独立(二)協定に基づく日本軍の撤退(三)中国領土の非併呑(四)非賠償(五)門戸開放方針の復活――を日本政府が保障し、米政府が(六)蒋介石政権と汪兆銘政権の合流(七)満

洲国の承認――を受容する。そうすれば米大統領は「蔣政権ニ対シ和平ノ勧告ヲ為スヘシ」とされた。(18)

三国同盟で日本が譲歩し、日中戦争でアメリカが妥協した内容といえるだろう。四月十六日、野村と会談したハルが言った。

「この民間のアメリカ人と日本人が用意した非公式な文書は、大使が日本政府に伝達して、承認をえ、さらにアメリカ側への提議についての訓令をえる場合、話しあいに入る基礎となるであろう」(19)

ゴーサインが出たのだ。野村は歓喜し、ただちに外務省に打電する。モスクワで松岡が電撃的に日ソ中立条約を調印した、四日後のことだった。

日米諒解案の全文を外務省が受電し終わった十八日、首相官邸では閣議が開かれていたが、外務次官の大橋忠一が飛び込んできて首相の近衛に報告した。大橋の声は、うわずっていたという。(20)

万歳したいのは近衛も同じだ。同日夜に大本営政府連絡懇談会が開かれ、早くも交渉開始を決定した。開戦の危機が遠のいたと、誰もが思ったことだろう。懇談会の出席者が言った。(21)

「野村大使に、原則賛成と返電したらどうか」

だが、近衛は顔を曇らせた。まだ帰国していない松岡がどんな反応をするか、不安になったのである。

松岡の〝待った〟

開戦回避の土台となるべき日米諒解案について、昭和天皇が内大臣の木戸幸一から報告を受けたのは、昭和十六年四月二十一日だ。『昭和天皇実録』が書く。

《天皇は内大臣に対し、米国大統領が今回の如く極めて具体的な提案を申し越したことはむしろ意外ともいうべきも、かかる事態の到来は我が国が独伊両国と同盟を結んだことに基因するともいうべく、すべては忍耐、我慢である旨を述べられる(22)》

昭和天皇の誤解は後述するとして、率直な喜びが伝わってこよう。

一方、首相の近衛文麿は、訪欧日程を終えて二十二日に帰国する外相、松岡洋右の反応が気がかりだった。自己顕示欲の強い松岡は、他人がまとめたものをぶち壊すような一面がある。陸相差し回しの専用機で松岡が帰着する朝、近衛は東京郊外の立川飛行場まで出迎えることにし、内閣書記官長の富田健治に言った。

「松岡外相は人一倍感情の強い人だから、日米諒解案について原則賛成だと伝えても、どういう返事をするか分からない。自分が出迎えて、帰りの車中で説得すれば、案外スラスラ行くかも知れない(23)」

ところが近衛は、立川飛行場に降り立った松岡と握手を交わしたとたん、考えを変えた。

日ソ中立条約を調印し、凱旋将軍気取りでカメラのフラッシュを浴びる松岡が、多数の報道陣らを引き連れて「これから皇居を遙拝したい」と言い出したからだ。松岡流のパフォーマンスに、うんざりしたのである。(24)

結局、近衛は帰りの車で松岡と同乗せず、説得は外務次官の大橋忠一に任された。

果たして松岡は、車中で大橋から日米諒解案の経緯を聞き、不機嫌になった。

「勝手に米国と妥協するなど、盟邦の独伊に対して不信きわまりない」(25)

同日午後八時に開かれた大本営政府連絡懇談会。松岡は、驚くべき行動に出る。帰国の歓迎会で飲まされたとして、ろれつも回らないほど酔って現れたのだ。しかもその口で訪欧の自慢話を吹きまくった。

日米諒解案の賛否について、一刻も早くアメリカ側に回答を伝えたい近衛が、たまりかねて言う。

「政府も統帥部も一致して原則オーケーだ。駐米大使に、そう返電してもらいのだが……」

松岡は、赤ら顔をさらに赤くした。

「二週間くらい静かに考えさせてほしい。今日は疲れているから失礼します」

そう言って松岡は、出席者がポカンとなったのを尻目に、さっさと引き揚げてしまった。(26)

松岡はなぜ、日米諒解案に〝待った〟をかけたのか——。

松岡はもともと、日米関係の〝電撃的〟解決を目指していた。日独伊三国同盟や日ソ中立条約でアメリカに圧力をかけ、最後は自らホワイトハウスに乗り込んでルーズベルトと直接交渉し、譲歩を引き出そうというのが、松岡の構想だった[27]。ところが、外相の自分が関知しないところで話を進められてしまった。要は、むくれたのである。

一方で松岡は、日米諒解案が〝捏造《ねつぞう》〟であるとも思っていたようだ。これは、半ば当たっている。そもそも同案は民間人主導で作成された、交渉のスタートラインにすぎない。しかし、現地で関与した陸軍省前軍事課長、岩畔豪雄の手により、米首脳が提案したかのような形で日本側に伝えられた[28]。昭和天皇は内大臣に、「米国大統領が今回の如く極めて具体的な提案を申し越したことはむしろ意外」と喜びをあらわにしたが、誤解だったのだ。

岩畔が原案に多少の色をつけたことは、陸軍上層部も感づいていた。それでも陸相の東条英機は、近衛に「この機会を外してはならぬ。断じて捕えねばならぬ」と交渉開始を迫った[29]。日中戦争を終わらせるため、わらにもすがりたかったのだろう。

四月二十二日の大本営政府連絡懇談会で「二週間くらい静かに考えさせてほしい」と言った松岡は、持病の悪化と称して自宅に引きこもってしまった[30]。近衛や東条らが代わる代わる説得を試みたが、松岡は原則賛成の訓令を出そうとしない。しびれを切らした岩畔が、アメリカから国際電話をかけてきた。

岩畔「こちらから送った魚ですが、至急料理しないと腐敗する恐れがあります」
松岡「わかっちょる。野村（吉三郎駐米大使）に余り腰をつかわぬように伝えておけ」
岩畔「あなたがそんな呑気《のんき》でおられるなら、魚は腐るに違いありません」
松岡「わかっちょる、わかっちょる」(31)
だが、松岡は分かろうとしなかった。

この間、野村が焦燥したのは言うまでもない。五月二日、米国務長官のハルに面会して言った。
「日米諒解案について、まだ政府の訓令はありませんが、予想外のことが起きない限り近日中にあると期待しています。ただし若干の修正は免れないだろうから、しばらくご辛抱いただきたい……」(32)

翌日、野村のもとに、ようやく松岡から訓令が届く。だが、その内容は「若干の修正」どころか、〝魚を腐らせる〟ものだった。

日米諒解案をめぐるアメリカの狙いは、日独伊三国同盟の無力化だが、松岡の修正案はそれを真っ向から否定した上、アメリカが中国に対し無条件で和平を勧告するよう求めていた。しかも松岡は、修正案を示す前に、欧州での戦争にアメリカが参戦すればただでは済まないと牽制する「オーラル・ステートメント」（口述書）を渡すよう指示していた。(33)

ちゃぶ台をひっくり返すような訓令だ。野村は五月六日、ハルと面会し、オーラル・ステートメントを口頭で説明したものの、「内容に誤りも多いから」と手交しなかった。今後に悪影響が出ることを懸念したのである。[34]

松岡の修正案を、アメリカ側が歯牙にもかけなかったのは言うまでもない。十二日から野村とハルの間で日米交渉が正式にスタートするが、不信を強めたアメリカ側の要求は日米諒解案を越えて次第に硬化し、両国間の主張の隔たりが鮮明になっていった。加えて野村を一層困惑させたのが、妥協を一切認めない松岡の姿勢だ。

松岡は、昭和天皇にも強硬論を唱えた。

五月八日《外相は天皇に対し、米国が欧州戦争に参加する場合には、日本は独伊側に立ってシンガポールを攻撃せざるを得ないため、日米国交調整もすべて画餅に帰すること、また米国が参戦すれば長期戦となるため、独ソ衝突の危険あるやもしれず、その場合我が国は日ソ中立条約を破棄し、ドイツ側に立って対ソ攻撃をせざるを得ないこと等を奏上する[35]》

昭和天皇は、松岡の正気を疑ったのではないか。松岡が退出したあと、内大臣の木戸幸一に言った。

「外相を取り代えてはどうか[36]」

松岡の強硬姿勢により、再び近づく開戦の危機――。そのとき、欧州で起きた新たな事態が、日米の亀裂を決定的なものにしてしまう。

裏切りの独ソ戦

一九四一（昭和十六）年六月二十二日、かつて日本を混乱させた独ソ不可侵条約が突如破られ、またも日本を混乱の谷に突き落とした。ドイツの大軍が、なだれを打ってソ連に侵攻したのだ。動員された兵力はおよそ三百万人。約二千七百機のドイツ軍機と約三千五百五十両の戦車がモスクワなどに向けて走り出す。不意を突かれたソ連軍は総崩れとなった。(37)世界の陸戦史に例を見ない大規模奇襲攻撃、「バルバロッサ（赤ひげ）作戦」の発動である。

ヒトラーが対ソ戦を決意したのは、日独伊三国同盟が締結される二カ月前の四〇年七月末とされる。その日の秘密会議で、ヒトラーは言った。

「英国の希望はロシアとアメリカである。（中略）ロシアが打倒されると、英国の最後の望みも消滅するであろう。その暁にはドイツはヨーロッパとバルカンの支配者になれる」(38)

なかなか屈しないイギリスを孤立無援とするため、潜在的な支援国のソ連を殲滅《せんめつ》する、もう一方のアメリカは日本に牽制してもらおう――というのが、ヒトラーの魂胆だった。(39)三国同盟の締結時に日本とソ連との橋渡しを口約束しながら、腹の底では真逆の陰謀を画策していたのだ。

ドイツは、独ソ戦の開始を日本に事前通告しなかった。先見の明があれば、これを背信行為とみなして三国同盟を空文化し、日米交渉を一気に前進させることもできただろう。しかし、外相の松岡洋右には、そんな考えは微塵《みじん》もなかったようだ。

独ソ戦勃発の六月二十二日、急ぎ参内した松岡の様子を、『昭和天皇実録』が書く。

《御学問所において外務大臣松岡洋右に謁を賜う。外相より、独ソ両国が開戦した今日、我が国もドイツと協力してソ聯邦に対して即時開戦すべきこと、そのために大本営政府連絡懇談会を開催すべきこと、よって南方進出は一時手控える必要あるも、早晩戦わなければならず、いずれソ英米三国と同時に戦わなければならない旨の奏上を受けられる(40)》

松岡はこのとき、首相の近衛文麿とも相談せず、対ソ開戦の方針を独断で奏上した。昭和天皇は、近衛と協議するよう命じて松岡を下がらせ、内大臣の木戸幸一を呼んだ。

《(昭和天皇は)内大臣に対し、外相の対策は北方、南方いずれにも積極的に進出する結果となるため、政府・統帥部の意見は一致するや否や、また国力に鑑みて妥当であるや否や等につき御憂慮の御言葉を述べられる(41)》

一方、昭和天皇の意向を知る近衛は、この機会に国策の重大転換を図ろうとした。のちに近衛は、手記にこう書いている。

「平沼（騏一郎）内閣当時、蘇《ソ》連を対象とする三国同盟の議を進めながら、突如其相手蘇連と不可侵条約を結びたることが、独逸《ドイツ》の我国に対する第一回の裏切行為とすれば、蘇連を味方にすべく約束し、此約束を前提として三国同盟を結んで置きながら、我国の勧告を無視して蘇連と開戦せるは、第二回の裏切行為といふべきである[42]」

日独伊三国同盟の前提が崩れた以上、これを無効化してアメリカと交渉を進め、中国に和平を勧告してもらうしか道はない。近衛はそう考え、内閣書記官長の富田健治に三国同盟破棄の根拠を書かせて陸・海・外相と内大臣に提示した[43]。

内大臣の木戸幸一は賛成した。

外相の松岡洋右は反対し、この際ソ連を攻撃しようと言い出した。

陸海軍上層部も反対で、むしろ南部仏印に進駐すべきだと主張した。

以後、六月二十五日から連日開かれた大本営政府連絡懇談会では、松岡の北進論と陸海軍の南進論とが対立し、激しい議論の応酬となる[44]。両者とも、ドイツの快進撃に目がくらみ、ドイツの圧勝を前提として国策を立てようとしたのだ。近衛の同盟破棄論は、まったく問題にされなかった。

激論の末、「自存自衛ノ基礎ヲ確立スル為南方進出ノ歩ヲ進メ」るとして、南進論に軍配が上がる。近衛は、松岡が主張する対ソ戦を回避するため、当時は開戦の危険が少ないとみられた南進論を了承したのだろう。「目的達成ノ為対英米戦ヲ辞セス」との文言も盛り込ま

れたが、虚勢を張っただけで、本気で英米を敵に回そうとは思っていなかった。(45)

この方針は「情勢ノ推移ニ伴フ帝国国策要綱」と名付けられ、七月二日の御前会議で確定する。

だが、南部仏印への進駐は結果的に、英米との亀裂を修復不能にしてしまう。近衛にも陸海軍にも、急速に高まる開戦の足音が聞こえていなかったのだ。

昭和天皇には聞こえていた。

七月七日《(南部仏印進駐について昭和天皇は参謀総長に)英国の対抗行為の有無、及び無血進駐の見通しにつき御下問になる。参謀総長より、(中略)英国の動きは威嚇に過ぎず、手を出すとは判断していないこと、無血平和進駐は保証できないものの、大きな支障はなく進駐できると考える旨の奉答を受けられる(46)》

危うい楽観論だ。昭和天皇の懸念に対する、この見通しの甘さが、日本を破滅へと追い込んでいく。

松岡更迭

日本をまたも迷走させた独ソ戦に対し、アメリカはどう動いたか――。外相の松岡洋右がへそを曲げ、日米諒解案を大幅に修正したことに対し、米国務長官のハルが米政府の回答を提示したのは一九四一（昭和十六）年六月二十一日、独ソ戦勃発の前日である。日独伊三国同盟について、従来以上に無力化を強調する内容だった。

そのタイミングからみて、アメリカは独ソ戦の開始を正確に予測していたのだろう。[47] 松岡の外交方針は、日独伊ソの四国で米英の二国に対抗するというものだが、そのバランスが崩れた今こそ、松岡方針を転換させる好機と判断したようだ。ハルは日本側に、米政府の回答は公式ではないとしてさらなる交渉の余地を残しつつ、暗に松岡の更迭を促すオーラル・ステートメント（口述書）を発した。

「不幸ニシテ政府ノ有力ナル地位ニ在ル日本ノ指導者中ニハ　国家社会主義ノ独逸及其ノ征服政策ノ支持ヲ要望スル進路ニ対シ　抜キ差シナラサル誓約ヲ与ヘ居ルモノアル……」「斯カル指導者達カ公ノ地位ニ於テ斯カル態度ヲ維持シ　且《かつ》公然ト日本ノ世論ヲ上述ノ方向ニ動カサント務ムル限リ　（中略、日米交渉の成果に）幻滅ヲ感セシムルコトトナルニ非スヤ……[48]」

松岡が激怒したのは言うまでもない。七月十二日の大本営政府連絡懇談会で、松岡は傲然《ごうぜん》と言った。

「米人は弱者には横暴の性質あり、このステートメントは帝国を弱国、属国扱いにしておる」「我輩はステートメントを拒否することと対米交渉はこれ以上継続出来ぬことをここに提議する」[49]

感情むき出しの交渉打ち切り宣言。首相の近衛文麿は頭を抱えた。陸海両相らが交渉継続を強く主張したため、松岡は渋々同意するが、翌日は病気と称して引きこもり、米政府の回答への対案を検討しようとしなかった。軍上層部や内閣書記官長らがおどしたりなだめたりしながら、ようやく対案がまとまったのは十四日のこと。しかし、松岡はそれを駐米大使に訓電する前に、ステートメント拒否の訓電を出すべきだと言い張り、近衛らが反対したにもかかわらず独断で発出してしまった。(50)

近衛は、ついにさじを投げる。翌十五日に参内し、閣内不一致で総辞職の意向を奏上したのだ。

昭和天皇は言った。

「松岡だけをやめさせるわけにはゆかぬか(51)」

十八日、第二次近衛内閣は総辞職したものの、再び近衛に大命降下があり、松岡を除外する形で第三次近衛内閣が発足する。

近衛の決心

日中戦争の悪化を招いた首相の近衛文麿だが、日米の開戦回避にかける決意は、本物だったようだ。昭和十六年七月十八日に発足した第三次近衛内閣が外相に迎えたのは、元海軍次官の豊田貞次郎である。駐米大使を務める野村吉三郎との海軍コンビで、是が非でも日米交渉を進めたかったのだろう。(52)

だが、近衛に吹く時代の風は、どこまでも冷たかった。第二次近衛内閣からの既定方針に基づき、七月二十八日に実施した南部仏印進駐が、近衛にとっても、日本にとっても致命傷になってしまう。

日米交渉でアメリカは、中国に和平を勧告する代わりに、三国同盟の無力化と南進政策の放棄を求めていた。それを無視する形で行われた南部仏印進駐に対する、アメリカの対応は峻烈《しゅんれつ》過酷を極める。七月二十五日夜に在米日本資産の凍結令を発布し、八月一日には石油の全面禁輪に踏み切った。(53)

イギリスやオランダも制裁に追随し、日本の軍需物資輸入の道はほぼ閉ざされた。今や近衛の耳にも、開戦の足音がはっきりと聞こえたに違いない。

八月四日、ついに近衛は決心する。米大統領とハワイのホノルルで会談し、一気に交渉を妥結しようとするのだ。その際には中国からの撤兵も辞さず、場合によってはホノルルから昭和天皇に電話し、裁可を願って調印するつもりだった。(54)

近衛はこの非常手段を、枢密顧問官(元内務官僚)の伊沢多喜男に相談した。

伊沢「これをやれば殺されるに決まっているが……」

近衛「生命のことは考えない[55]」

ポピュリストといわれた近衛の、命がけの決心——。訓電を受けた駐米大使の野村は、太平洋の虹となる日米首脳会談の実現に向けて奔走した。

これに対し、国務長官のハルは冷淡だったが、大統領のルーズベルトが野村にみせた反応は、やや違った。

「ホノルルに行くことは地理的に困難である。自分は飛行機の搭乗を（医師から）禁ぜられて居る。（中略）ジュノー（アラスカ）はどうか。丁度《ちょうど》ワシントンと東京の中間であると思ふが……[56]」

ルーズベルトは前向きだ。野村は一瞬、喜色が顔に浮かんだことだろう。

だが、この言葉には裏があった。それより前、八月上旬に米英首脳会談が行われたとき、一層の対日強硬策を求めるチャーチルに、ルーズベルトはこう言ったという。

「私に任せてほしい。私は、三カ月間ぐらい彼らをあやしておけると思っている[57]」

アメリカにとって日米交渉は、もはや開戦準備を完了するまでの時間稼ぎとなりつつあったのだ。

「なと波風の　たちさわくらむ」

首相の近衛文麿が提案した日米首脳会談をめぐり、アメリカからの回答を待つ間にも、内外の情勢は急速に開戦へと傾いた。アメリカが石油の全面禁輸に踏み切ったため、それまで開戦に反対だった海軍までもが態度を変えてしまうのだ。昭和十六年七月三十日に参内した軍令部総長の永野修身が、昭和天皇に言った。

「できるかぎり戦争を回避したいのですが、石油の貯蔵量は二年分のみで今後ジリ貧に陥るため、むしろこの際、打って出るほかありません[58]」

昭和天皇は憂慮した。翌日、内大臣の木戸幸一に《かくては捨て鉢の戦をするにほかならず、誠に危険であるとの感想》を述べたと、『昭和天皇実録』に記されている[59]。

陸軍も「開戦やむなし」だ。昭和天皇が三十日、「南部仏印進駐により、やはり経済圧迫を受けることになったではないか」[60]と指摘すると、参謀総長の杉山元は「当然予期したことで驚くに当たりません」と開き直った。昭和天皇は、《予期しながら事前に奏上なきことを叱責される[61]》。

開戦か、交渉継続か——。決断を迫られた政府は九月五日、「帝国国策遂行要領」を閣議決定する。（一）自存自衛のため対米戦争を辞せざる決意の下、「概ネ十月下旬ヲ目途トシ戦争準備ヲ完整ス」、（二）戦争準備と並行して米英に対し、「外交ノ手段ヲ尽シテ帝国ノ要求貫徹ニ努ム」、（三）十月上旬頃までに要求貫徹のめどが立たなければ、「直チニ対米（英蘭）開戦ヲ決意ス」――という内容だ。(62)

その奏上を受けた昭和天皇は、《本要領は第一項に対米戦争の決意、第二項に外交手段を尽くすとあるため、戦争が主、外交が従であるが如き感ありとして、その順序を改めるようお求めになる(63)》。

昭和天皇は、立憲君主の立場に縛られつつも、開戦の流れを懸命に食い止めようとしたのだ。以下、戦争の勝算について参謀総長の杉山に質《ただ》したときの様子を、『昭和天皇実録』が書く。

《参謀総長より陸海軍において研究の結果、南方作戦は約五箇月にて終了の見込みである旨を奉答するも、天皇は納得されず、従来杉山の発言はしばしば反対の結果を招来したとされ、支那事変当初、陸相として速戦即決と述べたにもかかわらず、未だに事変は継続している点を御指摘になる。参謀総長より、支那の奥地が広大であること等につき釈明するや、天皇は支那の奥地広しというも、太平洋はさらに広し、作戦終了の見込みを約五箇月とする根拠如何と論難され、強き御言葉を以《もっ》て参謀総長を御叱責になる(64)》

翌九月六日、重要閣僚と軍部首脳が参内して開かれた御前会議は、戦前の昭和史における、クライマックスといえるだろう。日米開戦か交渉継続か、国家の運命がここで決まる——。

午前十時、皇居東一ノ間に昭和天皇が入室し、玉座につく。首相の近衛が深く頭を下げ、開会を宣言した。議題は、前日に閣議決定された「帝国国策遂行要領」。第一項で戦争準備、第二項で外交交渉について記されている。陸海両総長や外相らが原案を説明したのを受け、枢密院議長の原嘉道が言った。

「本案文を一瞥《いちべつ》通覧すると、戦争が主で外交が従であるかの如く見えるが……(65)」

原の発言は、昭和天皇の意を汲んだものだ。しかし陸海両総長は発言せず、海相の及川古志郎が「案文中の第一項と第二項との間に軽重はなく、できる限り外交交渉を行う」と返答、原案が可決された(66)。

慣例上、天皇が御前会議で発言することはない。しかし、この日は違った。

《会議のまさに終了せんとする時、天皇より御発言あり。天皇は、事重大につき、両統帥部長に質問すると述べられ、先刻枢密院議長が懇々と述べたことに対して両統帥部長は一言も答弁なかりしが如何、極めて重大な事項にもかかわらず、統帥部長より意思の表示がないことを遺憾に思うと仰せられる(67)》

そして、昭和天皇は懐から一枚の紙を取り出す。しんと静まる室内に、和歌を詠み上げる玉音が響いた。

よもの海　みなはらからと　思ふ世に
など波風の　たちさわくらむ

日露戦争の開始直前に明治天皇がつくった、平和を祈る御製《ぎょせい》である。立憲君主として、政府と統帥部の一致した決定をくつがえすことができない昭和天皇は、開戦回避の意思を、この和歌に込めたのだ。

誰もが頭を垂れ、「死のような沈黙が襲ってきた」と、陪席した内閣書記官長の富田健治が書き残している(68)。やがて、その沈黙をやぶり、軍令部総長の永野修身が立ち上がった。

「お咎《とが》めは恐懼に堪えません。海相の答弁が政府と統帥部を代表したものと思い、発言しませんでしたが、外交を主とする趣旨にかわりはございません」

参謀総長の杉山元も、直立不動で言う。

「軍令部総長と全然同じでございます(69)」

午前十一時五十五分、御前会議は終わった。可決された原案の第一項と第二項の順序はそのままだが、昭和天皇の前例のない発言により、第二項の「外交ノ手段ヲ尽シ……」が、太字になったといえよう。

事実、陸軍の空気は変わった。御前会議から庁舎に戻った陸相の東条英機が、大声を震わせた。

「聖慮《せいりょ》は平和にあらせられるゾ(70)」

近衛退陣

昭和十六年九月六日の御前会議で、昭和天皇が異例の発言に及んだ効果は大きかった。帰庁した陸相の東条英機が「聖慮は平和だ」と声を励ましたのに続き、軍務局長の武藤章も部下を集めて言う。

「戦争などとんでもない、おれが今から(天皇発言の速記録を)読んできかせる。これは何でもかでも外交で妥結せよとの仰せだ、外交をやらにゃいかん」[71]

だが、陸軍の空気を変え、時代の流れを止めることができたのは、一カ月ほどだった。その頃、駐米大使の野村吉三郎から伝えられる米政府首脳の態度が、日に日に硬化していたからだ。

九月三日、米大統領のルーズベルトは野村に、日米首脳会談について事実上拒否する回答を手交。十月二日、米国務長官のハルは野村に、仏印と中国からの全面撤兵を求める覚書を手渡した。[72]

もはやアメリカに、何を提案しても拒絶される状況である。政府内からは「米国の罠《わな》にかかったのだ」とする声が強まり、陸軍内の大勢も交渉成立の見込みはないとして、再び開戦に大きく傾いた。

いつもの近衛なら、とうにさじを投げていただろう。なおも踏みとどまったのは、御前会議の様子が頭から離れなかったからではないか。近衛は、中国からの全面撤兵を決意し、十月十二日、自身の五十歳の誕生日に陸海外相らを集めて協議した。

及川古志郎海相「今や和戦いずれかに決すべき関頭に来た。その決定は総理に一任したい」

近衛「今日ここで決すべしというなら、自分は交渉継続ということに決する」

東条「その結論は早すぎる。見込みのない交渉を継続して戦機を逸したら一大事だ。外相は見込みがあると考えるのか」

豊田貞次郎外相「条件次第だ。駐兵問題で陸軍が一歩も譲らないなら見込みはない」

東条「駐兵問題だけは絶対に譲れない[73]」

近衛は翌日以降、東条を懸命に説得する。しかし、東条はてこでも動きそうになかった。ネックとなったのは、御前会議で決定した「帝国国策遂行要領」だ。十月上旬頃までに日米交渉のめどが立たなければ「直チニ対米（英蘭）開戦ヲ決意ス」と明記されており、その期限がすでに来ている。

東条は、企画院総裁の鈴木貞一に言った。

「御前会議の決定を覆すなら、輔弼《ほひつ》の責任を果たさなかった閣僚も陸海両総長も全部辞職し、もう一度案を練り直す以外にない[74]」

原則論としては、東条は間違っていない。鈴木から東条の伝言を聞いた近衛は十月十六日、昭和天皇に全閣僚の辞表を奉呈した。

白紙還元の御諚

日米首脳会談の希望を打ち砕かれ、退陣を余儀なくされた近衛文麿だが、次期首相が戦争回避の意志を引き継いでくれるなら、まだ希望はあると思っていた。ただし、よほど強力な首相でなければ務まるまい。近衛は、辞表を奉呈する十月十六日の朝、内大臣の木戸幸一に電話で相談し、皇族の東久邇宮《ひがしくにのみや》稔彦《なるひこ》王はどうかと持ちかけた。(75)

だが、木戸はにべもなく拒絶する。

「宮殿下の問題は、到底行われ難い」(76)

同日午後、今度は陸相の東条英機が木戸を訪ねてきた。そもそも稔彦王を担ぎ出す案は、東条が近衛に言い出したことだ。あくまで交渉継続というなら、期限を「十月上旬頃」と定めた御前会議の決定を白紙に戻さなければならないが、皇族首班でなければ陸軍はおさまらない──というのが、東条の言い分だった。

しかし、木戸は承知しない。東条は、「然らば日本は一体どうなるのだ」と嘆息したという。(77)

木戸が反対したのは、開戦の危機が目前に迫る中、皇族に重大な責任を負わせることを危惧したからだ。内大臣として、当然の対応だろう。一方で木戸は、首相や陸相らの提案をはねつけた以上、自ら後継首相を選ばなければならないとも考えたようだ。

総辞職を受け、十七日に皇居西溜ノ間で開かれた重臣会議。木戸が推したのは、交渉継続に最後まで反対した東条である。(78)木戸は言った。

「今日の陸軍を抑えなければ結局戦争になるのであるが、その陸軍を抑え得るものは東条以外にはなく、そしてその東条に戦争回避の勅命があれば、東条も日米交渉を再考するであろう」(79)

木戸は、皇族内閣を推す東条の様子から、東条が必ずしも開戦派ではなく、御前会議の決定にとらわれていると思ったのだろう。東条は原則を重んじる男だ。そして何より、勅命には絶対に従う。

重臣会議で東条推薦と決まり、木戸から奏上を受けた昭和天皇は言った。

「所謂《いわゆる》虎穴に入らずんば虎児を得ずと云ふことだね」(80)

同日午後、参内した東条に昭和天皇は組閣を命じ、続いて参内した海相の及川古志郎とともに、陸海軍が協力して難局を打開するよう指示した。

恐懼して退出する東条らを、木戸が呼び止める。

「只今《ただ》、陛下より陸海軍協力云々の御言葉がありましたことと拝察致しますが、尚、国策の大本を決定せられますに就ては、九月六日の御前会議の決定にとらはるゝ処なく、内外の情勢を更《さら》に広く深く検討し、慎重なる考究を加ふることを要すとの思召であります。命に依り其旨申上置きます」[81]

のちに「白紙還元の御諚《ごじょう》」として知られる、日米交渉の期限を白紙にする勅命だ。

東条は身を震わせ、深く頭を下げた。

果たして東条は、それまで陸軍を代表して唱えていた主戦論を棄《す》てた。外相には日独伊三国同盟に反対した気骨の外交官、東郷茂徳を起用。[82]十月二十三日から大本営政府連絡会議を連日開き、撤兵問題などで妥協した日米交渉の「甲案」をまとめた。組閣から半月足らず、十月三十日のことだ。

一方で、物資の輸入途絶でジリ貧となり、戦わずして負けることを恐れる軍部の開戦熱も高まっていた。東条は、十一月一日の連絡会議で三つの案を提示する。

第一案　戦争を極力避け、臥薪嘗胆《がしんしょうたん》す

第二案　開戦を直ちに決意し、これに集中す

第三案　開戦決意の下に外交施策を続行す[83]

このうち第一案は、軍令部総長の永野修身が「最下策」として真っ先に拒絶した。参謀総長の杉山元は第二案を主張し、第三案をとる外相の東郷と激しく議論した。

東条の腹は、和戦併記の第三案である。ただし、いつまでも交渉はできない。天候などの関係から、冬になれば太平洋上での作戦が不可能になるからだ。

会議は一日午前から二日未明まで続き、第三案をもとに、新たな「帝国国策遂行要領」が決まった。

一、武力発動ノ時期ヲ十二月初頭ト定メ陸海軍ハ作戦準備ヲ完整ス

二、対米交渉カ十二月一日午前零時迄ニ成功セハ武力発動ヲ中止ス[84]

この方針は、十一月五日の御前会議で確定する。軍部の主張に配慮した格好だが、東条も東郷も日米交渉を捨てたわけではなかった。前駐独大使の来栖三郎を特派大使として派遣し、駐米大使の野村吉三郎を補佐させるとともに、米政府が甲案を否定した場合に備え、より妥協的な乙案[85]も用意、二段構えの交渉で妥結にこぎ着けようとしたのだ。

だが、十一月二十六日に米国務長官のハルから提示された覚書が、あらゆる日本の和平努力を打ち砕く。それは、事実上の最後通牒《つうちょう》といえるものだった。

ハルノート

後醍醐天皇に忠誠を尽くした楠木正成の境遇に自らを重ね合わせ、討ち死に覚悟で駐米大使を引き受けた野村吉三郎の、〝湊川の戦い〟ならぬワシントンの交渉——。その結末は、あまりに無残だった。

一九四一（昭和十六）年十一月七日、野村はハルと会談し、外務省が訓電した日米交渉の

「甲案」と「乙案」のうち、甲案を提示。「日本の内政上許す限りの最大の譲歩」と理解を求めた。これに対しハルは、抽象的な平和原則を述べるにとどめた。

十二日、ハルは野村に、甲案には何も触れず、平和政策実行の誓約を求めるなどした二通の文書を手交。十五日には、列国共同で中国の経済開発を行うなどとする、日本の政策と相いれない新提案を持ち出した上、日独伊三国同盟の死文化を再三強調した。

十七日、野村を補佐する特派大使の来栖三郎が着任、会談に参加するが、ハルは来栖を「初対面から嘘つきだと感じた」だけだった。

十八日、米政府が開戦に傾いているとみた野村は決心し、乙案を提示する前に、乙案よりさらに妥協した暫定協定の私案を示す。しかし、ハルは取り合わず、東京からも野村の独断を批判され、二十日、野村は改めて乙案を手交した。[86]

だが、アメリカは最初から、日本に一ミリも譲歩する気はなかったようだ。二十五日、米大統領ルーズベルトはホワイトハウスにハル、スチムソン（陸軍長官）、ノックス（海軍長官）、マーシャル（参謀総長）、スターク（海軍作戦部長）の五人を招集。そこで協議されたのは、スチムソンが日記に書いたように、「われわれ自身が過大な危険にさらされないで、最初の一弾をうたせるような立場に、日本をいかにして誘導して行くべきかということ」であった。[87]

二十六日、ハルは野村と来栖に米政府の回答、いわゆる「ハルノート」を手交する。日本に対し、(一) 中国と仏印からの全面的無条件撤兵 (二) 満洲国政府および汪兆銘政権の否認 (三) 日独伊三国同盟の実質的廃棄——を求めるという、激烈過酷な内容だ。[88]

野村の戦いは終わった——。交渉努力の一切を無視し、日本に一方的な敗北を迫るハルノートは、事実上の最後通牒とみていい。先の大戦後、東京裁判で判事を務めたパールは、判決文にこう書いている。

「現代の歴史家でさえも、つぎのように考えることができたのである。すなわち今次戦争についていえば、真珠湾攻撃の直前に米国国務省が日本政府に送ったものとおなじような通牒(ハルノート)を受取った場合、モナコ王国やルクセンブルグ大公国でさえも合衆国にたいして戈《ほこ》をとって起ちあがったであろう……」[89]

日本は結局、アメリカの思惑通りに、開戦への道を歩まされたといえるだろう。

東条内閣が発足する一年前、一九四〇年秋の米大統領選で「自国の青少年を外国の戦争には送らない」と公約し、三選を果たしたルーズベルトは、いつの時点で戦争を決意したのか——。

諸説あるが、一九四一年夏の独ソ開戦が大きな影響を及ぼしたことは間違いない。[90] それより前、日独伊ソの四国が連携を強めることはアメリカにとって脅威だった。しかし、独ソ開戦でその脅威は解消した。日本に譲歩する必要はなくなったのだ。七月の閣議でルーズベルトは、石油の禁輪は「戦争を意味する」と自ら述べながら、八月に日本が南部仏印に進駐すると、米海軍作戦部長の反対を押し切って石油の全面禁輪に踏み切った。[91]

当時、アメリカは日本政府の暗号電報を解読していた。「マジック」の名で知られる、極秘の傍受情報だ。[92] 八月上旬の米英首脳会談で、ルーズベルトがチャーチルに「三カ月間ぐらい彼ら（日本）をあやしておける」と話したことはすでに書いたが、アメリカは日本の手の内を読みながら、自国の戦争準備が整うまで日本を「あやして」おけたのである。

十一月二十六日、駐米大使の野村に「ハルノート」を手交したハルは翌日、陸軍長官のスチムソンに「私はもう交渉から手を引いたから、問題は君とノックス（海軍長官）の手に移った」と語っている。[93] この時点でアメリカは、臨戦態勢に入ったと言っていい。

一方で、日本側の交渉手法にも問題はあった。ハルは四月の段階で、（一）あらゆる国家の領土保全（二）内政不干渉（三）通商上の機会均等（四）太平洋での現状維持――の四原則を示していたが、[94] それを野村がすぐには外務省に伝えなかったため、日米双方に誤解が生じ、疑心暗鬼に陥ってしまった。

もっとも、アメリカに石油を握られている以上、日本が四原則を呑めば、事実上の敗北に近い結果となったに違いない。当時の米国務省顧問ハーバート・ファイスによれば、この四原則で米国務省は、「日本に何でも好きなものを太平洋から引き出させるだろうと判断」していたからだ。[95]

ハルの要求を受け入れれば日本はどうなるか――。ファイスは言う。

「人口過剰な島々からなる狭い地域で、はげしく忍耐強い労働によって乏しい生活手段をかせぎながら平和に暮すチャンスを与えられるだけであり、平和的で秩序ある国々の仲間に戻り、その末席を許されるうえに何のプレミアムも残念賞もない(96)」

日本は、自存自衛のため、戦わざるをえなかったのである。

東条英機の涙

日米交渉を断ち切る「ハルノート」が手交される直前、昭和十六年十一月二十六日の朝、択捉島の単冠湾《ひとかっぷ》に集結した連合艦隊機動部隊が錨《いかり》を上げた。空母赤城に座乗する第一航空艦隊司令長官、南雲忠一が率いるのは空母六隻をはじめ戦艦、巡洋艦、駆逐艦、潜水艦など計三十三隻。目指すはハワイ、真珠湾である(97)。

真珠湾には米太平洋艦隊の主力が在泊している。これを開戦劈頭《へきとう》の奇襲攻撃でやっつけてしまえと考えたのは、日米開戦に反対だった連合艦隊司令長官、山本五十六だ。失敗すれば虎の子の空母の大半を失う。海軍上層部の多くは危険すぎると反対したが、山本は自説を押し通した。正攻法の艦隊決戦では、万に一つも勝てないと考えたからだ(98)。

もっとも、出撃の時点で開戦とは決まっていない。日米交渉が妥結すれば、作戦を中止し

直ちに帰還するよう、山本は厳命していた。(99)

一方、戦争回避の思いを捨てきれない昭和天皇は十一月二十九日、宮中に首相経験者を集めて懇談形式の重臣会議を開き、意見を聴いた。

「大変難しい時代になったね」(100)

そういって発言を促す昭和天皇に、重臣の多くは「ヂリ貧を避けんとしてドカ貧にならない様に……」（米内光政）などと避戦を示唆したが、(101)ハルノートを突きつけられた以上、政府と統帥部は一致して「開戦あるのみ」だ。

三十日には宣仁《のぶひと》親王が参内し、《敗戦の恐れある戦争の取り止めにつき提案》を受ける。(102)しかし立憲君主として、政府と統帥部の決定を覆すことはできなかった。

十二月一日、戦前最後の御前会議で、開戦が決定する。会議の終盤、首相の東条英機が厳かに言った。

「今や皇国は隆替の関頭に立っており、開戦と決定すれば、一同共に政戦一致施策を周密にし、挙国一体必勝を確信し、全力を傾倒して速やかに戦争目的を完遂し、誓って聖慮を安んじ奉らん」(103)

昭和天皇は、一言も発しなかった。

その日以降、東条は秘書官らと、昭和天皇を気遣う会話を繰り返したという。七日未明には、首相官邸の別館寝室から東条の泣き声が漏れるのを、隣室にいた妻のかつ子が聞いている。押し殺した声はやがて号泣となり、心配したかつ子がのぞくと、東条は一人、正座して肩を震わせていた。(104) 昭和天皇の期待に応えられなかった、慚愧《ざんき》の涙だろうか――。

翌日未明、日本時間八日午前一時三十分、ハワイ沖に達した機動部隊の空母から、百八十三機の攻撃機、爆撃機、戦闘機が、真珠湾に向けて飛び立った。

註

（1）野村が駐米大使に就任する経緯などは、『野村吉三郎』、野村吉三郎『米国に使して』、『外務省の百年』下巻より。野村が駐米大使を引き受けたのは、首相や内大臣ら重臣が強く望んでいたほか、海軍上層部が強く推したことが決め手となった。ただし米内光政だけは「君を登らせて置いて、後から梯子《はしご》を外しかねないのが近頃の連中だから、充分気をつけるように」と忠告したという

（2）、（4）信任状捧呈式までの経緯や、野村とルーズベルト、野村とハルとのやりとりは、『野村吉三郎』、『米国に使して』、『外務省の百年』下巻より

（3）昭和十六年二月十六日の朝日新聞夕刊は「この日ワシントンの新聞は豪州、上海、マニラからの電報を満載して極東にて戦争危機が切迫してゐると報道してゐるにも拘《かかわ》らず野村、ルーズベルト初会談は極めて友好的に行はれたとて（中略）単に形式のことに止らず、種々意見の交換があつたであらうと報じてゐる程である」と伝えた

（5）『松岡洋右』より

（6）、（7）、（8）『松岡洋右　その人と生涯』より

（9）同書八六五、八七二頁から引用。なお、松岡はドイツ側に、日ソ交渉に向けた協力を求めたが、リッベントロップは「ソ連とあまり深い関係に入らないほうがいいと」と渋い顔をした。ドイツはすでに、日本に知らせず独ソ戦の方針を決めており、両外相の意見がかみ合うことはなかった。ただし表面的には日独の蜜月ぶりがアピールされた

（10）日ソ交渉の経緯ややりとりは、『外務省の百年』下巻、『松岡洋右　その人と生涯』より。なお、一九三九年のノモンハン事件以降、日本は東郷茂徳駐ソ大使を中心に対ソ交渉を進め、ソ連による蒋介石支援の停止と引き換えに日本の北樺太利権を放棄する中立条約案がほぼまとまったが、外相となった松岡は東郷を解任。独ソ不可侵条約と同様の、より提携度の強い条約案に切り替えようとした

（11）北樺太問題の「解決に努力する」とした松岡の妥協案は、合意の直前にスターリンが「数カ月内に解決すべく努力する」と修正し、それを松岡が呑む形で中立条約が成立した。ただ、調印と同時に満洲と外蒙古の領土保全を尊重する両国政府の声明書が発表され、日本側の主張

がほぼ認められる形となった

(12)『野村吉三郎』四三七頁から引用

(13)、(14)『米国に使して』より

(15)塩崎弘明『日英米戦争の岐路』、角田順「日本の対米開戦」(日本国際政治学会太平洋戦争原因研究部編『太平洋戦争への道(七)』所収)より。井川は大蔵省出身で、近衛と親しかった

(16)『日英米戦争の岐路』より

(17)昭和十三年に設立された日本初のスパイ養成校

(18)『外務省の百年』下巻より。このほか、日本が武力による南進政策を放棄するかわりに、アメリカが石油などの資源獲得に協力する方針も盛り込まれた

(19)『外務省の百年』下巻五五二頁から引用。このときハルは、(一)あらゆる国家の領土保全(二)他国の内政への不干渉(三)通商上の機会均等(四)太平洋での現状維持——の四原則が前提だと伝えたが、野村は日本側の反発を考慮し、外務省には打電しなかった

(20)、(21)富田健治『敗戦日本の内側』より。原則賛成の返電は近衛が主張し、大橋が躊躇《ちゅうちょ》したとする文献もある

(22)『実録』二八巻六六頁から引用

(23)『敗戦日本の内側』より

(24)矢部貞治『近衛文麿』下巻より。なお、『松岡洋右　その人と生涯』によれば、立川飛行場で松岡が「皇居を遙拝したい」と言ったとされるのは、近衛側の作り話だとしている

(25)、(26)車中でのやりとりと大本営政府連絡懇談会の様子は、『敗戦日本の内側』より

(27)『外務省の百年』下巻より

(28)『松岡洋右　その人と生涯』より。松岡は部下の一人に、「あれ(日米諒解案)はヨコ(英文)のものをタテ(和文)にしたのではない。タテのものをヨコにしたのだ。日本人が書いたものではないか」と話したという

(29)三宅正樹「第三八代　第二次近衛内閣　幻影と挫折」(『日本内閣史録』四巻所収)より

(30)、(31)『外務省の百年』下巻より

(32)『米国に使して』より

(33)『昭和外交史』より。このほか松岡は、まずはアメリカに中立条約を申し入れるよう野村に訓令した。しかしハルはまったく取り合わなかった

(34)『外務省の百年』下巻より

(35)『実録』二八巻七九頁から引用

(36)防衛研究所戦史部監修『昭和天皇発言記録集

成』下巻より
(37)『第二次世界大戦』上巻、越後谷太郎『独ソ戦の始まりとその転換点』より
(38)『昭和外交史』一一九〜一二〇頁から引用
(39)同書より
(40)、(41)『実録』二八巻一〇四頁から引用。松岡が参内する直前、昭和天皇は木戸から《独ソ戦を受けて）外相が種々対策について見解を言上するとしても、首相と相談済みであるか否かを質されるとともに、十分首相と協議すべしとの意味を仰せいただき、首相中心のお心構えをお示し願いたき旨の言上》を受けていた
(42)近衛文麿『平和への努力』一二五頁から引用
(43)『敗戦日本の内側』より
(44)『昭和外交史』より
(45)「日本の対米開戦」より。ソ連の敗北にも備え、満洲に大軍を集結する関東軍特種演習（関特演）の実施も決定した
(46)『実録』二九巻八頁から引用。この時期、昭和天皇は陸海軍首脳に、南部仏印進駐で新たな危機が生じないかを繰り返したずね、進駐にあたり武力を行使しないよう注意した
(47)「日本の対米開戦」より
(48)『外務省の百年』下巻五七四〜五七五頁から引用。原文はスペースなし
(49)『松岡洋右 その人と生涯』一〇四八頁から引用
(50)『敗戦日本の内側』より
(51)『昭和天皇発言記録集成』下巻四三頁から引用
(52)近衛は昭和十六年春頃から、過激右翼の井上日召を用心棒役として自宅に住み込ませていた。これは暗殺の危険を恐れたからではなく、危険を覚悟の上で日米交渉を妥結する決意だったからだとみられる
(53)『昭和外交史』より
(54)『敗戦日本の内側』より
(55)矢部貞治『近衛文麿』下巻より
(56)『米国に使して』九四頁から引用。一方でルーズベルトは、日本の軍事行動に警告を発し、日本政府の態度と計画について明快な声明を発表するよう求めた
(57)『昭和外交史』一五五〜一五六頁から引用。傍点は筆者。当時のルーズベルトの言動や思考については諸説ある
(58)『実録』二九巻より
(59)『実録』二九巻二九頁から引用
(60)『戦史叢書 大本営陸軍部大東亜戦争開戦経緯(四)』より

(61)『実録』二九巻二八頁から引用
(62)『実録』二九巻より
(63)『実録』二九巻四七頁から引用。帝国国策遂行要領は九月三日に開かれた大本営政府連絡会議の方針に基づき閣議決定された
(64)『実録』二九巻四七~四八頁から引用。近衛の手記などでは、南方作戦の見込みを「約五箇月」ではなく「三カ月位」としている。なお、昭和天皇の叱責に参謀総長は恐懼して返答できず、軍令部総長がかわりに「死中に活《かつ》を求める手段に出なければならず、勝算はございます」などと奉答、首相も「最後まで外交交渉に尽力し、やむをえない時に戦争になります」などと助け舟を出し、昭和天皇は了承した
(65)、(66)『実録』二九巻より
(67)『実録』二九巻五〇頁から引用
(68)『敗戦日本の内側』一八一頁から引用
(69)同書より
(70)三宅正樹「第三九代 第三次近衛内閣」(『日本内閣史録』四巻所収)から引用
(71)同論文から引用
(72)『昭和外交史』より。十月二日のハル覚書は、日本側提案に関する交渉打ち切り表明ともいえる内容で、開戦は避けられないとする見方が一気に強まった
(73)、(74)近衛文麿手記『平和への努力』より。戦争回避にあたり、陸軍の武藤軍務局長は「海軍が戦争を欲せずと公式にいってくれるのなら陸軍として部下を押さえやすい」としていたが、海軍の岡敬純軍務局長は「海軍として戦争を欲しないとはいえない。首相の裁断に一任というのが精一杯《せいいっぱい》だ」とし、双方とも責任をかぶろうとしなかった
(75)東久邇宮稔彦王を後継首班とする案について、近衛は木戸に電話する前日、昭和天皇にも打ち明けた。昭和天皇は、「陸海軍一致して平和の方針に決定するならば、稔彦王の内閣組織も已むを得ない」と条件付きで同意した
(76)『平和への努力』より
(77)「日本の対米開戦」から引用
(78)重臣会議には歴代首相らが出席し、若槻礼次郎が宇垣一成案を、林銑十郎が皇族内閣案を提起したが反対され、木戸の東条案には広田弘毅らが賛成した
(79)『敗戦日本の内側』一九四頁から引用
(80)『木戸幸一日記』下巻九一八頁から引用
(81)『実録』二九巻八三頁から引用。傍点は筆者
(82)華北などの駐兵に期限(二十五年見当)をつ

け、仏印などからは撤兵するとした譲歩案
(83)『実録』二九巻より
(84)『実録』二九巻九四〜九五頁から引用
(85) 成立困難な中国問題を除外し、南部仏印からの即時撤兵とともに石油などの物資輸入をとりつける妥協案
(86) 日米交渉に関する経緯は、加瀬俊一『日本外交史(二三)』、『外務省の百年』下巻、「日本の対米開戦」より
(87) 実松譲編『現代史資料(三四)』所収「ヘンリー・L・スチムソンの日記」から引用。傍点は筆者
(88)『昭和外交史』より
(89) 東京裁判研究会編『共同研究 パル判決書』下巻四四一頁から引用
(90)、(91) 義井博「日米交渉と独ソ開戦」(名古屋市立大学教養部紀要『人文社会研究』一九巻所収)より
(92) マジックには誤訳や曲訳もあり、日本側の戦争回避の姿勢が米政府首脳に的確に伝わらなかったとする説もある
(93)『日本外交史(二三)』より
(94)『外務省の百年』下巻より
(95) ハーバート・ファイス『眞珠灣への道』一八二頁から引用
(96)『日本の対米開戦』一九七頁から引用
(97) 棋本捨三『山本五十六・その昭和史』より。ほかに潜水艦を中心とする三十余隻の先遣部隊がハワイに向かった
(98) 田中宏巳『山本五十六』より
(99)『戦史叢書 ハワイ作戦』より
(100)、(101)『木戸幸一日記』下巻九二六、九二七頁から引用
(102)、(103)『実録』二九巻一二四、一二七頁から引用
(104) 保阪正康『東条英機と天皇の時代』上巻より

第十一章——太平洋の死闘

パールハーバー

一九四一（昭和十六）年十二月七日午前七時三十分、ハワイは、穏やかな日曜日の朝を迎えていた。

ホノルルのラジオ局は、ジャズを流していた。

それを市民や米兵は朝食をとりながら、あるいはベッドの中で聴いた。

午前七時四十分、北の空の雲の切れ間に、無数の点が現れ、みるみる大きくなってオアフ島の西を飛んでいく。だが、それを見た者はいなかった。

無数の点は、日本海軍の九七式艦上攻撃機と零式艦上戦闘機（ゼロ戦）。先頭機に乗る飛行総隊長の淵田美津雄は、無警戒の真珠湾を真下に見て、後続する百八十余機の攻撃機、戦闘機に打電する。

「ト・ト・ト」（全軍突撃セヨ）

時に午前七時四十九分（日本時間八日午前三時十九分）。勝利を確信した淵田は、ハワイ沖の連合艦隊機動部隊に向けて打電した。

「トラ・トラ・トラ」(ワレ奇襲ニ成功セリ)

直後に爆撃隊が急降下し、ヒッカム飛行場を攻撃する。続いて雷撃隊が湾内の米戦艦、米巡洋艦を急襲。制空隊も飛行場の敵機を掃射し、真珠湾は猛火と黒煙に包まれた。

瞬時にして迎撃力を奪われた米太平洋艦隊に、なす術はなかった。軍艦も、軍機も、あらゆるものが燃えている。午前七時五十八分、ハワイから米本土に発せられた悲痛な警報が、太平洋を越えた。

「パールハーバー空襲！　これは演習ではない！　演習ではない！」

それからおよそ二時間、ハワイは地獄と化した。二次にわたる攻撃で米軍が被った損害は、戦艦五隻撃沈、三隻大破、巡洋艦二隻撃沈、二隻大破、戦闘機など約四百六十機撃破……[1]。この日、日本軍は南方にも一斉に進撃し、大戦果をあげた。

東京の昭和天皇が報告を受けたのは、攻撃開始から約四時間後だ。『昭和天皇実録』が書く。

《七時十分、御座所において侍従武官山県有光・同城英一郎より、我が軍のマレー半島上陸、ハワイ奇襲の成功、シンガポール爆撃、ダバオ・グアム島・ウェーキ島への空襲の戦況につき上聞を受けられる。ついで七時十五分、御学問所において軍令部総長永野修身に、同三十分、参謀総長杉山元にそれぞれ謁を賜い、対米英戦の開始につき奏上を受けられる[2]》

一方、真珠湾攻撃の一報がワシントンの米海軍省に入ったのは、七日午後一時五十分(日本時間八日午前三時五十分）。作戦部長らと会談中だった海軍長官のノックスは、こう言ったという。

「そんなバカなことがあるはずがない。これはフィリピンを意味してるにちがいない(3)」

日米交渉の終盤、アメリカが日本に「最初の一弾」を撃たせようと画策していたことはすでに書いた。しかし、まさかハワイで、これほどの巨弾になろうとは、誰も予想していなかったのだ。

ホワイトハウスの様子はどうか――。

大統領のルーズベルトは側近の一人に、趣味で収集した自慢の切手アルバムを見せていたところだった。だが、ノックスから電話連絡を受けて「NO！」と叫び、黙り込んでしまった(4)。

やがてルーズベルトは、意外にもさばさばした表情になり、こうつぶやいたという。

「自分に代って日本が決定を下した……(5)」

すでに戦争を決意していたルーズベルトは当時、大統領選の公約に反するアメリカの参戦を、どうやって国民に納得させるかに頭を痛めていた(6)。日本がシンガポールを攻撃したぐらいでは、世論は参戦を認めないかも知れない。だが、ハワイなら違う。

日本側の最後通告の手交が遅れたことも、ルーズベルトに幸いした。日本政府は真珠湾攻撃の開始三十分前に手交できるよう、前夜から通告文を駐米大使館に打電していたが、駐米大使館の不手際で手交が攻撃開始後にずれ込んでしまったのだ。アメリカ側はそれを奇貨とし、事前に通告文を傍受、解読していたにもかかわらず、「卑怯《ひきょう》なだまし討ち」と喧伝《けんでん》して世論喚起に利用した(7)。以後、「リメンバー・パールハーバー」のスローガンが、アメリカ中を駆け巡ることになる。

英首相のチャーチルも、真珠湾攻撃にほくそ笑んだ一人だ。ルーズベルトから電話で、「日本は真珠湾を攻撃しました。いまやわれわれは同じ船に乗ったわけです」と伝えられたチャーチルは、その時の気持ちをこう書き残している。

「合衆国をわれわれの味方にしたことは、私にとって最大の喜びであったと私が公言しても、私が間違っていると考えるアメリカ人は一人もいないだろう」「ヒトラーの運命は決まったのだ。ムッソリーニの運命も決まったのだ。日本人についていうなら、彼らはこなごなに打ちくだかれるだろう(8)」

ルーズベルトもチャーチルも、日本軍の実力を見くびっていたようだ。チャーチルのほくそ笑みは、三日も持たなかった。

日本の陸海軍は八日未明、南方の英植民地でも行動を開始し、陸軍の第二五軍がマレー半島に奇襲上陸した。これを阻止しようとシンガポールから英東洋艦隊が出撃すると、仏印の飛行場から海軍の第二二航空戦隊が飛び立ち、十日午後、英戦艦プリンス・オブ・ウェールズと英巡洋戦艦レパルスを撃沈。開戦三日目にして早くも米太平洋艦隊と英東洋艦隊を撃破し、太平洋の制空、制海権を握った(9)。

その報告を受けたあとの衝撃を、チャーチルはこう書く。

「私は一人なのがありがたかった。すべての戦争を通じて、私はこれ以上直接的な衝撃を受けたことはなかった。（中略）寝台で寝返りを繰り返していると、この知らせの十分な恐ろしさが私に浸透してきた。カリフォルニアへの帰路を急いでいた真珠湾の残存艦を除いて、インド洋にも太平洋にも英米の主力艦は一隻もいなくなったのだ。この広大な海域にわたって日本が絶対の力を誇り、われわれは至るところで弱く、裸になってしまったのである(10)」

連戦連勝

昭和十六年十二月八日、真珠湾攻撃の一報を受けた朝、昭和天皇は《内閣総理大臣東条英機に謁を賜い、米英両国に対する宣戦布告の件、並びに本朝閣議決定の宣戦の詔書につき内《ない》奏《そう》を受けられる(11)》。

宣戦の詔書は内閣官房が起草し、陸海軍と外務省、宮内省担当者らの協議を経て、十一月末に案文が完成していた。その際、昭和天皇は《日英関係は明治天皇以来特別親密にして、自身も皇太子として渡英した際、非常な優遇を受けたため、今回の開戦は全く忍び得ず、自身の意志ではない旨を詔書に盛り込むよう希望》したと、『昭和天皇実録』は書く(12)。

詔書は、同日午前十一時四十五分に渙発された。

「朕《ちん》、茲《ここ》ニ米国及英国ニ対シテ戦ヲ宣ス。（中略）今ヤ不幸ニシテ米英両国ト釁端《きんたん》ヲ開クニ至ル、洵ニ已ムヲ得サルモノアリ、豈《あに》朕カ志ナラムヤ。（中略）朕ハ汝《なんじ》有衆ノ忠誠勇武ニ信《しん》倚《い》シ、祖宗ノ遺業ヲ恢弘《かいこう》シ、速ニ禍根ヲ芟除《さんじょ》シテ東亜永遠ノ平和ヲ確立シ、以テ帝国ノ光栄ヲ保全セムコトヲ期ス」[13]

正午、詔書がラジオ放送で読み上げられる。それを国民はどう受け止めたか。随筆家の高田保が書く。

「豈朕カ志ナラムヤ。この御言詞が強く胸を打つ。深く心に浸みると同時に死生を越えた勇気が湧いて出る。聖戦というものはこれだとうなずく。（中略）戦争という不祥事の根元を叩き潰すための最後の戦争を、今や日本はする」[14]

日中戦争の勃発から丸四年以上。国民生活は疲弊していた。それでも多くの国民が米英との開戦を支持したことは、当時の新聞報道からもうかがえる。

明くる十七年一月、昭和天皇は四十歳。日本軍が米英両艦隊を駆逐し、国民が戦勝気分に酔う中、昭和天皇は一月十六日の歌会始で、こんな和歌を寄せている。

峯つゝき　おほふむら雲　ふく風の
はやくはらへと　たゝいのるなり[15]

連戦連勝におごらず、一刻も早く平和を回復したい気持ちが、率直にあらわれている。

日本軍の快進撃は続いた。

前年十二月八日にマレー半島に上陸した第二五軍の将兵三万五千人が、猛烈な勢いで半島を南下する。目指すは大英帝国アジア植民地支配の拠点、シンガポールだ。英軍は当時、英印兵や豪兵も含め八万八千六百人の兵力を有していたが、[16] 制空権を奪われて思うように抵抗できず、橋梁《きょうりょう》を爆破しながら後退。それを第二五軍の歩兵が自転車で追った。銀輪部隊の活躍で知られる、疾風のような追撃戦。作戦開始から五十五日間で一一〇〇キロも進撃し、一月末に半島の最南端、ジョホールに到達する。

現地の英軍司令官、パーシバルは全部隊をシンガポール島に撤退させ、徹底抗戦の構えを見せた。対する第二五軍司令官、山下奉文《ともゆき》は二月六日、全軍に同島攻略を下令。両軍の砲弾が飛び交う中、八日夜から上陸作戦を敢行し、激戦の末に橋頭堡《きょうとうほ》を確保した。

十日以降の戦闘は熾烈《しれつ》を極める。破壊された重油タンクから黒煙が噴き上がり、墨汁のような雨が両軍将兵の服を染めた。その間、絶え間なく続く銃声、砲声――。やがて第二五軍の砲弾が尽きかけた頃、英軍は砲弾どころか食料も飲料水も枯渇し、十五日午後二時、ついにパーシバルは白旗を上げた。[17] 百年以上にわたる大英帝国アジア植民地支配の牙城が、ここに陥落したのである。

一連の戦闘における両軍の死傷者は、日本軍の一万人弱に対し英軍側二万五千人以上、捕虜は増援部隊も含め十三万人以上に及んだ(18)。それは、英首相のチャーチルが述懐するよう、「イギリスの歴史における最悪の不幸、最大の降伏」だった(19)。

開戦七十日目のシンガポール陥落は、大本営の狙い通りの大戦果だ。先の大戦では後半、日本軍の粗雑な作戦が目立つようになるが、南方作戦は事前に十分な準備と検討を重ねていた(20)。

陥落の翌十六日、昭和天皇は《内大臣よりシンガポール陥落につき祝辞を受けられた際、赫々たる戦果が事前の慎重且つ十分な研究に起因していることを痛感する旨の御感慨を述べられる》。

その二日後の十八日、《御料馬白雪に乗御され、宮城正門二重橋鉄橋上にお出ましになる。宮城前外苑における戦捷祝賀の旗行列を御覧になり、万歳、君が代の奉唱を受けられ、御会釈を賜う。（中略）その後、皇后が皇太子・成子《しげこ》内親王・和子《かずこ》内親王・厚子《あつこ》内親王を伴って二重橋鉄橋上にお出ましになる(21)》。

日米開戦に、重臣らが最後まで反対していたことはすでに書いた通りだ。国民の一部にも慎重論が残っていたが、シンガポール陥落の頃には、ほとんどみられなくなったとされる(22)。予想を上回る陸海軍の快進撃に、日本国中が早くも戦勝気分に沸いた。この頃には昭和天皇も、やや楽観的になっていたようだ。

各地の戦況報告が、続々と昭和天皇に届く。

三月一日《侍従武官城英一郎より、我が軍のジャバ島への上陸成功等につき奏上を受けられる》

三月三日《軍令部総長永野修身に謁を賜い、二月二十七日から三月一日のスラバヤ・バタビヤ沖海戦の総合戦果につき奏上を受けられる》

三月八日《侍従武官横山明より、ジャバ・バンドンの蘭印軍司令官の降伏申し入れにつき奏上を受けられる》(23)

翌九日、昭和天皇は内大臣の木戸幸一に言った。

「余り戦果が早く挙り過ぎるよ」(24)

国家の破滅をも予期した開戦前の心労は、杞憂《きゆう》だったのだろうか——。この頃の『昭和天皇実録』には、心にゆとりのできた昭和天皇が、家族との時間を大切に過ごす様子も記されている。

二月二十二日《午前、皇太子・正仁《まさひと》親王（常陸宮《ひたちのみや》さま）・成子内親王・厚子内親王参内につき、皇后と共に奥御食堂において御昼餐を御会食になる。御食後、御一緒に映画「水筒」を御覧になる。ついで鬼ごっこにて過ごされる》

三月二十五日《皇后と共に道灌堀方面を二時間にわたり御散策になる。その際、桜樹の下の草花を観察され、また土筆・ヨメナ等をお摘みになる》(25)

この間、陸海軍は一月二十三日にニューブリテン島のラバウルを占領。三月初めにはジャワ島を攻略し、念願だった南方の資源地帯を確保した。唯一、米領フィリピンではコレヒドール島に立てこもる米比軍に手を焼くが、三月十一日、司令官のダグラス・マッカーサーが「アイ シャル リターン（必ず戻る）」の言葉を残して同島を脱出した。

昭和天皇は五月六日、《侍従武官山県有光よりコレヒドール島要塞の白旗掲揚につき奏上を受けられる》(26)。

戦勝に次ぐ戦勝。だが、楽観ムードの漂う日本に、ルーズベルトが放った一矢が冷や水を浴びせる。

ドーリットル空襲

昭和十七年四月十八日の朝、日本からおよそ一二〇〇キロ離れた、見渡す限りの大海原、太平洋――。朝日を浴びて西航する米空母ホーネットから、十六機の中型爆撃機B－25が飛び立った。航空隊を率いる指揮官ドーリットルに与えられた任務は「真珠湾の復讐《ふくしゆう》」、帝都をはじめ各都市の奇襲爆撃である。

それより前、アメリカでは未曾有《みぞう》の混乱が起きていた。まさかの真珠湾攻撃に加え、太平洋の島々が相次いで陥落したため、いずれアメリカ本土も攻撃されるだろうと、パニック状態に陥っていたのだ。

二月二十三日には日本海軍の伊号第一七潜水艦にロサンゼルス近郊の製油所を砲撃され、西海岸に厳戒態勢が布かれた。二十五日未明には正体不明の飛行物体を日本軍機と勘違いし、対空砲を猛射する騒動もあり、同士討ちで死者が出るほど混乱が広がっていた。(27)

ルーズベルトは切歯《せっし》扼腕《やくわん》した。国民の士気を高めるためにも、何とか日本にひと泡吹かせたい。その意向は米大西洋艦隊司令長官アーネスト・キングに伝わり、日本本土への空襲計画が練られた。(28) 航続距離の長いB—25を空母から発進させ、片道切符で主要都市を爆撃、そのまま中国大陸まで飛び去るという、日本軍が思いもしない作戦である。

青空の広がる帝都の上空に、見慣れない中型爆撃機が現れたのは四月十八日の正午過ぎだ。帝都は完全に不意を突かれた。B—25は低空飛行で爆弾を投下し、家屋などを次々に吹き飛ばす。ようやく空襲警報が発令されたのは午後零時二十八分、B—25が飛び去った後だった。(29)

空襲時、昭和天皇は執務中だった。侍従に促され、避難するときの様子が、『昭和天皇実録』にこう記されている。

《午後零時二十八分空襲警報発令につき、直ちに（防空施設の）宮内省第二期庁舎御金庫室へ剣璽の移御が行われる。天皇は同五十六分、皇后・貴子内親王と共に御常御殿より宮内省第二期庁舎御金庫室に御動座になる。成子内親王・和子内親王・厚子内親王は呉竹寮より、正仁親王は青山御殿より、それぞれ宮内省第二期庁舎御金庫室に移る。不例の皇太子は赤坂離宮御文庫へ入り、沼津御用邸御滞在中の皇太后は御用邸内の特別防空壕へ御動座になる》[30]警報から避難まで約三十分。やや長いようだが、これにはわけがある。昭和天皇は皇后らの準備ができるのを、待っていたのだ。侍従によれば、「陛下は恐怖感をどこかにお忘れになっているのではないかと思われるほど落着き払われて」いた。[31]

一方、必要以上に動揺した者もいる。連合艦隊司令長官、山本五十六その人だ。空襲で国内が混乱することを恐れた山本は、かねて考えていたミッドウェー攻略作戦への決心を固くした。北太平洋のど真ん中に浮かぶ島、ミッドウェーを占領し、そこを拠点に米機動部隊を攻撃、本土空襲を防ぐというのが、作戦の狙いである。

だが、ミッドウェーはアメリカの勢力圏だ。ウェーキー島にある最短の日本軍基地からも約二四〇〇キロ離れており、占領しても補給が続かない。当然、軍令部から反対論が巻き起こった。

四月初旬、連合艦隊参謀の渡辺安次が軍令部を訪れたときのことだ。第一課長の富岡定俊らが攻略作戦に反対し、翻意を求めると、渡辺は「長官に電話する」といって中座し、戻ってきて言った。

「長官のご決意は固く、もしこの計画がいれられなければ、長官の職にとどまれないといっておられます」[32]

脅しである。真珠湾攻撃の英雄、山本を辞めさせるわけにはいかない。軍令部は作戦を了承した。

五月二十七日、空母赤城を旗艦とする機動艦隊が広島湾内の柱島を出撃。二十九日には戦艦大和をはじめ連合艦隊主力が錨を上げた。サイパンからは陸戦部隊を満載した輸送船団が針路をミッドウェーにとる。正規空母四隻、戦艦十一隻をはじめ主要艦船百四十五隻、艦載機二百五十機以上の、世界最強の大艦隊だ。(33)

出撃直前、山本は愛人に手紙を書いた。

「三週間ばかり洋上に全軍を指揮します。多分あまり面白いことはないと思いますが(34)」

この山本の、機密を平然と漏らす油断と慢心が、日本海軍史上空前の大敗北をもたらすことになる。

ミッドウェー海戦

北太平洋に浮かぶ島、ミッドウェーの北西約三九〇キロ、どこまでも水平線が続く洋上に、強大な機動艦隊が出現した。空母四隻、戦艦二隻、巡洋艦三隻、駆逐艦十二隻――。時に一九四二（昭和十七）年六月四日午前四時三十分（日本時間五日午前一時三十分）。夜明け前の空に、百八機の攻撃機が飛び立った。

空母赤城で指揮をとる第一航空艦隊司令長官、南雲忠一は勝利を疑わなかっただろう。当時、太平洋で活動する米空母は計三隻。艦載機パイロットの技量も日本軍が米軍を凌駕《りょうが》している。海戦となれば負けるはずがない。

だが、南雲は知らなかった。米海軍が日本海軍の暗号を解読し、万全の態勢で待ち構えていることを――。

午前六時三十分、第一次攻撃隊がミッドウェー上空に到達し、飛行場基地を爆撃する。しかし敵機は上空に退避しており、急襲は空振りに終わった。

同七時十五分、南雲は第二次攻撃に向け、空母各艦で待機していた残存機の兵装を、対艦用の魚雷から対地用の爆弾に切り替える命令を出す。近くに米空母はいないと判断したからだ。

ところが十三分後の七時二十八分、味方索敵機から「敵らしきもの十隻見ゆ」の打電があり、南雲は七時四十五分、兵装を魚雷に戻すよう指示した。この措置に、空母飛龍に座乗する第二航空戦隊司令官、山口多聞は「現装備ノママ攻撃隊直チニ発進セシムルヲ至当ト認ム」と信号を送ったが、南雲司令部は耳を貸さなかった。爆弾の命中率は一〇％前後、魚雷なら六〇％以上だ。飛ばせる攻撃機から「現装備ノママ」出撃させても、小兵力では効果が期待できないだろう。「若干攻撃隊の発進を遅らせても、大兵力が整うのを待つ方が有利であると考えた」と、司令部参謀の吉岡忠一が述懐する。[35]

この判断が、南雲艦隊に重大な危機をもたらす。すでに艦隊は敵機に発見されており、早くも七時すぎから空襲を受けていた。敵の攻撃をかわそうと、空母は右に左に転舵し、兵装転換が遅々として進まない。ミッドウェーから戻ってきた第一次攻撃隊も収容しなければならず、空母各艦は混乱を極めた。

危機をしのいだのは、零式戦闘機と各艦の対空砲である。熟練のパイロットと士気旺盛な砲手が、敵機を次々に撃墜する。敵の空襲は七時五分から三十分までの第一波、同五十分から八時三十分までの第二波、九時二十分から十時二十分までの第三波に分かれて繰り返されたが、いずれも撃退し、空中戦では圧勝だった。(36)

ここまで、南雲艦隊の空母四隻は無傷である。

だが、敵の最後の雷撃をかわしたと思ったとき、警戒が緩んだ上空に新たな米機が現れた。米空母エンタープライズから発進したマクラスキー隊三十機と米空母ヨークタウンのレスリー隊十七機である。

マクラスキー隊は当初、南雲艦隊を発見出来ず、燃料不足で母艦に戻る途中だった。ほかの攻撃隊が空襲を始めて三時間余り。時計の針は、午前十時二十分を回っていた。

この時、たまたま雲の切れ間に日本の空母群を発見、二隊は急降下爆撃態勢に入った。その時、空母各艦の対空砲と零式戦闘機は、低空で雷撃する敵機を撃退した直後で、たまたま上空の防空網ががら空きとなっていた。

ふたつの偶然が、戦局を激変させる。急降下した二隊は訓練さながらに爆弾を投下し、空母赤城に二発、加賀に四発、蒼龍に三発が命中。反撃しようと待機していた各艦内の攻撃機、魚雷、爆弾が次々に誘爆し、大破炎上した。それまで敵の空襲を撃退し続け、無傷だった空母四隻のうち三隻が、一瞬にして火だるまとなったのだ。

唯一、難を逃れた空母飛龍には名将で知られる第二航空戦隊司令官、山口多聞が座乗していた。山口は即座に反撃を決意し、攻撃隊員を集めて訓示した。

「体当りのつもりでやつて来い、俺も後から行く」

午前十時五十四分、飛龍から第一次攻撃隊二十四機が、午後一時三十一分には第二次攻撃隊十六機が飛び立ち、小兵力ながら米空母ヨークタウンに計三発の爆弾と二本の魚雷を命中、大破炎上させて一矢を報いる。しかし、それが精一杯だった。午後五時三分、飛龍は敵機の逆襲を受け、山口を抱いて海に没した(37)。

虎の子の空母四隻を失う大敗北。この日、ミッドウェー島は、連合艦隊機動部隊の墓標となった。

敗因は、上層部の油断と慢心に尽きる。開戦初期の連戦連勝に浮かれ、明らかに米軍を侮っていた。

それより前、両軍の空母部隊が初めて激突した五月の珊瑚海海戦(38)が、明暗を分けたといえよう。海戦後、米太平洋艦隊司令部は損害を受けた味方部隊の報告書を入念に検討し、複数の空母を引き離して運用、防御する戦法を編み出した。一方、連合艦隊司令部は敵を討ち漏らした味方部隊を罵倒し、その報告書に「バカめ」と殴り書きして放置した(39)。そのあげく、接近したまま航走する空母四隻を一気に失う惨敗を喫したのである。

この敗北を、昭和天皇はどう受け止めたか。『昭和天皇実録』が書く。

六月七日《軍令部総長永野修身に謁を賜い、ミッドウェー海戦の戦況につき奏上を受けられる。これに対し、今回の損害により士気の沮《そ》喪《そう》を来さないよう御注意になり、また今後の作戦が消極退嬰《たいえい》とならないようお命じになる(40)》

ガダルカナルの戦い

昭和天皇は逆境に強い。昭和十七年六月五日のミッドウェー海戦で空前の大敗北を喫し、海軍上層部が茫然《ぼうぜん》自失で天を仰いでいたときでも、周囲に気落ちした様子をみせなかった。

内大臣の木戸幸一《こういち》が六月八日の日記に書く。

「航空戦隊の蒙りたる損害誠に甚大にて、宸襟《しんきん》を悩まさせられたるはもとよりのことと拝察せるところなるところ、天顔を拝するに神色自若として御挙措平日と少しも異らせ給はず(41)」

大元帥として、自らの言動が前線の将兵に与える影響を、十分に認識していたのだろう。七月六日、昭和天皇は《宮内大臣松平恒雄をお召しになり、日光への行幸に先立ち聯合艦隊へ行幸し、海軍を激励したき旨を仰せになる[42]》。

ミッドウェーで虎の子の空母四隻を失ったとはいえ、太平洋の海軍力は依然として日本が優勢だ。戦訓に学んで無理をせず、日本の勢力圏のサイパン、もしくはトラック諸島の線まで兵を引き、南方の資源地帯をがっちり固めて米軍を迎え撃てば、まだまだ勝機はあった。だが、海軍上層部は懲りなかった。勢力圏のはるか外側で、米軍と決戦しようとしたのだ。舞台となったのは、日本本土から五〇〇〇キロ離れた南太平洋の島、ガダルカナルである。千葉県ほどの面積の、密林で覆われたこの島に、海軍陸戦隊が極秘で飛行場の建設を始めたのは昭和十七年七月一日のこと。しかし米軍は海軍の作戦を察知しており、滑走路が完成した二日後の八月七日、米海兵隊一万七千人が奇襲上陸して横取りしてしまった[43]。海軍上層部は我を忘れた。奪還作戦に血眼となり、戦線の拡大に消極的な陸軍を巻き込んで、取り返しのつかない悲劇を生んでしまう。

以後、半年にわたるガダルカナルの戦いは、太平洋の死闘の、攻守の転換点となった。海軍は同島近海で三次にわたるソロモン海戦、南太平洋海戦を戦い、十月末までは優位を保っていたが、消耗戦を余儀なくされ、十一月中旬の第三次ソロモン海戦で戦艦二隻を喪失、ついに南太平洋の制海権を明け渡した。

この間、陸軍は三万一千人余の兵力を逐次投入するも、補給が得られない中で悲惨な戦いを強いられ、一万五千人もの餓死・病死者を出した。(44)

昭和天皇は、ガダルカナルの戦況に特別の関心を抱いたようだ。その頃の『昭和天皇実録』には、内大臣の木戸らと戦況について話す様子がたびたび出てくる。激戦の続く十二月十二日には伊勢神宮を親拝。「戦時下に於て、天皇親しく御参拝御祈願あらせらるゝことは真《まこと》に未曾有のこと」と、木戸が日記に書く。(45)

南太平洋の戦いが戦局全体に重大な影響を及ぼすと察した昭和天皇は、日本に余力があるうちに、好機をとらえて終戦に持ち込みたいと考えていたようだ。親拝前、侍従らに《日露戦争・満洲事変・支那事変を引き合いに出され、戦争を如何なる段階にて終結するかが重要であることを繰り返し仰せられる》と、『昭和天皇実録』に記されている。(46)

親拝の日、昭和天皇は伊勢神宮で、御告文を奏した。開戦から一年。陸海軍将兵の武勇と一億国民の努力を神々に報告し、その加護に感謝した上で、こう結ぶ。

「速《すみや》けく敵等を事向けしめ給ひ、天壌《あめつち》の共隆《さか》ゆる皇国の大御稜威《みいつ》を、八紘《あめのした》に伊《い》照り輝かしめ給ひて、無窮《とこしえ》に天下《あめのした》を調《ととの》はしめ給へと白《もう》す事を聞食《きこしめ》せと、恐《かしこ》み恐みも白す」(47)

速やかに世界（八紘）の平和を回復したいとする真摯《しんし》な思いが、御告文に込められている。

昭和天皇が伊勢神宮を親拝したことは、ガダルカナルの将兵にも伝えられた。

参謀の一人が回想する。

「御親拝の報は副官が読み上げた。砲弾と爆弾の相交錯する中で、副官の大きな声が聞える。『天皇陛下におかせられては……』。砲声がジャングルにこだまする。これに負けじと副官が大声で読み続ける。が、その最後の言葉が聞えなくなった。副官の嗚咽《おえつ》で消えてしまったのだ。第一線から来ている将校あるいは下士官の命令受領者も、感謝の涙で思わず鉛筆も紙もとり落して、ジャングルの樹の根本にひれ伏して泣いている……」(48)

海軍の要請でガダルカナルに逐次投入された陸軍将兵は、敵の砲弾よりも飢餓に苦しんだ。あらゆる戦史の中でも、最も過酷といえる戦場で、将兵らを支えていたのは遠く離れた祖国、日本への熱い思いだ。その象徴である昭和天皇の親拝は、どれほど将兵を勇気づけたことだろう。

だが、昭和天皇の祈りも、将兵の力戦も、ついに報われなかった。

十二月三十一日、大本営は昭和天皇臨席の会議で、奪回作戦の中止とガダルカナルからの部隊撤収を決めた。

ドイツの敗勢

先の大戦を振り返るとき、日米の国力だけを単純に比較して、開戦そのものが無謀極まりなかったと断罪されがちだが、それは結果論だ。日米の間には広大な太平洋がある。それを越えてくる米軍を、日本の勢力圏で着実に迎え撃つ戦略に徹していれば、負けたとしても違った展開になっただろう。

この戦略をとらず、暴走したのは海軍である。開戦前の想定では、陸海軍協同でマレー半島やジャワ、スマトラ、ボルネオ各島の資源地帯を攻略し、自存自衛の持久体制を築くはずだった。ところが海軍はそれを越え、フィジー、サモア、ニューカレドニア、さらにはオーストラリアまで進攻しようとした。(49)国力を無視した、無謀な戦略といえる。

その典型が、昭和十七年六月のミッドウェー海戦と同年八月から翌年二月のガダルカナル戦だろう。日本の勢力圏のはるか外側で行われた二つの戦いは、太平洋の死闘の、攻守の分岐点となる。ここで膨大な消耗戦を強いられた日本軍は、それまでの攻勢から守勢に転じ、二度と主導権を握れなかった。(50)

同じ頃、欧州の戦局も重大な分岐点を迎える。

ガダルカナル戦の最中、欧州・東部戦線では独ソ両軍がスターリングラード（現ボルゴグラード）で、文字通りの死闘を繰り広げていた。独裁者の名を冠したこの都市に、ドイツ第六軍が侵攻を開始したのは一九四二年八月二十三日の朝。猛烈な砲爆撃で市内は廃虚と化したが、瓦礫《がれき》の山を防壁とするソ連第六二軍の抵抗はすさまじく、以後五カ月間にわたり、市民を巻き込んだ壮絶な市街戦が展開された。

この間、後方のソ連軍司令部は、独軍陣営の側面を守備するルーマニア軍を撃破し、第六軍を包囲、殲滅する反攻作戦に打って出る。総指揮をとるのは、かつてノモンハンで関東軍と戦ったゲオルギー・ジューコフだ。

十一月十九日、七個軍百万人のソ連軍が猛攻に転じ、装備も士気も劣弱なルーマニア軍の防衛線を突破。狼狽したヒトラーは包囲された第六軍にスターリングラードの死守を厳命したが、翌四三年一月三十一日、同軍司令官のパウルスは降伏した[51]。

奇しくもその翌日、ガダルカナルでは日本軍の撤退作戦が始まり、駆逐艦隊が同島に突入。餓死寸前だった陸海軍将兵一万人以上を救出した。日独とも、いわば天王山の戦いで敗れた格好だが、悲惨さの規模ではドイツが上回る。降伏した第六軍の将兵九万一千人は、極寒の雪原を収容所まで歩かされ、戦後にドイツに生還できたのは五千人ほどだった。

ドイツは、北アフリカ戦線でも敗走する。独軍司令官ロンメルの戦車軍団が快進撃を続けていたが、英軍の最終防衛線エル・アラメインを突破できず、四二年十一月以降、じりじりと後退。翌四三年五月に独伊両軍の拠点チュニスが陥落した[52]。

昭和天皇は欧州の戦況も踏まえ、日本の行く末を予見しつつあったようだ。

昭和十八年三月三十日《午前十時三十五分、内大臣木戸幸一をお召しになり、正午まで御談話になる。戦争の前途の見通しは決して明るいものではないとして種々お考えを述べられ、木戸よりも腹蔵なき意見をお聞きになる[53]》

もう一つ、昭和天皇が心を痛めたことがある。

戦局が下り坂となった昭和十八、十九年、国民生活は悪化の一途をたどっていた。兵力不足を補うため、二十歳以上の文科系学生らも出征させることになり、十八年十月、明治神宮外苑で出陣学徒壮行会が行われた。

文化、スポーツ、娯楽施設なども次々と姿を消す。十八年四月に東京大学野球連盟が解散して六大学野球などが中止に。十九年三月には宝塚歌劇団が休演、松竹少女歌劇団も解散した。

十九年二月、政府は（一）中学生以上の学徒全員を工場に配置（二）十四歳から二十五歳の未婚女性を女子挺身隊《ていしん》として軍需工場に動員──することを決定。空襲の恐れが強まった同年七月以降は学童集団疎開も始まり、都市部の親子は離れて暮らすことになる。(54)

皇室も例外ではなかった。七月九日、《皇太子参殿につき、皇后と共に御対面になる。その後、和子内親王・厚子内親王・貴子内親王参殿につき、お揃いにて御昼餐を共にされる。御食後、御団欒《だんらん》あり。翌日、皇太子は疎開のため、東宮《とうぐう》仮御所より日光田母沢御用邸に行啓、滞留する(55)》。

昭和天皇は四十三歳。皇太子は学習院初等科五年の十歳。長期の離別を前に、親子で何を話され、どんな気持ちでいただろうか。

戦争終盤の、昭和天皇の生活はいたって質素だ。十九年八月に侍従長となった藤田尚徳《ひさのり》によれば、食事は一汁二菜。「七分搗《づ》きに麦を交ぜた御飯で、国民の食生活と大差のないものであった。配給量も一般国民と同じにせよと何度も仰せられた」(56)

戦前には週一回、生物学御研究所に通うのを楽しみにしていたが、十八年四月以降はまれにしか行かなくなり、趣味も自粛するようになる。(57)一方、内親王が参内したときは一緒に映画をみることが多く、それが唯一の娯楽といえるものだった。

十八年十月十三日に長女の成子内親王と盛厚《もりひろ》王が結婚したときも、前日に家族で夕食を共にした後、《ニュース映画を御覧になり、成子内親王帰嫁前夜の御名残を惜しまれる》(58)。

その頃、宮中側近らが懸念したのは、昭和天皇の健康状態である。アッツ島で日本軍守備隊が玉砕した直後の十八年六月一日、侍従の入江相政が日記に書く。

「この間から願出てゐた吹上の御散策を御勧申上げたところアッツの事など考へると遠慮しようとまで仰せになつた。誠に畏き極みではあるがさういふ非常の際なればこそ陛下の御健勝に亘らせられることが願はしい所以を極力申上げお許をいたゞく(59)」

昭和天皇の心から、戦地の将兵らの苦境が離れることはなかったのだろう。同年九月十日には内大臣の木戸を呼び、《種々御談話になる。天皇は南方への兵力増強問題に関連し、大正天皇が「義は君臣、情は父子」と仰せられたことを述懐され、自身も同じ考えであるとし、南方への増兵に際し、補給の困難から兵士が窮地に陥るが如きことは実に忍びないため、補給に一段と万全を期すよう御希望になる》[60]。

無条件降伏要求

日本の陸海軍がいたずらに戦線を広げ、いたずらに国力を消耗していた一九四三（昭和十八）年一月二十四日、モロッコのカサブランカで行われた米英首脳会談後の記者会見で、米大統領ルーズベルトが声明を発した。

「ドイツと日本の戦力を完全に除去しないかぎり、世界に平和が訪れることはない」「戦力の除去というのは、無条件降伏を意味する」[61]

ルーズベルトは、こうも言った。

「カサブランカ会談を無条件降伏会談と呼んでほしい」[62]

それを聞いた英首相チャーチルは仰天した。ルーズベルトがそこまで挑発的な発言をするとは、知らされていなかったからだ。日独に公然と「無条件降伏」要求を突きつければ、死に物狂いで抵抗され、膨大な犠牲と破壊を伴う戦争がますます長引くに違いない。随員の回想によれば、チャーチルは内心、怒り心頭に発していたという[63]。

無条件降伏は、単なる軍事上の敗北ではなく、国家そのものの否定を意味する。いかなる戦争にも双方に言い分があるが、無条件降伏する敗戦国には一切認められない。和平交渉すら許されない。ルーズベルト声明により、日本もドイツも、戦争を続けるしか道はなくなったといえよう。

そもそも当時の戦況は、米英が優位とはいえ、無条件降伏を要求できるほどではなかった。ガダルカナルから日本が撤退し、スターリングラードでドイツが敗退したものの、日独はまだ、戦争継続の余力を残していたからだ。にもかかわらず、ルーズベルトはなぜ、無条件降伏を打ち出したのか。

背景のひとつに原子力爆弾の開発、「マンハッタン計画」があったとされる。アメリカが同計画に着手したのは一九四二年八月。同年十二月にはシカゴ大学で核分裂の連鎖反応に成功し、ルーズベルトは開発に確信を持った。無条件降伏要求は、この究極の兵器を使う大義名分にもなるだろう[64]。

四三年十二月一日、エジプトのカイロで会談したルーズベルト、チャーチル、蔣介石の米英中三首脳は、世界に向けて宣言した。

「三大同盟国ハ（中略）野蛮ナル敵国ニ対シ仮借ナキ弾圧ヲ加フルノ決意ヲ表明セリ……」

「三大同盟国ハ日本国ノ侵略ヲ制止シ且之ヲ罰スル為今次ノ戦争ヲ為シツツアルモノナリ……」

「日本国ノ無条件降伏ヲ齎《もたら》スニ必要ナル重大且長期ノ行動ヲ続行スヘシ……[65]」

非情極まる「カイロ宣言」。この無条件降伏要求を覆すには、戦線を収縮して態勢を建直し、ルーズベルトに冷や水を浴びせるしかない。

ようやく陸海軍が方針を改め、日本の勢力圏を意識するようになるのは、昭和十八年の秋以降だ。九月三十日の御前会議で「今後採ルヘキ戦争指導ノ大綱」が確定し、千島、小笠原、マリアナ、西部ニューギニア、ビルマなどを「絶対確保スヘキ要域」と定めた。(66) いわゆる絶対国防圏である。

だが、海軍はなおも勢力圏の外側で決戦を挑もうとし、その後もいらずらに損害を重ねた。陸軍も無謀なインパール作戦を強行。主力三個師団の損耗率がいずれも七五%を超える空前の死傷病者を出し、自ら絶対国防圏を弱める結果を招いた。(67)

破滅の足音が、駆け足で近づいてくる。

十九年六月十一日、空母十五隻を擁する米海軍の大艦隊がサイパン島に接近、空襲や艦砲射撃による猛攻撃を開始し、十五日に上陸した。

これを撃滅しようと連合艦隊の機動部隊が出撃、十九日から二十日にマリアナ沖で米艦隊と激突するも、訓練不足のパイロットに長距離攻撃を強いる作戦が裏目に出て、空母三隻を失う惨敗に終わる。

サイパン島では四万人余の日本軍守備隊が、六万人余の米軍上陸部隊と死闘を繰り広げたが、七月九日、約一万人の在留邦人とともに玉砕した。(68)

一年もたたずに破られた絶対国防圏——。国内ではその頃、東条英機内閣の弾圧的な政治手法に怨嗟《えんさ》の声が上がり、倒閣に向けた動きが、皇族の間にも広がっていた。

東条退陣

昭和十九年三月十四日《夜、御文庫に宣仁親王参殿につき、皇后と共に文化映画「転換工場」等を御覧になる。終わって、茶菓を共にされる》(69)

『昭和天皇実録』の記述はこれだけだが、この夜、宣仁親王は昭和天皇に、重大な提案をした。東条英機内閣を退陣させ、陸軍皇道派の重鎮で元第一〇軍司令官の柳川平助を首相に、第二方面軍司令官の阿南惟幾《あなみこれちか》を陸相にしたらどうかと話したのだ(70)。

その頃、東条の信望は地に落ちていた。戦局が悪化し、社会が疲弊する中、東条が憲兵を使って反軍的、反政府的な言論を封じ込めていることに、重臣や政府高官、さらには国民の間からも、怨嗟《えんさ》の声が強まっていたのである。

事実、東条の言論弾圧には目に余るものがあった。反東条派の急先鋒《せんぽう》だった右派代議士の中野正剛が十八年十月に検挙され、自決に追い込まれている。十九年二月に「竹槍《たけやり》をもつては戦ひ得ない」(71)と書いた毎日新聞記者の新名丈夫は、当時三十七歳にもかかわらず二等兵で懲罰召集された。

東条に私利私欲はない。しかし、いたずらに権力を握りたがる悪癖があった。十九年二月には首相兼陸相兼軍需相に加え、参謀総長をも兼任する。異様な憲兵政治にたまりかねた近衛文麿らが倒閣を画策したものの、政府と軍部の頂点に立つ東条に、辞職を迫ることはできなかった。(72)

宣仁親王は、焦燥したのだろう。東条に引導を渡せるのは昭和天皇しかいないと、この時期、内閣更迭をたびたび促している。兄の雍仁親王が結核で療養中のため、兄弟として意見できるのは自分だけだという思いもあったようだ。

一方、昭和天皇は立憲君主として、閣内不一致などの理由がない限り、首相を辞職に追い込むことはできない。むしろ皇族が政局に深入りすることを憂慮し、十九年六月二十二日、宣仁親王が皇族を相談相手にするよう求めたとき、昭和天皇は《政治に対する責任の観点から、皇族を御相談相手とすることはできない旨を述べられる(73)》。

東条にとどめを刺したのは、戦後に日米新安保条約の締結に奔走する、岸信介である。十九年七月にサイパンが陥落し、絶対国防圏の一角が破られると、さすがの東条も自信を失い、側近らが「首相の顔色は此の世の人と思へざる程青ざめ、意気銷沈の有様」と漏らすほどになった。(74)それでも東条は辞職せず、内閣改造により打開を図ろうとする。だが、国務相の岸を交替させようとしたところ、岸が断然拒絶したため、東条の計算が狂った。

七月十七日、東条側近の東京憲兵隊長、四方諒二が岸宅を訪れ、恫喝した。

「東条閣下が、右向け右、左向け左、と云えば、それに従うのが閣僚の務めではないか。それに抗するとは何ごとか」

岸は言った。

「黙れ兵隊！　お前のような者がいるから、東条さんの評判が悪いのだ。日本で、右向け右、左向け左と云えるのは、天皇陛下だけだ！[75]」

翌十八日、東条はついに退陣した。

レイテ沖海戦

絶対国防圏を破られた日本に、もはや勝機はない。だが、米大統領のルーズベルトから無条件降伏要求を突きつけられている以上、和平交渉もできなかった。絶体絶命の危機を打開するには、いずれかの戦場で米軍に甚大な損害を与え、無条件降伏要求の不利を悟らせて交渉のテーブルに着かせるしかないだろう。いわゆる「一撃講和」である。

サイパン陥落後に総辞職した東条英機内閣の後継は、大命降下を受けた朝鮮総督の小磯国昭と海相に復帰した米内《よない》光政の、事実上の連立内閣である。この内閣のもとで、和平をたぐり寄せられるかもしれない一大決戦、「捷一号作戦」が発動する。

昭和十九年十月十八日、昭和天皇は《御学問所において軍令部総長及川古志郎・参謀総長梅津美治郎に謁を賜い、国軍の決戦要域を比島方面とする捷一号作戦発動につき上奏を受けられる。これに対して、皇国の興廃がかかる重大な一戦につき、陸海軍真に協力、現地軍・中央一体となり、万遺憾なきを期し、邁進《まいしん》すべき旨の御言葉を賜う》[76]。

昭和天皇が「皇国の興廃がかかる重大な一戦」とまで言い切るのは異例だ。この決戦にかける期待の大きさがうかがえよう。戦後、側近らにこう語っている。

「一度（フィリピンの）レイテで叩いて、米がひるんだならば、妥協の余地を発見出来るのではないかと思ひ、レイテ決戦に賛成した[77]」

それより前、サイパン陥落で勝利の見通しを失った大本営は、米軍の来攻が予想されるフィリピンに陸海空の戦力を集中し、大打撃を与える決戦構想を立案した。接近する米艦隊を台湾などの基地航空兵力で先制攻撃し、連合艦隊の総力を挙げて輸送船団を撃滅、孤立した敵の上陸部隊を陸軍の精鋭が殲滅するという、三段構えの作戦だ。

主戦場となるフィリピンのルソン島には、第一四方面軍を編成して三十万人もの兵力を投入。軍司令官にはシンガポールを攻略した猛将、山下奉文を起用し、万全の態勢でのぞむはずだった[78]。

だが、実戦は思わぬ展開をたどる。

十月十日、米軍のフィリピン奪還作戦を支援する米第三艦隊が台湾沖に出現した。空母十七隻、戦艦六隻、巡洋艦十三隻、駆逐艦五十七隻——の、圧倒的な戦力である。[79] 同艦隊は十二日、艦載機など延べ約千百機で台湾などを空襲、十三日も延べ約六百機が爆撃を繰り返した。[80]

一方、日本軍の基地航空兵力も果敢に迎撃し、十二日から十六日、台湾や九州の飛行場から攻撃隊が次々に出撃、昼夜を問わずに米空母を襲撃する。

そして十九日、大本営は発表した。

「我部隊は十月十二日以降、連日連夜台湾及呂宋東方の敵機動部隊を猛攻し、其の過半の兵力を撃滅して之を潰走《かいそう》せしめたり」「戦果綜合次の如し。轟撃沈——航空母艦一一隻、戦艦二隻、巡洋艦三隻……」[81]

敗勢を一気に挽回する大戦果——。国民は熱狂し、東京や大阪で久々の提灯《ちょうちん》行列が行われた。昭和天皇も内大臣を呼び、《台湾沖における大戦果に関する勅語の下賜、(空襲を受けた)台湾島民に対する同情の思召しの伝達を御希望になる》[82]。

二十一日、殊勲の陸海軍に「御嘉尚」の勅語が下る。しかし、海軍上層部はなぜか青ざめていた。

国民を熱狂させた大本営発表後、撃滅したはずの米艦隊が台湾沖を航行しているのを、索敵機が発見したからだ。

司令部で戦果を再検討した結果、経験の浅い攻撃隊の搭乗員らが思い込みで「撃沈確実」などと報告し、確認もせずに集計していたことが分かった。[83] 実際に与えた損害は巡洋艦二隻を大破させた程度で、赫々たる戦果は〝幻〟だったのである。

海軍上層部は愕然とした。昭和天皇から「御嘉尚」の勅語までもらっており、いまさら大本営発表を取り消すわけにはいかない。海軍は、国民に事実を隠すことにし、あろうことか陸軍にも伝えなかった。それがのちに、未曾有の悲劇を生むことになる。

ダグラス・マッカーサー率いる二十万人超の米第一〇、第二四軍団がフィリピンのレイテ島に上陸を開始したのは十月二十日、大本営発表の翌日である。対する南方軍総司令官の寺内寿一は、ルソン島を固めていた第一四方面軍のレイテ投入を決断する。米艦隊撃滅の大本営発表を信じ、マッカーサーの兵力を過小評価していたのだ。(84)

一方、海軍としては責任上、陸軍を窮地に立たせるわけにはいかない。ここに、昭和天皇が「皇国の興廃がかかる重大な一戦」と呼んだ、捷一号作戦が発動する。空母中心の第三艦隊がおとりとなって米機動部隊を引きつけている間に、戦艦中心の第二艦隊が南北からレイテ湾に突入し、全滅覚悟で敵の輸送船団と陸上部隊を砲撃、殲滅するという、捨て身の作戦である。(85)

十月二十三日未明、史上最大といわれる海戦の火ぶたが切られた。連合艦隊は当初、戦艦武蔵を失うなど損害を重ねたが、二十四日夜に風向きが変わる。おとりの第三艦隊十七隻に、敵の主力空母、高速戦艦など計六十五隻が誘い出され、レイテ湾から離れて北上したからだ。そのすきに戦艦大和をはじめとする第二艦隊の主力十五隻が、敵の輸送船団がひしめくレイテ湾に迫った。

二十五日午前十時、北上した米機動部隊を指揮するハルゼーに、輸送船団護衛の米第七艦隊から救援を求める緊急電が届く。

「至急戦艦隊を送られたし、空母隊を送られたし」

輸送船団の危機に驚愕したハワイの米太平洋艦隊司令長官、ニミッツもハルゼーに打電した。

「味方の戦艦隊はいずこにありや、いずこにありや、全世界は知らんと欲す」(86)

米軍はパニックに陥った。それまでの激戦で、満身創痍《そうい》となった連合艦隊が最後の最後につかんだ、千載一遇のチャンスが訪れたのだ。

しかし、大和の巨砲はついに火をふかなかった。

謎の反転

世界の海戦史上、最大規模となったレイテ沖海戦の結末は不可解な謎に包まれ、現在も多くの議論を呼んでいる。

十月二十五日午後一時十分、レイテ湾口にあと八〇キロまで迫った戦艦大和座乗の第二艦隊司令長官、栗田健男は各艦に反転を指示し、敵の輸送船団を目前にしながら引き返した。(87)

米空母隊が出現したとの誤情報に惑わされたとか、栗田に積極性が欠けていたとか、さまざまに言われるが、真相は今も不明だ。

連合艦隊司令部は栗田艦隊に、「レイテに突入せよ」と繰り返し命じていた。突入を支援するため、空母主体のおとり部隊（小沢艦隊）が敵艦隊の主力を引きつけ、旧式戦艦でつくる別動隊（西村艦隊）が敵の水雷戦隊、駆逐艦隊、戦艦隊と果敢に砲戦を挑み、いずれも壊滅に近い損害を受けたが、すべての犠牲、あらゆる努力が水泡に帰したといえよう[88]。

神風特別攻撃隊が組織され、米空母セント・ローを撃沈する初戦果を挙げたのもこの海戦だ。翌二十六日、軍令部総長が「特攻第一号」を報告した際、昭和天皇は愕然とし、「そのようにまでせねばならなかったか、しかしよくやった」と話したという[89]。

栗田艦隊の〝謎の反転〟により、一撃講和をもくろんだ「捷一号作戦」は失敗に終わる。連合艦隊の損害は大きく、大和を除く主力艦の大半を失い、艦隊としての決戦力を喪失した。

その頃、欧州でも敗色が濃厚となっていた。

すでにイタリアは前年七月に内部崩壊して首相のムソリーニが解任、逮捕され、九月に降伏した。大戦後は王制が廃止されて共和国となる。

ドイツも敗走を重ねた。一九四四（昭和十九）年六月、米英など連合国軍三十二万五千人がドーバー海峡を越え、フランス北西部のノルマンディーに上陸。八月にパリを解放した。東部戦線では総兵力百七十万人のソ連軍が史上最大の反撃戦「バグラチオン」を発動。ソ連領内から独軍を追い払った。

対するドイツは十二月、「ヒトラー最後の賭け」といわれるバルジの戦いで西部戦線の連合国軍に打撃を与えたが、反撃されて翌年一月に撤退した。(90)

大勢は決した。一撃講和も絶望的となった。だが、大本営も政府も相変わらず「戦争完遂」「必勝あるのみ」だ。そんな中、昭和天皇は立憲君主の立場を維持しながら、自ら和平への一歩を踏み出そうとする。

重臣への意見聴取

戦争最後の年、昭和二十年の新春を、昭和天皇は、ある決意を秘めて迎えたようだ。

一月六日《内大臣木戸幸一をお召しになる。その際、比島戦況の結果如何により重臣等から意向を聴取することの要否につき御下問になる》(91)

当時、フィリピンでは捷一号作戦の失敗により、山下奉文指揮の第十四方面軍がマッカーサー率いる上陸軍に苦戦を強いられていた。政府も軍部も依然として「戦争完遂あるのみ」だが、昭和天皇は、終戦に向けた地ならしが必要だと考えたのだろう。重臣からの意見聴取は「和平の第一着手」だったと、侍従長の藤田尚徳が戦後に書き残している。(92)

敗勢の中での和平は、降伏を意味する。それを口にするのはタブーであり、政府高官でも特別高等警察か憲兵隊に拘引された時代だ。相談を受けた木戸は慎重になり、《ともかくも数日の推移を御覧ありたき旨》を奉答したが、昭和天皇の決意は固かった。
十三日、再び木戸を呼び、《重臣からの意見聴取の必要につき述べられる》(93)。

歴代首相ら重臣七人に極秘で意見聴取が行われたのは、二月七日から二十六日にかけてである。軍部を刺激しないよう、天機奉伺《ほうし》(94)として一人ずつ参内した際に、昭和天皇が内々に話を聞く形がとられた。

平沼騏一郎は七日、戦争施策を重点的に行うことと、官吏が国民に慈愛をもって接することの必要性を説き、和平問題には触れなかった。

広田弘毅は九日、日本と中立条約を結ぶ対ソ交渉の重要性を指摘し、間違ってもソ連と戦争してはならないと強調。昭和天皇も大きくうなずいた。

若槻礼次郎は十九日、「勝敗なしという状態で戦争を終結させる」必要性を訴え、そのためには「戦い抜いて、敵が戦争継続の不利を悟る時のくるを待つほかはございませぬ」と述べた。

岡田啓介も二十三日、国力の減退に言及しつつ「残された全力をあげて戦争遂行に邁進することは勿論《もちろん》でございますが、一面には我に有利な時期を捉えて戦争をやめることも考うべきでございます」と奉答した。

東条英機は二十六日、「我国は作戦的にも余裕あることを知るべし」とし、和平工作を「敗戦思想」として痛烈に批判した。(95)

侍従長の藤田によれば、昭和天皇は重臣の誰かが、条件はともかく一日も早く終戦すべきと進言するのを待っていたようだ。それをきっかけに、調整に乗り出すつもりだったのだろう。

多くの重臣が口を濁す中で、「即時和平」を口にしたのは、十四日に参内した近衛文麿である。

昭和二十年二月十四日《午前十時二十分より一時間にわたり、御文庫において元内閣総理大臣公爵近衛文麿に謁を賜う。近衛は自ら起草し、元駐英大使吉田茂と協議の上完成した上奏文に基づき奏上する》(96)

近衛の上奏文は、和平派も躊躇するほど、異彩を放っていた。

冒頭、「戦局ノ見透シニツキ考フルニ、最悪ナル事態ハ遺憾ナガラ最早《もはや》必至ナリ」と敗戦を明記。その上で、最も憂慮すべき事態は敗戦よりも「共産革命ナリ」と言い切ったのだ。理由として、ソ連が戦争に乗じ、欧州で共産主義を浸透させていること、日本でも国民生活の窮乏により、共産革命の条件が整いつつあることを指摘し、こう訴えた。

「勝利ノ見込ナキ戦争ヲ之以上継続スルコトハ全ク共産党ノ手ニ乗ルモノト云フベク、従ツテ国体護持ノ立場ヨリスレバ、一日モ速ニ戦争終結ノ方途ヲ講ズベキモノナリト確信ス」(97)

近衛はまた、共産革命の中心となるのは統制派が牛耳る軍部内の「一味」だと強調した。「満洲事変・支那事変ヲ起シ、之ヲ拡大シ、遂ニ大東亜戦争ニ迄導キ来レルハ、是等《これら》軍部内一味ノ意識的計画ナリシコト今ヤ明瞭ナリ」として、戦争終結のために「此ノ一味ヲ一掃シ軍部ノ建直ヲ実行スルコト」が不可欠だと進言したのである。(98)

昭和天皇は驚いた。にわかには信じられなかっただろう。近衛が話し終えるのを待ち、こう聞いた。

「軍部の粛正が必要ということだが、結局は人事の問題になる。近衛はどう考えているのか」

近衛は、皇道派の山下奉文（第一四方面軍司令官）と派閥色のない阿南惟幾（航空総監）の名を挙げたが、第一候補の山下はフィリピンで激戦の真っ最中だ。昭和天皇は、うなずくことはできなかった。

「もう一度、戦果をあげてからでないとなかなか話は難しいと思う」(99)

結局、重臣らへの意見聴取は、この時点では実を結ぶことなく終わる。昭和天皇は早期終戦の進言を待ち望んだものの、近衛の上奏を採用すれば軍部の猛反発は必至で、かえって終戦が遠のきかねない。

そもそも近衛は、国体を護持しての終戦、すなわち条件付き講和を前提にしていた。しかし、米大統領のルーズベルトは無条件降伏に固執しており、近衛の前提は楽観論といえるだろう。[100]

事実この後、ルーズベルトの非情な戦略を裏打ちするように、一般国民を無差別に焼き尽くす本土空襲が激化していく。

東京大空襲

悪魔の火炎が、未明の帝都を焼き尽くした。昭和二十年三月十日、東京大空襲――。この日、二百七十九機の米爆撃機B―29が、計約一六〇〇トンもの焼夷《しょうい》弾を投下し、浅草、本所、城東、下谷などの住宅密集地に地獄絵図を描き広げた。翌朝、生き残った者が目にしたのは、一面の焼け野原と、道路や河川に折り重なった黒こげの焼死体――。被害は死者十万人超、被災家屋二十六万棟超、罹災《りさい》者百万人超に達した。[101]

奇しくもこの日、皇室に新たな命が誕生する。盛厚王に嫁いだ昭和天皇の長女、成子内親王が空襲下の麻布・鳥居坂御殿の防空壕で、男子を出産したのだ。

だが、昭和天皇に初孫を喜ぶ余裕はなかった。帝都の被害に愕然とし、その日のうちに被災地を見て回りたいと、侍従らに話したという。[102]

十八日、昭和天皇は車と徒歩で、深川、本所、浅草、下谷、本郷、神田を巡視した。

《御視察の間、沿道の片付けをする軍隊、焼け崩れた工場や家屋の整理に当たる罹災《りさい》民に御眼を留められ、しばしば自動車を徐行せしめられる。（中略）途中、車中において侍従長藤田尚徳に対し、焦土と化した東京を嘆かれ、関東大震災後の巡視の際よりも今回の方が遥《はる》かに無残であり、一段と胸が痛む旨の御感想を述べられる(103)》

B—29による本土空襲が本格化したのは、サイパン陥落後の十九年十一月下旬以降である。当初は軍需工場などを狙う精密爆撃だったが、東京大空襲を機に、都市部に焼夷弾の雨を降らす無差別爆撃に切り替わる。明白な国際法違反にもかかわらず、無条件降伏要求に固執する米軍は躊躇しなかった。日本家屋を効果的に焼き払うため、ユタ州の試爆場に木造二階建ての長屋十二棟をつくり、家具や畳まで備え付けて焼夷弾の実証試験を行うほど念を入れた(104)。終戦までに出撃したB—29は延べ約三万三千機、投下した爆弾は計約一四万七〇〇〇トン、死傷者は八十万人超に達する。その大半が、幼児を含む非戦闘員だ(105)。

五月二十五、二十六日の空襲では、皇居も炎上した。

二十六日未明《警視庁方面からの飛び火により正殿にも出火あり。（中略）皇宮警察部・警視庁特別消防隊・近衛師団の主力が消火に尽力するも、五時頃、宮殿はわずかに御静養室を残して灰燼《かいじん》に帰す(106)》

日に日に増大する空襲被害に、昭和天皇は「たいへんおやせになった。（中略）われわれは、おなぐさめするすべも言葉も知らなかった」と、侍従次長の甘露寺《かんろじ》受長《おさなが》が書いている(107)。

絶体絶命の日本——。だが、ここで戦地の将兵が祖国を救う。名もなき日本兵の驚異的な粘りが、米軍の意識を徐々に変えていくのだ。

硫黄島の死闘

日本本土への無差別爆撃を本格化させた米軍にとって、何としても手に入れたい戦略拠点があった。サイパンと東京の中間にある、硫黄島である。

超空の要塞と呼ばれたB—29も、完全無欠ではない。護衛機なしでは日本機に迎撃される危険があり、損傷や故障でサイパン周辺の飛行場に戻れない恐れもあった。B—29の中継基地となり、護衛機の発着基地ともなる、硫黄島の確保が不可欠だったのだ。

本土空襲の指揮をとる米第二一爆撃集団司令官、カーチス・ルメイが言う。

「硫黄島がなければ、日本を効果的に爆撃することはできない(108)」

米海兵隊三個師団、総兵力十一万人が硫黄島への上陸を開始したのは、昭和二十年二月十九日である。事前に猛烈な空爆と艦砲射撃を行い、日本軍はほぼ全滅したかにみえた。だが、栗林忠道率いる小笠原兵団二万人余は、堅固な地下陣地を構築し、健在だった。

栗林は従来の水際作戦を放棄し、敵を内陸部に誘い込む戦術をとっていた。すんなり上陸した米海兵隊は、前進しはじめたところで日本軍の集中砲火を浴び、大打撃を受ける。上陸一日目の米軍の損害は戦死五百四十八人、負傷千七百五十五人、行方不明十八人……[109]。浜辺は将兵の鮮血で染まった。

以後、圧倒的火力と兵力の米軍を相手に、寡兵の日本軍は奮闘し、一カ月以上にわたり戦い続ける。日本軍は九割以上の一万九千人が戦死、一千人が負傷して捕虜となったが、米軍も六千八百人が戦死、二万二千人が負傷し、勝者の損害が敗者を上回るという、異例の展開となった[110]。

驚異的な粘りをみせる日本兵は、硫黄島が奪われれば本土が危ないと知っていた。彼らは、愛する者のために戦った。死を覚悟していた栗林は、当時十歳だった次女のたか子に、こんな手紙を送っている。

「たこちゃん元気ですか？　お父さんが出発の時、お母さんと二人で御門に立って見送って呉《く》れた姿がはっきり見える気がします」「たこちゃん、お父さんはたこちゃんが早く大きくなって、お母さんの力になれる人になる事許りを思っています。からだを丈夫にし、勉強もし、お母さんの言付をよく守り、お父さんに安心させる様にして下さい。戦地のお父さんより[111]」

三月二十六日、栗林は生き残りの四百人とともに最後の夜襲を敢行、壮絶な戦死を遂げた。

一方、硫黄島を攻略した米軍は勝利よりも損害の大きさに驚き、戦略の見直しを迫られるようになる。その頃、空と海の戦いでも、日本兵の決死の反撃が米軍の度肝を抜いていた。

特攻隊

先の大戦の終盤、米軍を最も悩ませたのは神風特別攻撃隊と陸軍特別攻撃隊だろう。カミカゼの名は、今も特別な響きをもって、世界中に知れ渡っている。

大戦初期、日本軍機は米軍機に対し、圧倒的に優勢だった。しかしガダルカナルの消耗戦でベテラン搭乗員の大半が戦死し、急速に劣勢となる。昭和十九年六月のマリアナ沖海戦では、米艦隊を長距離攻撃した日本軍機が次々に撃墜され、米軍から「マリアナの七面鳥撃ち」と揶揄《やゆ》されたほどだった。

この状況を変えたのが、特攻隊だ。十九年十月のレイテ沖海戦以降、終戦までに出撃、散華した特攻隊は約二千六百機。うち四百二十機以上が米軍艦船に命中もしくは至近命中し、大損害を与えた。(112)

米太平洋艦隊司令長官、ニミッツが言う。

「カミカゼ特攻隊はわれわれにとって最大の悩みのタネとなった。われわれは水兵たちの間にパニックが起こらぬよう、あらゆる手段を講じなくてはならなかった」(113)

いわゆる「一撃講和」は、軍上層部の作戦ミスなどで失敗したが、それと同じ効果を、現場の将兵がもたらしつつあったのだ。

昭和天皇は特攻隊にどう向き合ったか――。報告を受けると必ず立ち上がり、敬礼したという。「体当リ機ノコトヲ申上タル所　御上ハ思ハス　最敬礼ヲ遊ハサレ　電気ニ打タレタル如キ感激ヲ覚ユ」と、侍従武官が日記に書く。(114)

特攻隊員が命と引き換えにつかもうとしたのは、祖国の平和と、愛する家族の幸福だ。レイテ沖海戦で散華した神風特攻隊の大和隊第一隊長、植村真久少尉は生後間もない愛児に、こんな手紙を残している。

――素子、素子は私の顔を能《よ》く見て笑いましたよ。私の腕の中で眠りもしたし、またお風呂に入ったこともありました。

素子という名前は私がつけたのです。素直な、心の優しい、思ひやりの深い人になるやうにと思って、お父様が考へたのです。

私はお前が大きくなって、立派な花嫁さんになって、しあわせになったのを見届けたいのですが、若《も》しお前が私を見知らぬまゝ死んでしまっても、決して悲しんではなりません。

お前が大きくなって、父に会ひ度《た》いときは九段へいらっしゃい。そして心に深く念ずれば、必ずお父様のお顔がお前の心の中に浮びますよ。

父は常に素子の身辺を護《まも》っております。優しくて人に可愛《かわい》がられる人になって下さい。お前が大きくなって私のことを考へ始めた時に、この便りを読んで貰《もら》ひなさい――(115)

先の大戦で、二百三十万人もの日本の軍人軍属が戦死した。約六千人の特攻隊員[116]をはじめ、地雷を抱えて敵の戦車に突っ込んだ日本兵は数知れない。しかし、彼らを戦争被害者、あるいは犠牲者と呼んでしまえば、先の大戦は理解できないだろう。

決死の作戦にのぞむ日本兵の「大義」とは何だったのか。学徒兵（國學院大学）の神風特攻隊員、山口輝夫少尉が遺書に書く。

――御父上様

急に特攻隊員を命ぜられ、愈々《いよいよ》本日沖縄の海へ向けて出発致します。命ぜられれば日本人です、ただ成功を期して最後の任務に邁進するばかりです。

生を享《う》けて二十三年、私には私だけの考へ方もありましたが、もうそれは無駄ですから申しません。特に善良な大多数の国民を偽瞞《ママ》した政治家たちだけは、今も心にくい気が致します。併《しか》し私は国体を信じ愛し美しいものと思ふが故に、政治家や統帥の輔弼《ほひつ》者たちの命を奉じます。

実に日本の国体は美しいものです。古典そのものよりも、神代の有無よりも、私はそれを信じて来た祖先達の純心《ママ》そのものゝ歴史のすがたを愛します。美しいと思ひます。国体とは祖先達の一番美しかつたものゝ蓄積です。実在では、我国民の最善至高なるものが皇室だと信じます。

私はその美しく尊いものを、身を以て守ることを光栄としなければなりません――。[117]

むろん、誰もが大義を感じていたわけではあるまい。自らの意思に反し、特攻や肉攻を強いられた日本兵もいるだろう。しかし少なくとも、純真な気持で決死の作戦にのぞんだのではないか。

数え十八歳で陸軍特攻隊となった相花信夫少尉は、育ての母にこんな気持ちを綴っている。

――母上お元気ですか

永い間本当に有難《ありがと》うございました。我六歳の時より育て下されし母。継母とは言え世の此の種の女にある如き不祥事は一度たりとてなく、慈《いつく》しみ育て下されし母。有難い母。尊い母。俺は幸福だった。遂《つい》に最後迄「お母さん」と呼ばざりし俺。幾度か思い切って呼ばんとしたが、何と意志薄弱な俺だったろう。

母上お許し下さい。さぞ淋《さび》しかったでしょう。今こそ大声で呼ばして頂きます。

お母さん　お母さん　お母さんと――。[118]

昭和二十年五月四日、相原少尉は鹿児島の知覧飛行場から出撃し、沖縄の海に散華する。

その沖縄では、陸海軍将兵と県民が一体となった、壮絶な防衛戦が繰り広げられていた。

沖縄戦

先の大戦後、アメリカの雑誌社が選んだ第二次世界大戦の名将十人の中に、二人の日本人が挙げられた。一人は栗林忠道、硫黄島で米海兵隊に甚大な損害を与えた、小笠原兵団長である。もう一人は牛島満、沖縄防衛を託された、第三二軍司令官だ。(119)ただし後者の場合、沖縄県民の献身的な支えなくしては、アメリカを瞠目《どうもく》させることはなかっただろう。

昭和二十年三月下旬、沖縄の海は、大小千三百三十三隻の米軍艦船で埋まった。のちに米陸軍省をして、「ありったけの地獄を一カ所にまとめた」と言わしめた日米最終決戦、沖縄戦の火ぶたが切られたのだ。(120)沖縄の山は、猛烈な空襲と艦砲射撃でみるみる崩れていった。四月一日、いよいよ米軍が沖縄本島に上陸を開始する。補給部隊なども含め五十四万八千人の、日米戦で最大規模の兵力だ。(121)上陸軍はその日のうちに中央の飛行場を制圧した。だが、喜色を浮かべられたのは束の間だった。牛島率いる十一万六千四百人の守備隊が、県民と協力して構築した強固な洞窟陣地にこもり、待ち構えていたからである。

以後、首里に向けて進撃を始めた米軍は、随所で日本軍に阻まれる。激烈凄惨な戦闘で精神に異常をきたす者が続出し、米軍将兵は文字通りの「地獄」をみた。最大の激戦地となった、首里西方の高台（通称シュガー・ローフ）の攻防戦を記録した米陸軍省編纂の戦史に、「地獄」の一端が綴られている。

五月十四日「海兵隊は高台の前面を占領したが、そこからは、猛烈な日本軍の砲火にあって、丘を越えることはもちろん、動きまわることさえもできない。五十名の海兵隊が進撃を試みたが、帰ってきたのはわずか五名であった……」

「日本軍の猛烈な迫撃砲弾、それに斬り込みで、ついにシュガー・ローフの海兵は、五月十五日の未明には将校わずかに一人、それに疲れきった兵十九人だけになってしまった……」

「シュガー・ローフの攻撃は、五月十六日、ふたたび行なわれた。今度はいままでよりも、はるかに兵力を増強した。だが、これも失敗に終わった。（中略）二個連隊が全力を傾けて攻撃して、しかも敗れたのだ……[122]」

死闘に次ぐ死闘――。沖縄県民も戦った。義勇兵らによる防衛隊が組織され、十四歳から十七歳の鉄血勤皇隊も戦闘に参加。女学生のひめゆり学徒隊、白梅学徒隊などが砲弾の雨をかいくぐり、負傷兵の救護に尽くした。

この協力が、前線の将兵を奮い立たせたことは疑いない。海軍沖縄根拠地隊司令官、大田実が六月六日に発した海軍次官あての電報が、沖縄県民の戦いを今に伝えている。

「本職（沖縄）県知事ノ依頼ヲ受ケタルニ非ザレドモ　現状ヲ看過スルニ忍ビズ　之ニ代ツテ緊急御通知申上グ　沖縄島ニ敵攻略ヲ開始以来　陸海軍方面　防衛戦闘ニ専念シ　県民ニ関シテハ殆ド顧ミルニ暇《いとま》ナカリキ　然レドモ本職ノ知レル範囲ニ於テハ　県民ハ青壮年ノ全部ヲ防衛召集ニ捧ゲ　残ル老幼婦女子ノミガ相次グ砲爆撃ニ家屋ト家財ノ全部ヲ焼却セラレ（中略）乏シキ生活ニ甘ンジアリタリ　而モ若キ婦人ハ率先軍ニ身ヲ捧ゲ　看護婦烹炊婦ハモトヨリ　砲弾運ビ　挺身斬込隊スラ申出ルモノアリ……[123]」

沖縄戦の終盤、陸軍（第三二軍）は首里から撤退し、海軍部隊にも南部に後退するよう求めたが、大田は首里に近い小禄陣地を死守するとして動かなかった。やがて米軍に包囲され、自決の一週間前に発したのが右の電報だ。大田は、激戦に巻き込まれた沖縄県民の苦難と献身的協力を報告し、最後をこう結ぶ。

「……一木一草焦土ト化セン　糧食六月一杯ヲ支フルノミナリト謂《い》フ　沖縄県民斯ク戦ヘリ
　県民ニ対シ後世特別ノ御高配ヲ賜ランコトヲ[124]」

　事実、県民に支えられた陸海軍の奮闘は、かつてないほど米軍を苦しめた。米軍は当初、一カ月で沖縄を攻略できると見込んでいたが、三カ月近くたっても激戦は終わらない。この間、特攻隊による攻撃も熾烈を極め、沖縄戦で損傷した米艦船は空母十三隻、戦艦十隻をはじめ三百六十八隻に達した。[125]

　あまりの損害に米太平洋艦隊司令長官のニミッツは焦燥し、上陸軍司令官のバックナーを面罵した。

「このまま戦線が膠着するようなら、別の誰かを司令官にして戦線を進めてもらう。そうすれば海軍はいまいましいカミカゼから解放される[126]」

　そのバックナーも、六月十八日に戦死した。

　翌十九日、ついに日本軍は力尽き、沖縄の組織的戦闘がほぼ終了する。[127]日本軍の戦死は約六万五千人、県民の犠牲は約十万人に達した。一方で米軍も戦死七千六百十三人、戦傷三万千八百七人、戦闘神経症など二万六千二百十一人の損害を被り[128]、無条件降伏要求の見直しを迫られるようになる。

組織的戦闘の終了について、昭和天皇が参謀総長から報告を受けたのは二十日の夕方である。

その夜、昭和天皇は《皇后と共に観瀑亭・丸池付近にお出ましになり、一時間にわたり蛍を御覧になる[129]》。

淡い光を発し、皇居内を飛び交う蛍——。二日後、昭和天皇は重大な決断をする。

鈴木内閣の発足

時計の針を少し戻そう。

米軍が沖縄本島に上陸した昭和二十年四月一日の四日後、昭和天皇は《内閣総理大臣小磯国昭に謁を賜い、全閣僚の辞表の捧呈を受けられる。終わって内大臣木戸幸一をお召しになり、辞表を披露され、後継内閣首班につき御下問になる[130]》。

当時、木炭自動車と揶揄《やゆ》されるほど非力だった小磯内閣は、戦争完遂を声高に求める陸軍からも、ひそかに終戦を模索する近衛文麿ら重臣からも見放されていた。戦争完遂か終戦か、どちらにしても、小磯では国内をまとめきれないと思われたのだ。内閣総辞職にあたり、陸軍は現役将官を首班とする軍人内閣をもくろみ、重臣らは枢密院議長（元侍従長）鈴木貫太郎への大命降下をのぞんでいた。[131]

次期首相が誰になるかで、日本の運命は決まる。四月五日に開かれた重臣会議は激しい議論の応酬となった。

出席したのは近衛、平沼騏一郎、若槻礼次郎、岡田啓介、広田弘毅、東条英機の元首相と、木戸、鈴木——の八人。首相候補を軍人とすべきか、その場合は現役か予備役かでやりとりがあった後、最初に鈴木の名を挙げたのは平沼だ。海軍出身の鈴木は「軍人が政治に出るのは国を亡ぼす基なり。お断りしたい」と拒絶したが、近衛や若槻らも鈴木を推した。[132]

一方、陸軍出身の東条は顔をしかめた。

「国内が戦場とならんとする現在、よほど御注意にならないと、陸軍がそっぽ向く恐れがある。陸軍がそっぽを向けば内閣は崩壊するだろう」

脅しである。だが、重臣らは屈しなかった。

木戸「今日は反軍的な空気も相当に強い。国民がそっぽを向くということもありうる」

岡田「いやしくも大命を拝したるものに対し、そっぽを向くとは何事か。国土防衛は誰の責任か、陸海軍ではないか」[133]

東条は孤立し、口をつぐむしかなかった。

その日の夜、昭和天皇は《内大臣木戸幸一に謁を賜い、（中略）協議の結果、男爵鈴木貫太郎に組閣を命じられたき旨の奉答を受けられる》[134]。

かつて侍従長を務めた鈴木に対する昭和天皇の信頼は厚い。重臣会議の推薦を喜び、鈴木ならばと思ったことだろう。問題は、鈴木が引き受けそうになかったことだ。

果たして鈴木は、昭和天皇に拝謁した際、首相就任を固辞した。

「鈴木は一介の武臣、従来政界に何の交渉もなく、また何等《なんら》の政見も持っておりません。鈴木は軍人は政治に干与せざることの明治天皇の聖諭をそのまま奉じて、今日までのモットーとして来て参りました。聖旨に背き奉ることの畏《おそ》れ多きは深く自覚致しますが、何卒この一事は拝辞の御許しを願い奉ります」

昭和天皇は言う。

「鈴木がそういうであろうことは、私も想像しておった。鈴木の心境もよく分かる。然《しか》し、この国家危急の重大時機に際して、もう他に人はない。頼むからどうか枉《ま》げて承知して貰いたい」[135]

鈴木、このとき七十七歳。昭和天皇に「頼む」と言われて首を横に振るわけにはいかない。当時の心境を、のちにこう述懐している。

「陛下の思召はいかなるところにあったであろうか。それはただ一言にしていえば、すみやかに大局の決した戦争を終結して、国民大衆に無用の苦しみを与えることなく、また彼我共にこれ以上の犠牲を出すことなきよう、和の機会を摑むべし、との思召と拝された」[136]

昭和天皇の「思召」を知る鈴木だが、当時はまだ、降伏を意味する「終戦」を口にできる状況ではなかった。鈴木自身、「深く内に秘めてだれにも語り得べくもなく、余の最も苦悩せるところであった」と振り返る。[137]

陸軍はなおも強気だ。組閣にあたり、三つの条件を求めてきた。

一、あくまで戦争を完遂すること
二、陸海軍を一体化すること
三、本土決戦必勝のための陸軍の企図する諸政策を具体的に躊躇なく実行すること[138]

陸軍にそっぽを向かれては終戦工作どころではない。鈴木は三条件とも了承した。表向きは「戦争完遂」を唱えながら、「和の機会」がくるのを辛抱強く待ったのである。

一カ月後、欧州戦線が終結する。ドイツ国内は米英ソ軍に蹂躙され、市民は陵辱され、四月三十日にヒトラーが自殺、五月七日に無条件降伏した。

さらに一カ月後、六月八日の御前会議で「今後採ルベキ戦争指導ノ基本大綱」が確定する。「飽《あ》ク迄戦争ヲ完遂シ　以テ国体ヲ護持シ　皇土ヲ保衛シ　征戦目的ノ達成ヲ期ス」として、本土決戦態勢を強化する内容だ。[139]内閣発足から二カ月、鈴木はまだ、「和の機会」をつかめないでいた。

転機がおとずれたのは、六月二十二日である。昭和天皇が首相、外相、陸海両相、両総長を宮中に呼び、懇談会を開いたのだ。『昭和天皇実録』が書く。

《天皇より、戦争の指導については去る八日の会議において決定したが、戦争の終結についても速やかに具体的研究を遂げ、その実現に努力することを望む旨を仰せになり、各員の意見を御下問になる(140)》

その二日前、沖縄で組織的戦闘が終結したとの報告を受けた昭和天皇は、これ以上の犠牲を避けるため、自ら「和の機会」をつくろうとしたのである。懇談会後、官邸に戻った鈴木は内閣書記官長の迫水久常に、こう漏らした。

「今日は陛下から、われわれが言いたいけれどもいうことを憚《はば》かるようなことを率直に御示しがあって、洵に恐懼に堪えない(141)」

ようやく到来した「和の機会」。だが鈴木は、交渉相手を間違えてしまう……。

ヤルタ秘密協定

沖縄戦後、昭和二十年六月二十二日に昭和天皇から終戦の具体的研究を求められたことを受け、鈴木貫太郎内閣が取り組んだのは対ソ交渉である。

中立関係にあるソ連を通じての現状打開策は、前内閣の頃から検討されていた。しかし、鈴木が組閣の大命を受けた四月五日、ソ連は一年後に迫った日ソ中立条約の有効期限を延長しないと通告。日本と敵対する姿勢を強めていた。それでも対ソ交渉に頼ろうとしたのは、米英の無条件降伏要求により、直接交渉の道が閉ざされていたからだろう。[142]

だが、ソ連に日本の運命を託すのは、当たりのないくじを引くより、なお悪い結果を招くことになる。

四カ月ほど前の一九四五（昭和二十）年二月、クリミア半島南端のヤルタに、ルーズベルト、チャーチル、スターリンの米英ソ首脳が集まった。表向きはドイツ降伏後の処置について協議するためだが、対日問題でも以下の密約が交わされる。

──（ドイツ降伏後）二ヶ月又ハ三ヶ月ヲ経テ「ソヴィエト」連邦カ左ノ条件ニ依リ連合国ニ与シテ日本ニ対スル戦争ニ参加スヘキコトヲ協定セリ

樺太ノ南部及之ニ隣接スル一切ノ島嶼《とうしょ》ハ「ソヴィエト」連邦ニ返還セラルヘシ

「ソヴィエト」社会主義共和国連邦ノ海軍基地トシテノ旅順口ノ租借権ハ回復セラルヘシ

千島列島ハ「ソヴィエト」連邦ニ引渡サルヘシ……[143]

戦後に禍根を残した、ヤルタ秘密協定である。鈴木内閣が対ソ交渉に本腰を入れたとき、ソ連はすでに、中立条約を破って日本に攻め込み、千島と南樺太を奪い取る準備を進めていたのだ。

日本側は不覚にも、この秘密協定を全く察知できなかった。[144] 外務当局の情報収集力の欠如、そして分析力の甘さが、昭和天皇の判断をも狂わせてしまう。

七月七日《(昭和天皇は)内閣総理大臣鈴木貫太郎をお召しになり、対ソ交渉のその後の進捗状況につき御下問になる。またその際、時期を失することなく、ソ聯邦に対して率直に和平の仲介を依頼し、特使に親書を携帯させて派遣しては如何と御提案になる(145)》

日を追うごとに空襲が激化し、食糧難も深刻化する中、昭和天皇は、わらにもすがりたい思いだったのだろう。内大臣の木戸幸一に意見を求め、その進言により、政府に対ソ交渉の督促と特使の派遣を提案したのである(146)。

特使の派遣は、鈴木も考えていたところだ。とはいえ、よほどの人物でないとソ連が相手にすまい。鈴木は、ある大物に白羽の矢を立てた。三次にわたり首相を務めた華族筆頭の重臣、近衛文麿である。世界的に名の知られた近衛なら、スターリンが相手でも不足はあるまい。

ソ連に終戦の仲介を求める特使は、至難かつ危険な役回りだ。成功するとしても過大な要求をのまされ、帰国後に暗殺される恐れもあった。鈴木は、近衛の名誉のためにも、自分が直接依頼するのではなく、昭和天皇から声をかけてもらいたいと考えた(147)。

七月十二日、近衛が重臣会議に出席した時のこと。鈴木が入室し、大声で言った。

「近衛公に宮中からお召です」

突然のことで国民服のまま参内した近衛だが、昭和天皇の、すっかりやつれた様子にはっと息をのんだ。

昭和天皇は、こう語りかけた。

「ソ連に使して貰うことになるかも知れないから、そのつもりに頼む」

当時、近衛はソ連と共産党に強烈な不信感を抱いていた。最も憂慮すべきは敗戦よりも「共産革命ナリ」と上奏したことはすでに書いた通りだ。しかし、近衛は昭和天皇の苦衷を思い、凛《りん》として奉答する。

「三国同盟の際、陛下から苦楽を共にせよとの御言葉を頂きましたが、陛下の御命令とあらば、身命を賭して参ります」[148]

特使は近衛と決まった。その日の夜、外務省は駐ソ大使の佐藤尚武に緊急電報を発信。外相のモロトフに至急面会して特使の受け入れを要請するとともに、以下の聖旨を極秘で伝えるよう訓令した。

「天皇陛下ニ於カセラレテハ　今次戦争カ交戦各国ヲ通シ　国民ノ惨禍ト犠牲ヲ日々増大セシメツツアルヲ御心痛アラセラレ　戦争カ速カニ終結セラレムコトヲ念願セラレ居ル次第ナルカ　大東亜戦争ニ於テ米英カ無条件降伏ヲ固執スル限リ　帝国ハ祖国ノ名誉ト生存ノ為一切ヲ挙ケ戦ヒ抜ク外無ク　之カ為彼我交戦国民ノ流血ヲ大ナラシムルハ誠ニ不本意ニシテ人類ノ幸福ノ為成ル可ク速カニ平和ノ克服セラレムコトヲ希望セラル」[149]

だが、ソ連はこの聖旨を握りつぶす。「近衛特使の使命が明瞭でない」として、受け入れるとも、受け入れないとも明らかにしなかった。(150) 対日参戦の準備が整うまで、時間稼ぎをしていたのである。

追い詰められた日本――。

一方、アメリカではある大物の死をきっかけに、日本に有利な風も吹きはじめていた。

ルーズベルトの死

鈴木貫太郎内閣が発足した昭和二十（一九四五）年四月、海外では、戦争指導者が相次いで姿を消し、国際情勢は激しく揺れ動いた。

三十日に独・ヒトラーが自殺したことはすでに書いた。その三日前、二十七日には伊・ムソリーニがパルチザンに捕らえられ、翌日処刑されている。より衝撃的だったのは十二日、米・ルーズベルトが急死したことだ。

その日、ルーズベルトはジョージア州ウォームスプリングスの私邸で、肖像画を描きたいという女性画家の求めに応じ、ポーズをとっているところだった。欧州戦線でも太平洋戦線でも、勝利はほぼ間違いない。ルーズベルトの表情は、穏やかだったことだろう。それが突然、苦痛に歪《ゆが》んだ。

午後一時十五分、頭を抱えて前のめりに倒れたルーズベルトは、三時三十五分に息を引き

取る。死因は脳出血。六十三歳だった。(151)

ルーズベルトの死は、日本の運命を変える。同年二月の硫黄島戦以降、米軍は勝利しつつも予想外の損害を重ねており、ルーズベルトが固執する無条件降伏要求に疑問を持ちはじめていたからだ。(152)

沖縄戦後、連合軍司令官のマッカーサーが九州上陸作戦で予想される米軍死傷者数を算定したところ、上陸後三十日までに五万八百人、六十日までにプラス二万七千百五十人、九十日までにプラス二万七千百人という数字が出た。本土作戦を合わせると、最終的な損害が五十万人から百万人に達するとの分析もある。(153)

ルーズベルトの後任、トルーマンは驚愕した。すでに大勢が決した戦争に、これほどの犠牲は割に合わない。加えてトルーマンは、ルーズベルトほどにはソ連を信用していなかった。このまま無条件降伏要求にこだわり、戦争が長引けば、ソ連を利するだけだろう。

六月十八日、トルーマンはホワイトハウスに陸海軍首脳を集め、戦略会議を開いた。軍首脳の意見は日本本土への上陸作戦決行で一致するが、会議の終了間際、無条件降伏要求の修正が持ち出される。

陸軍次官補のマックロイが言った。

「(戦争の早期終結には)日本が国家として生存することを許し、また立憲君主制という条件付きでミカドの保持を認めてやるということです」

トルーマンが相づちを打つ。

「それはまさに私が考えていたことだ」[154]

以後、陸軍長官スチムソン、海軍長官フォレスタル、国務次官グルーが中心となり、日本への降伏勧告案が検討される。ルーズベルトの死と日本軍将兵の壮絶な戦いが、無条件降伏の壁を崩したのだ。

日本への勧告案は紆余《うよ》曲折の末、七月二十六日に発表された「ポツダム宣言」として結実する。

ポツダム宣言

――（米英中三国首脳は）吾等《われら》ノ数億ノ国民ヲ代表シ　協議ノ上　日本国ニ対シ　今次ノ戦争ヲ終結スルノ機会ヲ与フルコトニ意見一致セリ

日本帝国ヲ滅亡ノ淵ニ陥レタル我儘《わがまま》ナル軍国主義的助言者ニ依リ　日本国カ引続キ統御セラルヘキカ　又ハ理性ノ経路ヲ日本国カ履ムヘキカヲ　日本国カ決定スヘキ時期ハ到来セリ

――[155]

一九四五（昭和二十）年七月二十六日、降伏したドイツ北東部の都市ポツダムで発表された米英支三国共同宣言、すなわち「ポツダム宣言」である。

――吾等ノ条件ハ左ノ如シ

日本国ノ主権ハ本州、北海道、九州及四国　並ニ吾等ノ決定スル諸小島ニ局限セラルヘシ

日本国軍隊ハ　完全ニ武装ヲ解除セラレタル後　各自ノ家庭ニ復帰シ　平和的且生産的ノ生活ヲ営ムノ機会ヲ得シメラルヘシ

吾等ノ俘虜ヲ虐待セル者ヲ含ム一切ノ戦争犯罪人ニ対シテハ　厳重ナル処罰ヲ加ヘラルヘシ

吾等ハ日本国政府カ直ニ全日本国軍隊ノ無条件降伏ヲ宣言シ（中略）適当且充分ナル保障ヲ提供センコトヲ同政府ニ対シ要求ス――[156]

ポツダム宣言を主導したのは、米大統領トルーマンだ。七月十八日に原爆実験が成功したとの報告を受けたトルーマンは、ソ連が参戦しなくても勝利できると確信し、ソ連の影響力が増大する前に、日本に降伏勧告しようと決意したのである。

陸軍長官スチムソンらが策定した宣言の原案には「現皇統による立憲君主制を排除しない」との文言も入っていたが、対日強硬派のバーンズ（国務長官）らの巻き返しで直前に削除された。ただし米国務省でも、日本が皇室制度の存続に固執する場合は口頭で保証する方針だったとされる。[157]

重要なのは、ポツダム宣言が「条件」を明記している点だ。「無条件降伏」の文言はあるが、それは国家に対してではなく、軍隊に対して求めている。日本民族が綿々と受け継ぎ、日本軍将兵が命にかえて守ろうとした国体は、明文化こそされなかったものの、保持されると読み取れるだろう。[158]

翌二十七日早朝に開かれた外務省の定例幹部会。次官の松本俊一は言った。

「之を受諾することに依つて戦争を終結させる以外にない」[159]

反論はなく、同省幹部は原則受諾の方針で一致する。外相の東郷茂徳が直ちに参内し、ポツダム宣言の内容について昭和天皇に報告した。

もっとも、直ちに調整に乗り出したわけではなかった。対ソ交渉による終戦工作を、捨てていなかったからだ。[160]

一方、日本国軍隊の無条件降伏を求めたポツダム宣言に対し、陸海軍は反発した。政府は当初、何ら意思表示をしない方針だったが、軍部の突き上げを受けた首相の鈴木貫太郎は七月二十八日、定例会見で記者の質問に答え、こんなコメントをしてしまう。

「(ポツダム宣言に)重大なる価値ありとは考へない、ただ黙殺あるばかりで戦争完遂に対する既定方針に何ら変更はない」[161]

この土壇場で、受諾拒否ともいえる意思表示は重大な結果を招きかねない。外相の東郷は鈴木に抗議したが、後の祭りだった。対ソ交渉を優先するあまり、ポツダム宣言への対応について政府内で意思統一が図られていなかったことが、そもそも問題だろう。

果たしてアメリカは、日本が拒絶したとみて非情な措置に出る。八月六日、人類史上初の原爆を広島に投下したのだ。[162]

そして三日後、ソ連は日本の対ソ交渉をあざ笑うかのように、突如満洲に侵攻した。場面は、本書上巻の序章「かくて『聖断』は下された」の冒頭に戻る。寝耳に水のソ連侵攻に政府も軍部も狼狽し、大混乱に陥ったが、昭和天皇が立憲君主としての調整力を発揮し、「聖断」によってポツダム宣言を受諾した。

昭和二十年八月十五日――。日本は、戦争に負けた。

大戦は何をもたらしたか

第二次世界大戦の被害は、軍人の戦死者が総計二千万人以上、民間の犠牲者が四千万人以上に上ると推計される。[163]このうち日本は軍人軍属二百三十万人、民間八十万人が死亡した。[164]昭和天皇の「聖断」がなければ、犠牲がさらに拡大したことは疑いない。

ただ、少なくとも戦争終盤において、名もなき日本兵の、命にかえての奮戦は、決して無駄ではなかった。無条件降伏要求の壁を崩し、条件明記のポツダム宣言をもたらしたからだ。

むしろ問題は、ポツダム宣言を無条件降伏と思い込む戦後の風潮だが、それは次章に詳述する。

忘れてはならないことがもう一つある。太平洋の死闘は、戦場となった地域に破滅をもたらしただけではなかった。

インドネシアには、十二世紀前半に東ジャワ・クディリ王国のジョヨボヨ王が言ったとされる、こんな「予言」が古くから伝えられている。

「我が王国は、どこからか現れる白い人びとに何百年も支配されるだろう。彼らは魔法の杖《つえ》を持ち、離れた距離から人を殺すことができる。しかしやがて、北の方から黄色い人びとが攻めてきて、白い人びとを追い出してくれる。黄色い人びとは我が王国を支配するが、それは短い期間で、トウモロコシの花の咲く前に去っていく……[165]」

現在、東南アジア諸国連合の加盟国は十カ国に上る。だが、戦前の独立国はタイ一国で、残りは自決権のない植民地だった。結果論とはいえ、日本軍が東南アジアから欧米勢力を駆逐したことが、その後の独立に及ぼした影響は決して小さくないだろう。

資源のない日本は、石油などの禁輸を直接のきっかけとし、自存自衛のため開戦に踏み切った。その際、大義として掲げたのはアジア諸民族の〝解放〟による共存共栄体制、大東亜共栄圏である。

もっとも、その実態は理想を踏み外し、占領地で日本の価値観を押しつけるなどしたため、かえって反感を買ったことは事実だ。[166] しかし昭和天皇は、当初から各地の民族性を重んじていた。昭和十七年十一月に大東亜省が新設された際にも、こう言って釘を刺している。

「各民族の特性を尊重し決して搾取とならざる様せよ」[167]

戦時中の十八年十一月五日、独立したビルマ、フィリピン、タイ、中国（汪兆銘政権）、満洲、自由インド仮政府の代表が東京で大東亜会議を開催した。翌日に採択された「大東亜共同宣言」がうたう。

一、大東亜各国ハ相互ニ自主独立ヲ尊重シ互助敦睦ノ実ヲ挙ゲ大東亜ノ親和ヲ確立ス

一、大東亜各国ハ万邦トノ交誼ヲ篤ウシ人種的差別ヲ撤廃シ普ク文化ヲ交流シ進ンデ資源ヲ開放シ以テ世界ノ進運ニ貢献ス[168]

いずれも実態は日本の傀儡《かいらい》国家であり、各国の民意を反映していないとする批判もあるが、当時、日本国民の多くはこの大義を信じ、この大義に殉じた。

「白い人びと」の植民地支配に抑圧されていたインドネシアに、「黄色い人びと」が攻めてきて「白い人びとを追い出し」たのは昭和十七年の春だ。ジョヨボヨ王の予言通り、黄色い人びとの支配は短期間で終わり、大戦に敗れて去っていった。だが、自主的に残り、インドネシア独立戦争に身を投じた元日本兵が多数いたことを、忘れてはならないだろう。[169]

註

（1）真珠湾攻撃の様子は、『戦史叢書 ハワイ作戦』、淵田美津雄『真珠湾攻撃総隊長の回想』、A・J・バーカー『パールハーバー』、カール・スミス『パールハーバー1941』、『山本五十六・その昭和史』より。攻撃時、オアフ島の上空は晴れており、攻撃隊は雲のある島の西側を飛行して真珠湾に接近、奇襲を成功させた。日本側の損害は海軍機二十九機、特殊潜航艇五隻だった
（2）『実録』二九巻一三八頁から引用
（3）『現代史資料（三四）』八〇六頁から引用
（4）、（6）『日本外交史（二三）』より。ルーズベルトは一九四〇年秋の大統領選で、「自国の青少年を外国の戦争には送らない」と公約していた
（5）「日本の対米開戦」から引用
（7）『昭和外交史』より。アメリカ側は日本の最後通告を七日午前十時までに全文解読し、それを読んだルーズベルトは、「これは戦争ということだ」と語った
（8）W・S・チャーチル『第二次世界大戦』三巻三五～三六頁から引用
（9）ラッセル・グレンフェル『主力艦隊シンガポールへ』より。作戦行動中の戦艦を航空機が撃沈したのは史上初めてで、世界に衝撃を与えた。英国諜報部は日本軍機の実力をイタリア空軍と同水準（英軍の六〇％）と過小評価しており、それが勝敗を分ける要因の一つとなった
（10）『第二次世界大戦』三巻四〇頁から引用
（11）『実録』二九巻一三八頁から引用
（12）『実録』二九巻一四〇頁から引用
（13）勝岡寛次『昭和天皇の祈りと大東亜戦争』四八～四九頁から引用
（14）半藤一利編著『十二月八日と八月十五日』七三頁から引用
（15）『実録』三〇巻一七頁から引用。原文はスペースなし
（16）、（18）陸戦史研究普及会編『陸戦史集（二）マレー作戦』より。兵力数はいずれも概数
（17）マレー進攻戦およびシンガポール攻略戦の経緯は『陸戦史集（二）マレー作戦』、『戦史叢書 マレー進攻作戦』、大畑篤四郎『近代の戦争』六巻より
（19）チャーチル『第二次世界大戦』三巻六二頁から引用
（20）『戦史叢書 マレー進攻作戦』より。南方作戦

に備えて海軍は一年以上も前から出師準備を発動していた

(21)『実録』三〇巻三三、三四頁から引用

(22)『近代の戦争』六巻より

(23)『実録』三〇巻四〇、四二、四六頁から引用。艦隊決戦となったスラバヤ沖海戦で日本海軍は、米英蘭豪の連合軍艦隊（ＡＢＤＡ艦隊）と戦い、巡洋艦など八隻を撃沈、続くバタビヤ沖海戦で二隻を撃沈し、ＡＢＤＡ艦隊を撃滅した。日本側の損害は少なく、圧勝だった

(24)『木戸幸一日記』下巻九四九頁から引用

(25)『実録』三〇巻三七、五七頁から引用

(26)『実録』三〇巻八五頁から引用

(27)時実雅信「伊号潜水艦、米本土を攻撃せよ」（『歴史群像アーカイブ（九）帝国海軍 太平洋作戦史（一）』所収）より

(28)産経新聞取材班『ルーズベルト秘録』下巻より

(29)空襲の経緯や様子は柴田武彦ほか『日米全調査 ドーリットル空襲秘録』より。日本軍は空襲の五時間前、太平洋上の監視艇から米空母発見の警報を受けていたが、中型爆撃機を艦載しているとは思わず、空襲があるとしても翌朝になると判断していた。Ｂ—25は横浜、横須賀、名古屋、大阪、神戸なども空襲し、民間人ら死者八十人以上、全損家屋百十棟以上の被害が出た

(30)『実録』三〇巻七〇頁から引用

(31)藤田尚徳『侍従長の回想』一四頁から引用

(32)『戦史叢書 ミッドウェー海戦』、生出寿『凡将山本五十六』より。山本五十六が辞職をほのめかしたのは、渡辺安次の芝居だったとする見方もある

(33)森史朗『ミッドウェー海戦（一）』より。艦船数などは諸説ある

(34)千早正隆『日本海軍の驕り症候群』三一一頁から引用。山本をはじめ連合艦隊上層部の大半が、大規模な戦闘にはならない（あまり面白いことはない）と慢心し、機密保持も粗雑だったとされる

(35)『戦史叢書 ミッドウェー海戦』二九一頁から引用

(36)海戦の様子は同書、渡辺剛「ミッドウェー海戦と艦隊防空」（航空自衛隊幹部学校幹部会『鵬友』平成二十一年五月号所収）、森史朗『ミッドウェー海戦（二）』より。南雲一航艦司令長官が命じた兵装転換の是非をめぐっては諸説あり、米軍の資料から山口二航戦司令官の

「現装備ノママ攻撃隊直チニ発進」の進言は不可能だったとする見方もあるが、日本側の資料によれば、攻撃機を順次発進させることは可能だったとする説が有力である

(37) 宇垣纒『戦藻録』、生出寿『烈将 山口多聞』より。山口の発言には諸説ある。両軍の損害は日本側が空母四隻、重巡洋艦一隻沈没、艦載機二百八十五機喪失。米側は空母一隻、駆逐艦一隻沈没、航空機百四十七機喪失だった

(38) オーストラリア北東沖の珊瑚海で行われた海戦。日米ともに空母一隻ずつが沈没し、多くの戦訓を残したが、日本側はそれに学ばなかったとされる

(39) 田中宏巳『山本五十六』より

(40)『実録』三〇巻一〇五頁から引用

(41)『木戸幸一日記』下巻九六七頁から引用

(42)『実録』三〇巻一一九頁から引用

(43)、(44) ガダルカナルの戦いについては、『戦史叢書 南太平洋陸軍作戦 (一)』、グレイム・ケント『ガダルカナル』、関口高史「島嶼部の戦いにおける成功要因と教訓」(陸戦学会『陸戦研究』平成二十四年九月号所収) より。海軍は第一次ソロモン海戦で重巡洋艦四隻を撃沈して圧勝、南太平洋海戦で空母一隻を撃沈するなど善戦したが、大規模な海戦ではこれが最後の勝利となった

(45)『木戸幸一日記』下巻一〇〇〇頁から引用

(46)『実録』三〇巻二一五~二一六頁から引用

(47)『昭和天皇の祈りと大東亜戦争』五一頁から引用。御告文の「事向け (る)」は古語で、自発的に服するよう説得するという意味。昭和天皇は戦後、伊勢神宮の親拝について側近らに「勝利を祈るよりも寧ろ速かに平和の日が来る様にお祈りした」と語っている (『昭和天皇独白録』より)

(48) 土門周平『戦う天皇』六七頁から引用。原文は改行あり

(49) 田中宏巳『山本五十六』より

(50) 同書、『戦う天皇』より

(51) リデル・ハート『第二次世界大戦』上・下巻、ジェフレー・ジュークス『スターリングラード』より。スターリングラードの戦いにおける枢軸国軍 (ドイツ、ルーマニア、イタリア各軍など) の損害は戦死傷・行方不明など百五十万人、破壊された戦車・突撃砲三千五百両、航空機三千機に上る。ソ連側の被害も甚大で、同市の人口は開戦前の六十万人から一万人以下に激減した

(52)『第二次世界大戦』下巻より
(53)『実録』三一巻五一～五二頁から引用
(54)『昭和史全記録』より
(55)『実録』三二巻一〇六頁から引用
(56)『侍従長の回想』一〇頁から引用。宮中の食生活が急激に悪化するのは戦争終盤で、「十七貫もあられた陛下の体重が、十五貫を割ってしまった。（中略）激務と御心労、それに食事の粗末さからくるもので、大膳職の苦心にもかかわらず陛下の食膳は日ましに乏しくなっていった」という
(57)『人間 昭和天皇』上巻より
(58)『実録』三一巻一七七頁から引用
(59)『入江相政日記』一巻三五一～三五二頁から引用
(60)『実録』三一巻一五一頁から引用
(61)、(62) 吉田一彦『無条件降伏は戦争をどう変えたか』一八、一九頁から引用
(63)、(64) 同書より。無条件降伏を勝ち取るためとして、戦争犯罪である都市の無差別爆撃なども許容されることとなった
(65) 外務省編『日本外交年表並主要文書』下巻五九四～五九五頁から引用（傍点は筆者）。カイロ宣言ではこのほか、満洲・台湾・澎湖諸島の中国への「返還」、朝鮮半島の「自由且独立」を盛り込んだ
(66)『実録』三一巻より
(67)『陸戦史集（一七）インパール作戦（下）』、『戦う天皇』より
(68)『戦史叢書 中部太平洋陸軍作戦（一）』、太平洋戦争研究会「主要作戦失敗の軌跡」（『別冊中央公論』平成二十四年一月号所収）より。サイパン島には米軍上陸時、約二万人の在留邦人がいたが、生存できたのは約一万人で、大半は崖から飛び降りるなどして自決した
(69)『実録』三二巻四二～四三頁から引用
(70)『木戸幸一日記』下巻より
(71) 新名丈夫「『竹槍事件』の抵抗と二五〇人の死」（『潮』昭和四十六年十月号所収）より。海軍担当記者の新名はその後、海軍の配慮で報道班員となり激戦には巻き込まれなかった
(72) 福島新吾「第四〇代 東条内閣」（『日本内閣史録』四巻所収）より
(73)『実録』三二巻九六頁から引用。昭和天皇は東条を信頼しており、後に「東条は一生懸命仕事をやるし、平素云つてゐることも思慮周密で中々良い処があつた。（中略、サイパンなどで）非戦闘員の玉砕には極力反対してゐたが、世間

では東条が玉砕させた様に、至つてゐる」と語っている（『昭和天皇独白録』一〇四頁から引用）
(74)「第四〇代 東条内閣」から引用
(75) 福田和也『悪と徳と』二四三頁から引用
(76)『実録』三二巻一七五頁から引用
(77)『昭和天皇独白録』一一八頁から引用
(78)、(79)『戦史叢書 捷号陸軍作戦（一）』より。捷号作戦には第一号のフィリピン方面のほか、第二号の台湾・九州南部方面、第三号の本土方面（北海道を除く）、第四号の北東方面（北海道など）――があり、いわゆる「一撃講和」の決戦構想だった
(80) 左近允尚敏『捷号作戦はなぜ失敗したのか』より
(81)『戦史叢書 捷号陸軍作戦（二）』二五五頁から引用（句読点は筆者）
(82)『実録』三三巻一七二〜一七三頁から引用
(83) 山田朗「昭和天皇と軍事情報 大本営による戦況把握と戦況上奏」（駿台史学会発行『駿台史学』一二七号所収）より
(84)『戦う天皇』より
(85) レイテ沖海戦に投入された駆逐艦以上の両軍戦力は日本側六十六隻、米軍側一六七隻以上で、世界の海戦史上、最大規模となった
(86)『捷号作戦はなぜ失敗したのか』、読売新聞社編『昭和史の天皇（一二）』より。ニミッツの電報にハルゼーは憤慨したが、後半の「全世界は知らんと欲す」は暗号解読を避けるために付け足された文言で、ニミッツの指示ではなかった
(87)『捷号作戦はなぜ失敗したのか』、「主要作戦失敗の軌跡」より
(88)『捷号作戦はなぜ失敗したのか』より。栗田艦隊が突入しても、米軍に与える損害は少なく、逆に全滅させられたとする見方もある
(89)「昭和天皇と軍事情報 大本営による戦況把握と戦況上奏」より。昭和天皇は特攻作戦にショックを受け、何らかの説明を求めたとみられ、大本営海軍部は納得してもらうために「神風特攻隊御説明資料」を作成、攻撃三日後に提出した
(90) マーティン・ギルバート『第二次世界大戦』下巻より
(91)『実録』三三巻四頁から引用
(92)『侍従長の回想』より
(93)『実録』三三巻九頁から引用
(94) 天皇に対するご機嫌伺い

(95)各重臣の意見は『侍従長の回想』より。このほか元内大臣の牧野伸顕が十九日、「まず戦局を有利に展開することが先決」と話したが、その途中に空襲警報が発令され、中断したままに終わった
(96)『実録』三三巻三一頁から引用
(97)、(98)『実録』三三巻三一～三五頁から引用。近衛上奏文をめぐる解釈は分かれ、当時の内外情勢を冷静に分析したとする評価や、日中戦争の拡大を招いた近衛自身の責任転嫁とする批判もある
(99)『侍従長の回想』より。この発言をもって昭和天皇が終戦に否定的だったとし、戦争責任を追及する説も一部にあるが、昭和天皇は内閣更迭による粛軍が「なかなか難しい」と話したのであり、終戦への思いは強かった
(100)『無条件降伏は戦争をどう変えたか』より。無条件降伏を受け入れたイタリアは戦後に王制が廃止された
(101)被害者の数は平成二十七年三月五日の産経新聞より
(102)『昭和天皇発言記録集成』下巻より
(103)『実録』三三巻七八頁から引用
(104)大井昌靖「空襲判断と空襲様相」(防衛大学校編『防衛大学校紀要』一一〇輯所収)より
(105)平塚柾緒編著『米軍が記録した日本空襲』より。米軍は人口の多い都市順に一位の東京から百八十位の熱海まで番号をつけ、六十四都市を焼き払った時点で終戦となった。京都は原爆投下予定都市として残され、奈良は八十位だったので空襲を免れたとされる
(106)『実録』三三巻一三一頁から引用
(107)『背広の天皇』一三五頁から引用
(108)『米軍が記録した日本空襲』より
(109)、(110)『戦史叢書 中部太平洋陸軍作戦(二)』、小谷秀二郎『硫黄島の死闘』より。数字は概数。それまで日本軍は、紋切り型の「バンザイ突撃」でいたずらに損害を重ねることが多かったが、栗林は無謀な突撃を戒め、全将兵に「我等ハ最後ノ一人トナルモ『ゲリラ』ニ依ッテ敵ヲ悩マサン」などとする六項目の宣誓文を配布、持久戦に徹したことが米軍に予想以上の損害を与えた要因とされる
(111)栗林忠道『栗林忠道 硫黄島からの手紙』一五頁から引用
(112)北川衛編『あゝ神風特攻隊』、伊藤正徳『帝国陸軍の最後(四)』より。特攻数と命中数はレイテ沖海戦と沖縄戦を足したもので、空母など

撃沈四十五隻、大破三十七隻、損傷三百七十隻以上とする米側資料など諸説ある。このほか「回天」「震洋」「桜花」などの特攻兵器も米軍に損害を与えた

(113)『あ、神風特攻隊』三七頁から引用

(114)保阪正康『「特攻」と日本人』五二頁から引用

(115)真継不二夫編『海軍特別攻撃隊の遺書』五〇～五一頁から引用（抜粋）

(116)特攻隊員の戦死者数には回天など海中特攻、震洋など海上特攻も含む

(117)猪口力平ほか『神風特別攻撃隊』三一八～三一九頁から引用（抜粋）

(118)村永薫編『知覧特別攻撃隊』四二～四五頁から引用（句読点、改行は筆者）

(119)鈴木由充「沖縄県民斯く戦へり」（日本協議会・日本青年協議会『祖国と青年』平成二十四年三月号）より

(120)米国陸軍省編『沖縄　日米最後の戦闘』より

(121)陸戦の主力となった米軍上陸部隊は陸軍第二四軍団と海兵第三軍団などで、兵力は七個師団と戦略予備師団の計十八万三千人に上った

(122)『沖縄　日米最後の戦闘』三四三～三四七頁から引用。シュガー・ローフの攻防戦で米軍は二千六百六十二人が死傷したほか、千二百八十九人が精神に異常をきたす「戦闘神経症者」となった（「沖縄県民斯く戦へり」より）

(123)、(124)田村洋三『沖縄県民斯ク戦ヘリ』三八〇～三八一頁から引用。原文はスペースなし

(125)伊奈藤夫「大本営は天号作戦に何を期待したのか（二）」（陸戦学会『陸戦研究』平成八年十二月号所収）より

(126)ジェームス・H・ハラス『沖縄シュガーローフの戦い』より

(127)第三二軍司令官の牛島満は六月二十三日に自決したが、散発的な戦闘はその後も続き、沖縄戦が公式に終了するのは九月七日である

(128)『戦史叢書　沖縄方面陸軍作戦』より。戦死者数は地上戦のみで行方不明も含まれる。海軍も含めた米軍の戦死者は一万二千二百八十一人に上った

(129)『実録』三三巻一五七頁から引用

(130)『実録』三三巻九三頁から引用

(131)福島新吾「第四二代　鈴木（貫）内閣」（『日本内閣史録』四巻所収）より

(132)、(133)『木戸幸一日記』下巻より

(134)『実録』三三巻九四頁から引用

(135)『鈴木貫太郎伝』一八四頁から引用

(136)、(137) 鈴木一編『鈴木貫太郎自伝』二七七頁から引用。傍点は筆者
(138)『鈴木貫太郎伝』より
(139)『実録』三三巻より
(140)『実録』三三巻一五七頁から引用。昭和天皇の下問に対し、首相、海相、外相はソ連を仲介しての交渉開始に言及したが、参謀総長は慎重を要すると発言した。これに対し昭和天皇は、「慎重を要するあまり時期を失することなきや」とたずね、参謀総長も早期交渉開始に同意した
(141)『終戦史録』四一二頁から引用
(142)『無条件降伏は戦争をどう変えたか』より。陸軍も対ソ交渉に前向きだったが、それはソ連の対日参戦を防ぎ、本土決戦に集中するためだったとされる
(143)『日本外交年表並主要文書』下巻六〇七～六〇八頁から引用
(144)『終戦史録』より
(145)『実録』三四巻三頁から引用
(146) 昭和天皇の意向を知る木戸は、このまま政府に終戦工作を任せているだけでは時期を失するとして、自ら「時局収拾対策」を起草した。その内容は、昭和天皇の英断により、親書を奉じた特使をソ連に派遣し、終戦の仲介を依頼する――というものだった（『終戦史録』より）
(147)『実録』三四巻、『終戦史録』より
(148) 鈴木、近衛、昭和天皇の各発言は矢部貞治『近衛文麿』下巻五五一～五五二頁から引用。昭和天皇は日米開戦の前年、当時首相の近衛に、「この時局がまことに心配であるが、万一日本が敗戦国となつた時に、（中略）総理も、自分と労苦を共にしてくれるだらうか」と語っていた
(149)『実録』三四巻八頁から引用。原文はスペースなし
(150)『終戦史録』より
(151)『ルーズベルト秘録』上巻より
(152) 米軍は硫黄島を五日で攻略できると見込んでいたが、一カ月以上もかかったうえ、日本軍守備隊を上回る二万八千人以上の戦死傷者を出した。沖縄戦では攻略目標を一カ月とし、十分な戦力でのぞんだものの、日本軍の組織的戦闘は三カ月も継続。特攻隊による米軍艦船の損害も増大したため、戦略の見直しを迫られていた
(153)『無条件降伏は戦争をどう変えたか』より
(154) 藤田宏郎「ヘンリー・L・スチムソンとポツダム宣言」（甲南大学法学会『甲南法学』五一

巻三号所収）から引用

（155）、（156）『日本外交年表並主要文書』下巻六二六～六二七頁から引用（原文はスペースなし。傍点は筆者）。ポツダム会議に参加したのは米英ソの三首脳だが、ソ連は日本と中立条約を結んでいるため宣言には名を連ねず、かわりに会議には参加していない中国・蔣介石の名が加えられた。宣言ではほかに、条件が達成されるまで連合国軍が日本を占領（保障占領）するとした

（157）「ヘンリー・L・スチムソンとポツダム宣言」より

（158）駐スイス公使の加瀬俊一は外務省に意見電を発し、「（宣言内容は）要するに日本民族が死をもつて擁護しつつある国体の下に国家生活を営み行く基礎を認むる考なる」と受諾を求めた

（159）『終戦史録』より

（160）外相の東郷茂徳は昭和天皇にポツダム宣言の内容について報告する際、「なお戦争の終結についてはソ聯邦との交渉を見定めた上で措置することが適当と思考する旨の奏上」をしていた（『実録』三四巻より）

（161）昭和二十年七月三十日の産経新聞（大阪新聞）から引用

（162）広島への原爆投下は、ソ連を牽制するためだったともされる

（163）ピーター・ドイル『データで見る第二次世界大戦』より。犠牲者数には諸説ある

（164）厚生労働省援護企画課外事室執務資料より

（165）諸橋茂一「かくも気高き大東亜戦争」（『正論』平成二十五年九月号所収）から引用

（166）占領地の統治行政のため、拓務省や外務省の一部を吸収して新設された省。大東亜解放の戦争目的に反するとして外相の東郷茂徳は反対し、辞職した

（167）『昭和天皇発言記録集成』下巻一六二頁から引用

（168）『実録』三一巻一九六頁から引用。なお、当時首相の東条英機はインドネシアの独立も承認しようとしたが、石油資源の保持に固執する海軍の反対で断念した（『戦う天皇』より）

（169）一九四五年八月～四九年十二月のインドネシア独立戦争に約一千人の元日本兵が参加し、うち約七百人が戦死したとされる

第十二章——占領下の戦い

マッカーサー来日

神奈川県の厚木飛行場に着陸した、銀色の大型機から現れた男は、サングラスをかけ、コーンパイプをくわえていた。終戦から半月後の昭和二十年八月三十日——。厚木の空は、穏やかに晴れていた。

男は、ゆっくりとタラップを降り、出迎えの米軍将官と握手して言った。

「東京まで長い道のりだったよ。しかし、映画でよく言うように、これで一件落着だ」[1]

男の名はダグラス・マッカーサー。これから日本の占領統治を担う、連合国最高司令官である。マッカーサーは、泰然自若と来日の第一歩を踏みしめた。

一方、随行する秘書官のホイットニーは気が気でなかった。軍事力が崩壊して降伏したドイツと異なり、本土の日本軍はまだ健在だ。一部でも決起すればマッカーサーの命はない。だが、宿泊先のホテルに向かう車中で、ホイットニーは目を丸くする。沿道に日本兵がずらりと並び、車列を背にして立っていたからだ。「彼らは天皇を護衛する時と全く同じやり方で、最高司令官を護衛していた」と、ホイットニーは述懐する。[2]

終戦時、日本軍は国内に三百七十万人、国外に三百六十万人以上の兵力を有していた。米軍上層部の多くは依然として日本軍の抗戦意思を警戒していたが、ソ連軍と戦闘中の一部を除き、ほぼ全軍が一夜にして銃を置いた背景には、昭和天皇をはじめ皇族が一丸となっての慰撫《いぶ》工作があった。

終戦二日後の八月十七日、東久邇宮稔彦王が皇族で初めて首相となり、ラジオで繰り返し皇軍の自制を呼びかけた。同日、昭和天皇の指示で朝香宮鳩彦《あさかのみややすひこ》王、竹田宮恒徳《たけだのみやつねよし》王、閑院宮春《かんいんのみやはる》仁《ひと》王が中国、満洲、南方の各軍司令部へ飛び、終戦の聖旨を伝達。昭和天皇も自ら勅語を発し、皇軍の団結と有終の美を求めた[3]。

政府と宮中は連携し、先手を打って武装解除を進めることで、占領軍による急激な日本改造を避けようとしたのである。

しかし占領軍は、拙速かつ苛烈だった。実はこの時、日本政府の存在を無視して、軍政を敷く計画を立てていたのである。

それを許すわけにはいかない。昭和天皇と国民の、新たな戦いがはじまった。

軍政を回避

敗戦国日本にとって最初の試練は、マッカーサー来日三日後の九月二日、東京湾に停泊する米戦艦ミズーリーで行われる降伏文書調印式である。二千年に及ぶ日本の歴史で初めて外国軍の占領を許す、屈辱の文章に誰が署名するのか——。首相の東久邇宮稔彦王も副首相格の近衛文麿も難色を示し、人選は難航した。外相の重光葵《まもる》によれば、その任務は当時、「公人としては破滅を意味し、軍人としては自殺を意味する、とさえ考えられた」という。(4)

結局、政府全権として調印式に臨むことになったのは重光と、参謀総長の梅津美治郎である。重光は、署名直前の心境をこう詠んだ。

願はくば　御国の末の　栄え行き
我名をさげすむ　人の多きを(5)

昭和天皇も、重光らの苦衷を痛いほど分かっていた。調印式が終わった二日午後一時十三分、《首相侍立のもと、重光・梅津の両全権に同三十二分まで謁を賜い、復命を受けられる。

その際、卓上に置かれた降伏文書を御覧になり、両名に対して慰労の御言葉を賜う[6]》。

だが、本当の試練はそれからだった。

同日夜、大任を終えて宿所に戻った重光のもとに、外務省の幹部らが相次いで駆け込んできた。GHQ（連合国最高司令官総司令部）が占領期間中の措置として、翌日に布告予定の文書を内示したというのだ。「日本国民ニ告グ」で始まる文書には、以下の内容が書かれていた。
一、軍政をしき、公用語は英語とする
二、一切の命令違反は軍事裁判で死刑などに処す
三、米軍軍票を日本の法定通貨とする……[7]
重光は愕然とした。軍政布告は日本政府の否認であり、ポツダム宣言を逸脱している。翌日午前、マッカーサーに至急の面会を求めた重光は断然抗議した。

「終戦は国民の意思を汲んで、天皇直接の決裁に出でたもので、ポツダム宣言の内容を最も誠実に履行することが天皇の決意であって、その決意を直接実現するために、特に皇族内閣を樹てて総ての準備をなさしめた」「占領軍が軍政を敷き、直接に行政実行の責任をとることは、ポツダム宣言以上のことを要求するもので、（中略）ここに混乱の端緒を見ることとなるやも知れぬ。その結果に対する責任は、日本側の負うところではない[8]」

ほとんど脅しである。だが、はったりではない。

マッカーサーはたじろいだ。軍政の布告案をあっさり撤回し、以後、GHQが国民に直接「命令」するのではなく、日本政府に「指令」する形をとるようになる。直接軍政よりも間接統治のほうが、効率的だと判断したからだろう。

一方、アメリカ本国では、より強圧的な統治を企図していたようだ。九月六日、米大統領のトルーマンはマッカーサーに通達した。

「われわれと日本との関係は、契約的基礎の上に立っているのではなく、無条件降伏を基礎とするものである。貴官の権限は最高であるから、貴官は、その範囲に関しては日本側からのいかなる異論をも受け付けない……」(9)

ポツダム宣言が、日本国政府ではなく日本国軍隊の無条件降伏を求めたことはすでに書いた。重光が調印した降伏文書も(10)、事前に日本側から八項目の申し出を行い、連合国が受け入れる形で成立した国際合意だ。トルーマンの「無条件降伏」は、国際法を逸脱した卑劣な拡大解釈といえる。

とはいえ武装解除の進んだ当時の日本に、ポツダム宣言を反故にする選択肢はない。政府は、連合国が求める日本の非軍事化政策を先手先手で進めていくことで、何とか自主性を保とうとする。

その際、昭和天皇が最も憂慮したのは、「戦争責任者」を連合国に引き渡すことだった。

戦犯指名の混乱

昭和二十年八月二十九日、昭和天皇は《内大臣木戸幸一をお召しになり、一時間十分にわたり謁を賜う。その際、自らの退位により、戦争責任者の聯合国への引渡しを取り止めることができるや否やにつき御下問になる[11]》。

昭和天皇は当時、開戦を止められず、敗戦に至ったことに天皇としての「不徳」を感じていた[12]。右の〝身代わり〟発言は、本心から出たものだろう。だが、いわゆる「戦争責任」に明確な規定はない。勝者が敗者を一方的に裁く、それが「戦争責任」だ。

木戸は昭和天皇に、《聯合国の現在の心構えより察するに、御退位されても戦争責任者の引渡し取り止めを承知しないであろうし、（中略）御退位を仰せ出されることにより、あるいは皇室の基礎に動揺を来した如く考え、その結果、共和制を始めとする民主的国家組織等の議論を喚起する恐れもあり、十分慎重に相手方の出方も見て御考究の要あるべき旨を奉答する[13]》。

ＧＨＱが第一次戦犯指名として開戦時の首相、東条英機とその閣僚らに逮捕令を発したのは九月十一日である。戦争の全責任を一身に引き受ける覚悟でいた東条だが、「戦争犯罪者」扱いには納得せず、逮捕の直前、自身の胸を拳銃で撃ち抜いた。(14)しかし、わずかに心臓を外れ、東条を「殉教者」にしたくない米軍医師団によって命を取り留めてしまう。

一方、開戦時の参謀総長、杉山元は自決を遂げた。妻の啓子に「いつ死ぬんですか」と促され、九月十二日、第一総軍の軍司令官室で胸に拳銃を四発発射。連絡を受けた啓子も、「間違いなく死んだのでしょうね」と念を押した後、短刀で心臓を貫き、夫の後を追った。(15)

戦犯指名への疑心と恐怖――。混乱を恐れた政府は、自主的に裁判したいとGHQに申し入れる方針を決めたが、昭和天皇は苦悶《くもん》し、首相の東久邇宮稔彦王に《いわゆる戦争責任者を天皇の名によって処断することは忍び難きため、再考の余地なきやと御下問》になったと、『昭和天皇実録』が書く。(16)

だが、当時は天皇自身、訴追される可能性が高かったのだ。戦争末期に米国内で行われた世論調査によると、天皇の処刑を求める声が三三%、終身刑や流刑が三七%に上った。九月十八日には米上院本会議で、天皇訴追の決議案が上院議長に受理されている。(17)

日本は、国体護持を唯一の留保条件としてポツダム宣言を受諾した。にもかかわらず、戦犯指名が皇室にまで拡大しそうな気配に、政府は激しく動揺した。この危機を打開するため、昭和天皇はマッカーサーとの〝対決〟を決意する。

「責任は私に」

昭和二十年九月二十七日午前九時五十分、東京・赤坂の米国大使館に、四台の車が到着した。中から、宮内大臣や侍従長らとともに降りてきたのは、モーニングコート姿の昭和天皇である。

ＧＨＱの高官二人が直立不動で出迎え、昭和天皇を館内に案内する。応接室の前で待っていたのは連合国最高司令官、マッカーサーだ。

二人は握手をかわし、応接室に入った。宮内大臣や侍従長らは次室で待たされ、通訳の奥村勝蔵だけが同席した(18)。マッカーサーの回想によれば、昭和天皇は緊張しており、その様子から〝命乞い〟に来たのではないかと思ったという。

だが、昭和天皇が口にしたのは、まるで正反対のことだった。

「敗戦に至った戦争の、いろいろの責任が追及されているが、責任はすべて私にある。文武百官は、私の任命する所だから、彼等には責任はない。私の一身は、どうなろうと構わない。私はあなたにお委せする。この上は、どうか国民が生活に困らぬよう、連合国の援助をお願いしたい(19)」

マッカーサーは驚いた。そのときの心境を、のちにこう書いている。

「私は大きい感動にゆすぶられた。死をともなうほどの責任、それも私の知り尽している諸事実に照らして、明らかに天皇に帰すべきではない責任を引受けようとする、この勇気に満ちた態度は、私の骨のズイまでもゆり動かした」[20]

通訳の奥村が残した記録には、右の「責任」発言は書かれていない。どのような形であれ、天皇が責任を認めた文書を残すと訴追理由にされる恐れがあるため、あえて削除したのだろう。[21]

日本政府は当時、皇室の存廃にかかわる天皇訴追を阻止しようと懸命だった。一方で昭和天皇は、未曾有の国難は自らの「不徳」のせいだと、自責の念にかられていた。皇室の存続に努めつつ、マッカーサーには真情を吐露することで、まずは国民の窮状を救おうとしたのではないか。

奥村の記録によると、マッカーサーは会見で終戦の聖断をたたえ、「陛下の御決意は国土と人民をして測り知れざる痛苦を免れしめられた」と話した。昭和天皇は、「私も日本国民も敗戦の事実を充分認識して居ることは申す迄もありません」とし、ポツダム宣言履行の意思を改めて示した。[22]

別れ際、マッカーサーは言った。

「今後何か御意見なり御気付の点も御座《ござ》いましたならば、何時でも御遠慮無く御申聞け願ひ度く存じます」[23]

マッカーサーと日本との関わりは深く長い。父のアーサーは日露戦争時の駐日アメリカ大使館付武官で、マッカーサーも一時、父の副官として東京で勤務し、東郷平八郎や乃木希典らと面談、感銘を受けたとされる[24]。

帝国軍人の忠誠心を知るマッカーサーは、天皇を訴追するつもりは最初からなかったようだ。天皇を裁けば「日本中に軍政をしかねばならなくなり、ゲリラ戦がはじまることは、まず間違いないと私はみていた」と、のちに書き残している[25]。

昭和天皇と会見したマッカーサーは、天皇を「個人の資格においても日本の最上の紳士」とみて、訴追反対の意思をより強くした。むしろ天皇の影響力を保つことで、占領統治を成功させようとしたのである[26]。

だが、GHQ内の誰もが、マッカーサーと同じ考えだったわけではない。

会見の二日後、新聞各紙に掲載された一枚の写真に、日本中が騒然とする。モーニングコート姿でまっすぐに立つ昭和天皇の横に、ノーネクタイのマッカーサーが、両手を腰にあてて写っていたからだ。内務省は新聞を発禁にしたが、GHQの指令で再発行された。その背景に、天皇の権威を弱めようとする意図がうかがえよう。

しかし、多くの国民が受けた印象は、歌人の斎藤茂吉が日記に殴り書きしたように、「ウヌ！マッカーサーノ野郎」だったのではないか[27]。

ＧＨＱは十月四日、（一）治安維持法などの廃止（二）政治犯などの即時釈放（三）特別高等警察などの解体（四）内相や警視総監らの罷免——を指令した。いわゆる「自由の指令」である。政治犯の釈放や言論の自由化などは、東久邇宮稔彦王内閣でも発足当初から掲げていた。その努力が否定される格好となり、稔彦王は翌日、昭和天皇に全閣僚の辞表を提出した[28]。

切り札ともいえる皇族内閣ですら、二カ月ももたなかったのだ。次期首相の選定が難航したのは言うまでもない。ＧＨＱによる性急な改革要求に歯止めをかけられるのは誰か——。内大臣の木戸幸一らが第一候補に挙げたのは、昭和初期に対英米協調外交を推進した幣原喜重郎である。

満洲事変以降、久しく政界から遠ざかっていた幣原は当時七十三歳。高齢などを理由に首相就任を固辞したが、その様子を木戸から聞いた昭和天皇は六日、《男爵幣原喜重郎をお召しになる。特に椅子を許され、組閣を命じられる。一旦拝辞の幣原に対し、ともかくも努力するよう重ねて御下命になる。幣原より全力を挙げて努力する旨の奉答を受けられる[29]》。

次々と降りかかる難題——。何とか自主性を維持し、混乱を回避しようと、昭和天皇は必死だった。

そんな昭和天皇に、心の支えがあらわれる。

栃木県奥日光に疎開していた皇太子（上皇さま）が、帰京されたのだ。

皇太子への思い

「国家は多事であるが、私は丈夫で居るから安心してください　今度のやうな決心をしなければならない事情を早く話せばよかつたけれど　先生とあまりにちがつたことをいふことになるのでひかへて居つたことを　ゆるしてくれ」

終戦間もない昭和二十年九月九日、栃木県奥日光に疎開されていた皇太子のもとに届いた、昭和天皇の手紙である。

「敗因について一言いはしてくれ　我が国人が　あまりに皇国を信じ過ぎて　英米をあなどつたことである　我が軍人は　精神に重きをおきすぎて　科学を忘れたことである　（中略）戦争をつゞければ　三種神器を守ることも出来ず　国民をも殺さなければならなくなつたので　涙をのんで　国民の種をのこすべくつとめたのである」(30)

皇太子が東京に戻られたのは、その二カ月後だ。

当時十一歳の皇太子は、疎開前とは変わり果てた東京の様子に、愕然とされたことだろう。特別列車が荒川の鉄橋を越えると、一面は焼け野原である。皇太子は車窓から、じっと外を見つめておられたという。(31)

昭和天皇は、皇太子のご帰京に心を和ませた。
十一月八日《皇太子・正仁親王（常陸宮さま）参殿につき、昭和十九年七月以来約一年四箇月ぶりに御対面になり、御昼餐を御会食になる》(32)
その夜、皇太子と正仁親王が入浴されていると、香淳皇后が湯加減をみにきて、昭和天皇も「やあ、どうかね」と声をかけた。翌朝も、昭和天皇は香淳皇后とともに、皇居内に泊まられた皇太子と正仁親王の寝顔をそっと見に行ったという。(33)
十一月九日《生物学御研究所脇の畑に立ち寄られ、皇后・皇太子・正仁親王による芋掘りを御覧になる》
十一月十日《皇后・皇太子・正仁親王と共に表奥両側近職員全員を御相手にトランプに興じられる》(34)
十一日、皇太子と正仁親王は皇居を離れ、赤坂離宮で生活されるようになる。以後、参内は二週間に一回、各週日曜日の午前十時から午後三時というのが、東宮職側の方針だった。その理由が「（皇居で）女官達にちやほやおされになるのを防がん為」と聞いた昭和天皇は、「女官がちやほやする様なことは絶対になき」と抗議した。(35) 少しでも多く、皇太子と過ごす時間を得たかったのだろう。
一方、十月九日に発足した幣原喜重郎内閣の前途は多難だ。
GHQは十一日、（一）婦人の解放（二）労働組合の結成奨励（三）教育の自由化（四）

秘密警察などの廃止（五）経済の民主化――の「五大改革」を指令する。幣原は、それくらいなら大日本帝国憲法のままでも実現できると考えたが、GHQの狙いは憲法をつくりかえ、日本の伝統的秩序を一変させることだった。[36]

幣原内閣と異なり、重臣らの一部は憲法の改変が不可避とみていたようだ。先手を打って、ある大物が走り出した。

近衛文麿の自決

皇居の真向かいに建つ堅牢《けんろう》なビル、旧第一生命館は、占領期を生きた世代には忘れられない存在だろう。GHQが接収し、本部として使用していたからだ。

昭和二十年十月四日、ここに、一人の男が訪ねてきた。戦前に三度の内閣を組織した、近衛文麿である。

近衛はマッカーサーと面会し、戦争に至った〝真相〟を懸命に説明した。

「……軍閥を利用して日本を戦争に駆立てたのは、財閥や封建的勢力ではなくして、実に左翼分子であつたことを知らねばならない……」「……今日の破局は、軍閥としては確かに大きな失望であるが、左翼勢力としては正に思う壺である……」[37]

マッカーサーは根っからの反共主義者だ。近衛の話に興味を示し、こう言った。

「敢然として指導の陣頭に立たれよ。もし（近衛）公がその周囲に自由主義分子を糾合して、憲法改正に関する提案を天下に公表せらるゝならば、議会もこれに蹤いて来ることと思う」[38]

近衛がGHQを訪ねたのは、昭和天皇の訴追を回避するためである。同時に、近衛自身が戦犯として逮捕されるのを避ける狙いもあったようだ。近衛は、マッカーサーの発言を自身への〝信頼〟と受け止め、マッカーサーの〝期待〟にこたえようと、憲法改正に向けて走り出した。

このとき、近衛が頼りにしたのは宮中である。翌日の政変で東久邇宮稔彦王内閣が退陣し、憲法改正に否定的な幣原喜重郎内閣が発足したからだ。近衛は内大臣の木戸幸一に、「逡巡すればGHQから改正案を押しつけられ、欽定憲法の土台が崩壊する」と訴えた[39]。

十月十一日《（昭和天皇は）内大臣木戸幸一に謁を賜い、公爵近衛文麿に対する憲法改正調査の御下命につき言上を受けられる。引き続き、公爵近衛文麿に謁を賜い、ポツダム宣言の受諾に伴う大日本帝国憲法改正の要否、及び仮に改正の要ありとすればその範囲等につき、調査を御下命になる[40]》

ここまでは近衛の思惑通りといえる。だが、ここから近衛は、明らかに走りすぎた。

十月二十三日、新聞各紙に掲載された近衛の談話が、政府と宮中に衝撃を与えた。

「天皇の大権縮小　近衛公示唆」（毎日新聞）「天皇退位の条項　挿入もあり得る」（読売報

知）……

この時期、天皇の退位を公然と口にすることは、皇室制度の土台を揺るがしかねない。そもそも憲法問題は内閣が扱うべき国務事項だとして、近衛に対する批判が猛然と巻き起こった。(41)

やがて、マッカーサーも近衛を見放す。日米開戦から丸四年にあたる十二月七日の新聞各紙に、衝撃的な見出しが躍った。

「近衛公、木戸侯　九氏に逮捕命令下る」「陛下股肱《ここう》の重臣」「戦争犯罪者に追加」……(42)

近衛はこの記事を、軽井沢（長野県）の別荘で読んだ。すでに覚悟していたのか、慌てることもなかったという。(43)

出頭期限の十二月十六日未明、近衛は青酸カリで服毒自殺した。

それより前、近衛は旧知の伊沢多喜男（枢密顧問官）から「死んではならぬ。裁判に出て天子をお庇いしなければならぬ」と諭され、「絶対に大丈夫だ。お上の前に立ちはだかってお護りする」と答えていた。(44)しかし、戦前の近衛がたびたび変心したように、ここでも決心を貫けなかった。華族筆頭としての矜持《きょうじ》が、戦犯として法廷に立つことを許さなかったのだろう。

近衛は遺書に書く。

「勝てる者の行き過ぎた増長と、敗れた者の過度の卑屈と、故意の中傷と誤解に基づく流言飛語と、是等一切の世論なるものも、いつかは冷静を取り戻し、正常に復する時も来よう。其時初めて、神の法廷に於て正義の判決が下されよう[45]」

憲法改正に取り組んで以来、近衛に対する内外の批判が強まっていた。その中には「故意の中傷と誤解に基づく流言飛語」もあっただろう。ただ、近衛自身が「敗れた者の過度の卑屈」に陥っていたと言えなくもない。マッカーサーに使嗾《しそう》された近衛の先走りにより、憲法改正に否定的だった幣原内閣までも調査委員会を設置するなど、朝野を挙げて改憲論が吹き荒れることになった[46]。今日まで続く憲法問題を考えるとき、近衛の罪は軽くないといえる。

近衛は昭和天皇との、敗戦後も苦楽を共にするという約束も果たさなかった。訃報に接した昭和天皇は、「近衛は弱いね」とつぶやいたという[47]。

近衛の自殺に加え、内大臣の木戸幸一が戦犯に指名されたことも、昭和天皇には大きなショックだった。

十二月十日、昭和天皇は収監前の木戸を招いて夕食会を開き、香淳皇后も手製のドーナツをふるまった。木戸は当初、戦犯となった自分を招けば誤解を与えかねないとし、夕食会を遠慮したいと侍従長に伝えたが、昭和天皇は侍従長に《米国より見れば戦争犯罪人ならんも、我が国にとっては功労者であり、万一木戸が遠慮する如きことあれば、料理を届け遣わすようお命じになる[48]》。

昭和天皇が夕食会を開いたのは、木戸を慰めるとともに、戦勝国への無言の抵抗であったのかも知れない。

皇族でも伊勢神宮祭主の梨本宮守正《なしもとのみやもりまさ》王が戦犯に指名された。昭和天皇は《皇族の中でも一番戦争に関係せず、且つ軍の要職にも就任なかりし守正王の戦犯登録に深く同情され、天皇・皇后の名において御慰問品を増進したき旨を御希望になる》(49)。

国民との絆

昭和二十年十一月十二日から十五日まで、昭和天皇は三重の伊勢神宮、奈良の神武天皇陵、京都の明治天皇陵を親拝し、終戦の奉告をした。戦後初の地方行幸であり、宮内省では国民の反応が気がかりだったが、随行した内大臣の木戸幸一によれば、「沿道の奉迎者の奉迎《ほうげい》振りは、何等の指示を今回はなさゞりしに不拘《かかわらず》、敬礼の態度等は自然の内に慎あり、如何にも日本人の真の姿を見たるが如き心地して、大に意を強ふしたり」(50)。

京都駅に到着した際も多数の市民が奉迎し、掃き清められた烏丸通では、京都大宮御所に向かう車列を沿道の人垣が静かに見守った(51)。

十七日には東京・八王子市の大正天皇陵を親拝。このときも「全然交通を止めないので（昭和天皇だと）全く知らない人もあり周章《あわ》て、脱帽する人もある。併し(52)一般には非常に難《あり》有《がた》がつてゐる様子が明瞭に分る」と、侍従の入江相政が日記に書いている。

戦前のような厳重警備はなく、奉迎の動員もない。それでも多くの国民は、皇室への不変の敬愛を抱擁していた。昭和天皇は胸を熱くするとともに、改めて国民の苦難を思い、自責の念を強くしたのではないか。

二十九日、昭和天皇は皇居に皇族を集め、歴代山陵への代拝を指示した。その際、《今回の戦争の結末については自らの不徳の致すところである旨の思召しを示され、歴代山陵への御詫びと、日本の今後の復興に対する御加護を祈る旨の御沙汰を下される。なお、先般の関西行幸に際して国民との近接を図り得たと感じるため、国民と皇室との親しき結び付きについても効果を望む旨を述べられる》(53)。

陸海両省が廃止され、帝国陸海軍が消滅したのは翌日、十一月三十日である。陸相の下村定が参内して敗戦に至る不始末を陳謝し、建軍以来の歴史と解散の経緯を報告すると、昭和天皇は「上奏半ばにしてハラハラと御落涙」した(54)。一部将校の暴走で未曾有の国難を招いたが、一般将兵の忠節は比類のないものであったことを、この涙が物語っている。

近衛文麿が自殺し、木戸幸一が収監され、昭和天皇の周辺はにわかに寂しくなった。心の穴を埋めたのは、国民である。

十二月のある日、宮殿の焼け跡を歩いていて、見慣れない集団に目をとめた。宮城県の青年男女六十人余が奉仕団を結成して上京し、無償で焼け跡の片付けをしていたのだ。昭和天皇は団長に声をかけ、香淳皇后も作業を見学した。奉仕団は感激し、泣きながら君が代を合唱したという(55)。

奉仕団のことを、昭和天皇は詠んだ。

をちこちの　民のまゐきて　うれしくぞ

宮居のうちに　けふもまたあふ(56)

GHQの宣伝工作

昭和天皇が国民の苦難に憂いを深める中、多くの国民もまた、昭和天皇の身を案じていた。天皇訴追の可能性が新聞などで報じられていたからだ。東京在住のある女性はマッカーサーに宛てて、こんな手紙を書いている。

——閣下、御きげんは如何でいらっしゃいますか。私共は、最高司令官でおいでになる閣下に対して、一番お親しみを感じ、それと共に閣下のあたたかいお心をおたより致します。敗戦国の民として私共はどのような惨苦も甘受するものでございます。（中略）どんな苦悩もグチ一つ云わずに忍ぶだけの心をもって居りますが、日本人の唯《ただ》一つ忍びがたいものは、天皇に関する御不幸であります。それはどんなに小さな御不幸でも私共は忍ぶことが出来ません。

今上天皇に（戦争の）御責任はございません。天皇をお助け申すべき側近の臣等が天皇を窮地におとし入れ参らせたのでございます。どうぞ日本天皇を御理解下さいまし――[57]

GHQには当時、こうした手紙や直訴状が膨大に送られていた。それがGHQをして、天皇訴追を断念させる一因になったといえなくもない。[58]

ただしGHQは、国民が示す天皇への敬愛を好ましいとも、いじらしいとも感じていなかった。むしろ、恐れていたのである。

先の大戦の終盤、日本兵の驚異的な奮戦に苦しめられたアメリカは、日本の力の源泉が天皇への忠節にあるとみて、天皇観や国家観の解体に着手する。最初にターゲットにされたのは、教育と神道だ。

昭和二十年十月から十二月、GHQは教育内容の抜本改革を指令。「修身」「歴史」「地理」の教科を停止し、軍国主義的とみなされた教職員らを追放した。児童に筆と墨を持たせ、教科書を黒塗りさせる蛮行も翌年から本格化する。[59]

十二月十五日には神道指令を発出。国家神道と神道教育が廃止され、「大東亜戦争」「八紘一宇」などの用語も使用禁止となった。[60]

同月八日、新聞各紙はGHQ提供の「太平洋戦争史」を一斉に連載。ラジオでは「真相は

から だ」がスタートする。いずれも戦地で日本軍が行った〝悪逆非道〟をことさら強調する内容で、国民全体に贖罪《しょくざい》意識を植えつけるのが狙いだった。

GHQ民間情報教育局による仕組まれた宣伝工作、「ウォー・ギルト・インフォメーション・プログラム」である。(61)

その上でGHQは、天皇と国民の間にくさびを打ち込もうとする。いわゆる「人間宣言」により、天皇の神格性を巧妙に除去していくのだ。

つくられた「人間宣言」

昭和二十一年一月一日、終戦の年が明けた新聞各紙に、昭和天皇の詔書が掲載された。

――茲ニ新年ヲ迎フ。顧ミレバ明治天皇明治ノ初国是トシテ五箇条ノ御誓文ヲ下シ給ヘリ。曰《いわ》ク、

一、広ク会議ヲ興シ万機公論ニ決スヘシ
一、上下心ヲ一ニシテ盛ニ経綸《けいりん》ヲ行フヘシ
一、官武一途庶民ニ至ル迄各其志ヲ遂ケ人心ヲシテ倦マサラシメンコトヲ要ス
一、旧来ノ陋習《ろうしゅう》ヲ破リ天地ノ公道ニ基クヘシ
一、智識ヲ世界ニ求メ大ニ皇基ヲ振起スヘシ

叡旨公明正大、又何ヲカ加ヘン。朕ハ茲ニ誓ヲ新ニシテ国運ヲ開カント欲ス――[62]

以下、詔書で昭和天皇は、戦後の食糧不足や失業者の増大に心を痛め、敗戦の失意、道義の衰退、思想の混乱を憂えているとし、こうつなげる。

――然レドモ朕ハ爾《なんじ》等国民ト共ニ在リ、常ニ利害ヲ同ジウシ休戚ヲ分タント欲ス。朕ト爾等国民トノ間ノ紐帯《ちゅうたい》ハ、終始相互ノ信頼ト敬愛トニ依リテ結バレ、単ナル神話ト伝説トニ依リテ生ゼルモノニ非ズ。天皇ヲ以テ現御神《あきつみかみ》トシ、且日本国民ヲ以テ他ノ民族ニ優越セル民族ニシテ、延テ世界ヲ支配スベキ運命ヲ有ストノ架空ナル観念ニ基クモノニモ非ズ――[63]

のちに「人間宣言」の造語で知られる、「新日本建設に関する詔書」である。[64]『昭和天皇実録』によれば、詔書は《五箇条の御誓文を国民に示すことが第一の目的であったとされ、民主主義の精神は明治天皇の採用されたところであって、決して輸入のものではないことを示し、国民に誇りを忘れさせないように》するためであったと、昭和天皇の回想をふまえて明記している。[65]

当時の国民もそう受け止めた。だが、海外では大きな反響を巻き起こす。後段にある「現御神～非ズ」の一文により、「天皇の地位が神から人間へと歴史的変容を遂げた」とされたからだ。[66]

後段の原案作成を主導したのは、ＧＨＱである。天皇の神格性を天皇自身に否定させる――というのが、その狙いだった。

一方、昭和天皇も負けてはいない。英文の原案にはなかった五箇条の御誓文の挿入を求め、それを前面に押し出すことに成功している。詔書に「人間」の文字はどこにもない。それでもGHQにとっては、神格化の否定と解釈できる一文さえあれば十分だった。(67)

以後、海外の反応はGHQと左派勢力によって日本に逆輸入され、「人間宣言」の造語とともに、昭和天皇の意図を歪めた形で定着していく。

巧妙かつ非情な占領政策――。GHQはいよいよ本丸、大日本帝国憲法の〝解体〟に着手する。

押し付けられた憲法

一九〇七（明治四十）年に改定され、日本もアメリカも調印したハーグ陸戦協定には、「占領者は絶対的な支障のない限り、占領地の現行法律を尊重」すると明記されている。しかしアメリカは、国際法とは他国に守らせるものであって、自国が守るものとは考えていなかったようだ。

憲法改正に走り出した近衛文麿に刺激され、政府が憲法問題調査委員会を設置したのは昭和二十年十月二十五日である。委員長は国務相の松本烝治、委員は東京帝国大学教授の宮沢俊義ら七人、顧問に憲法学の大家、美濃部達吉を起用した、当代一流の布陣といえよう。(68)

翌二十一年一月七日、松本は憲法改正私案を作成し、昭和天皇に上奏した。（一）天皇が統治権を総攬《そうらん》する大原則は変更しない（二）議会の議決事項を拡充して従来の大権事項は縮小する（三）国務大臣は議会に責任をもつ（四）臣民の自由・権利の保護を強化する――という、四原則を柱とした内容だ。[69]

一方、米政府の国務・陸軍・海軍調整委員会（ＳＷＮＣＣ）は一月十一日、マッカーサーに憲法改正の基本方針を伝えた。その内容は、天皇を廃止しない場合でも（一）軍事に関する天皇の権能は失われる（二）天皇は内閣の助言に基づいてのみ行動しなければならない――というものだった。[70]

この時点で、日米双方ともお互いの手の内を知らない。しかし二月一日、極秘扱いの松本案を毎日新聞がスクープしたことで、事態は急転する。新聞をみたＧＨＱは幣原内閣に対し、ただちに同案を提出するよう要求。十分な説明も出来ないまま同案がＧＨＱの手に渡ることになり、ＧＨＱ高官らに「旧態依然たるもの」と決めつけられてしまった。

幣原内閣への不信を強めたマッカーサーは二日後、ＧＨＱ民政局長のホイットニーに憲法草案の作成を命令。[71]ホイットニーは翌朝、民政局行政部の職員を集めて訓示した。

「紳士ならびに淑女諸君、これはまさに歴史的な機会である。私は今、諸君に憲法改正制定会議の開会を宣する」[72]――

職員にどよめきが走った。憲法の専門家でもなく、日本への理解も浅い軍人や通訳らに、日本の根本法案の作成が託されたのだ。期限は二月十二日とされ、彼らには憲法学の基礎すら学ぶ余裕もなかった。

以後、二十人余のメンバーが分担し、急ピッチで作業を進めていく。ソ連を含む他国の憲法や民間団体の私案のうち、気に入った条文を写し取り、つなぎ合わせていくという、およそ法案づくりにはふさわしくない手法だった[73]。

彼らが任務を遂行し、いわゆる「マッカーサー草案」を書き上げたのは、ほぼ一週間である。

二月十三日、東京・麻布の外相官邸に、GHQからホイットニーら四人の使者が訪れた。不安げな微笑で出迎えた外相の吉田茂と国務相の松本に、ホイットニーは言う。

「日本の憲法改正案は、総司令部としては受け入れられない。総司令部がモデル案を作ったので、この案に基づいた日本案を至急起草してもらいたい」

ホイットニーは、英文タイプのプリントを数冊渡すと、こう付け加えた。

「マッカーサー元帥は、かねてから天皇の地位について深い考慮をめぐらしているが、この案に基づく憲法改正が必要であり、そうでないと天皇の一身の保障をすることはできない」

吉田と松本は仰天した。自主的に作成した松本案を全否定されただけでなく、英文の草案まで押し付けられたのだ。震える手でプリントをめくると、前文の書き出しに「われら日本国人民は～」とあり、第一条の天皇は「シンボル」と規定されている。二人は、色を失って顔を見合わせた。

これは、大日本帝国憲法の改正案ではない。解体案である。ともかく「十分内容を熟読したい」と、数日の猶予を求めるのが精一杯だった。(74)

「天皇の一身の保障」を口にしたホイットニーの要求は、脅迫そのものである。ただ、切実な事情もあった。近くワシントンで戦勝十一カ国による第一回極東委員会(75)が開かれることになっており、天皇訴追の方針が打ち出される恐れもあったからだ。マッカーサーとしては、同委員会が行動を起こす前に、「自由主義的な憲法改正」で天皇存続の流れを固めておきたかった。(76)

一方、松本らは首相の幣原喜重郎と相談し、あくまで松本案を土台にしようとGHQへの説得を試みる。しかし、「総司令部案を受け入れないなら新聞に発表する」とはね返され、とりつく島もない。(77)当時のマスコミはGHQのほぼ言いなりだ。「天皇の一身の保障」問題もあり、幣原内閣に選択肢はなかった。

観念した松本は、マッカーサー草案に沿った条文作成に着手する。マ草案は十一章九十二条。象徴天皇制のほか戦争放棄も盛り込まれ、法律とはいえないような文章も多かった。例えば、こんな調子だ。(78)

「基本的人権は人類の自由たらんとする積年の闘争の結果なり～」（マ草案十条）

「家族は人類社会の基底にして其の伝統は善かれ悪しかれ国民に浸透す～」（マ草案二十三

条）

条文作成が難航を極めたのは、言うまでもない。だが、松本には十分な時間すら与えられなかった。

三月二日、松本はGHQから、突然指示を受ける。

「憲法改正案を至急持ってくるように」

条文作成に本格着手して五日足らず。まだ、とても表に出せるような案ではない。しかしGHQは「日本文のままでいいから」提出しろと矢の催促だ。内閣法制局第一部長の佐藤達夫によれば、「それは、あたかも書きかけの試験答案を途中で引ったくられたような気持だった」という(79)。

できかけの案を何部か印刷し、GHQに持参したのは四日の朝である。閣議にもかけておらず、あくまで見本のつもりだったが、GHQはお構いなしだった。その場で英訳し、マ草案と異なる部分を次々に再修正していったのだ。

『昭和天皇実録』が書く。

《聯合国最高司令部（GHQ）に提出された日本国憲法草案は、同司令部において終戦連絡中央事務局次長白洲次郎・法制局第一部長佐藤達夫らも加わり、夜を徹しての改正作業が進められ、この日（五日）午後四時頃、司令部での作業が終了する。一方、首相官邸においては、この日、朝より閣議が開かれ、同司令部から順次送付された改正案について対応策が協議される。閣議においては、改正案を日本側の自主的な案として速やかに発表するよう同司令部から求められたことを踏まえ、（中略）首相より内奏の上御聴許を乞い、勅語を仰いで同案を天皇の御意志による改正案とすることを決定する(80)》
押し付け以外の、何物でもないだろう。

政府は六日、事実上GHQ製の憲法改正草案要綱を政府案として公表する。納得したわけではないが、「当面の急務は、講和条約を締結し、独立、主権を回復することであり、これがためには、（新憲法制定により）一日も早く民主国家、平和国家たるの実を内外に表明し、その信頼を獲得する必要があった」と、外相の吉田茂が述懐する(81)。

天皇を「象徴」とする新憲法案が帝国議会の審議に付されたのは同年六月だ。国体の護持が最大の争点となり、政府は「護持された」で押し通した。新たに憲法担当の国務相となった、金森徳次郎が答弁する。

「日本の国体と云ふものは（中略）謂はば憧れの中心として、天皇を基本としつゝ、国民が統合をして居ると云ふ所に根底があると考へます。其の点に於きまして毫末も国体は変らないのであります(82)」

新憲法案は、天皇制反対の共産党をのぞく議員の賛成で可決、成立し、日本語として違和感のある前文を残したまま、同年十一月三日の明治節に公布された。

それから七十年余り。日本国憲法は、一字も改正されずに現在に至っている。

知識人の〝変色〟

昭和天皇の御製のうち、代表作の一つとしてしばしば引用される和歌が詠まれたのは、日本国憲法を押し付けられた年、昭和二十一年一月の歌会始である。

ふりつもる　み雪にたへて　いろかへぬ
松そをゝしき　人もかくあれ(83)

解説は不要だろう。訴追の恐れさえある中で、占領政策の批判とも読める和歌を公表して国民を励まそうとしたところに、昭和天皇の気概があらわれている。

だが、主権回復という雪解けを待たず、率先して色を変える風潮が、ことにインテリ層にみられたのも事実だ。元外相の重光葵が書く。

「戦時中軍部に追随しその希望に先き走りしていたものが、掌を翻《ひるがえ》すが如く軍部の敵となり、占領軍の謳歌《おうか》者となったりした……」(84)

GHQにすり寄って変色した一人に、憲法問題調査委員会の委員を務めた東京帝国大学教授の宮沢俊義がいる。戦時中は天皇を「わが統治体制の不動の根底」と規定していたのに、戦後は「機械的に『めくら判』《ママ》をおすだけのロボット的存在」になったとし、「八月革命説」を唱えて日本国憲法を正当化した。(85)

GHQの「自由の指令」により合法化した共産党の影響も大きい。急速に左傾化した新聞や雑誌が同党の主張を積極的に取り上げ、社会にさまざまな混乱を引き起こした。再び重光が書く。

「(共産党員は)直ちに反政府及び天皇制反対の共産宣伝示威運動に加わった。占領軍は、天皇制に対する国民の批判を奨励し、数多《あまた》の新聞紙及び放送局は、共産党の実勢力に帰した……」(86)

それでも、国民の大半は色を変えなかった。二十一年四月に実施された戦後初の総選挙で、戦前の立憲政友会の流れをくむ日本自由党が百四十議席、立憲民政党系の議員を中心とする日本進歩党が九十四議席、左派だが天皇保持の日本社会党が九十二議席を獲得し、日本共産党は五議席にとどまった。(87)

とはいえ、国民生活は当時、猛烈な食糧難と急激なインフレでどん底状態にあった。戦時中から続く食糧不足に、敗戦と凶作が重なり、売り惜しみも加わって、主食の欠配、遅配が常態化していたのだ。

変色した知識人や共産党などは、悪化した国民生活にもつけ込んでいく。五月十九日には皇居前広場で「飯米獲得人民大会」が行われ、共産党員が「朕はタラフク食ってるぞ　ナンジ人民飢えて死ね」のプラカードを掲げて群衆をあおる騒動も起きた(88)。

疲弊し、混乱し、劣化する日本社会――。心を痛めた昭和天皇は、自ら全国各都道府県を回り、国民を直接励まそうと決意する。

地方巡幸

「しばらくは茫然として夢ではないかと思ひました。しかし夢ではありません。おそば近く陛下を拝させてゐたゞける、又親しくみことばまで賜はりましたことは未だかつてなかつたことです(89)」

昭和二十一年三月一日、昭和天皇が地方巡幸で東京・八王子の都立第四高等女学校（その後の南多摩高校）を訪れたとき、三年生の女学生が書いた作文だ。

昭和天皇が全国各都道府県を巡り、直接国民を励ましたいと考えるようになったのは、前年十月ごろとされる。二十一年一月にはGHQの高官も巡幸を推奨していると伝えられ、昭和天皇は侍従次長に《地方巡幸について研究をお命じになる。その際、巡幸は皇后と同列にても宜しきこと、形式は簡易とすべきことなどの思召しを示される(90)》。

社会全体が疲弊し、治安も悪化していた時代だ。十分な警備も期待できず、政府高官らは二の足を踏んだが、昭和天皇の決意は固かった。

一回目の巡幸は二月十九、二十日、神奈川県の戦災復興状況などを視察した。この巡幸で宮内省は、《従来の慣例に固執することなく、（中略）一般民衆に対しては民業に支障を来さざるよう特別の制限を行わず、交通上も整理程度に留め、可能な限り間近く奉拝の機会を設け、天皇と民衆の接する機会を多からしむるように図り、御服も御平服をお召し頂くこととした》と、『昭和天皇実録』に記されている。(91)

初日は横浜市内の戦災者共同宿舎などを見て回り、住人らに「どこで戦災にあったのか」「冬は寒くないか」と、復員軍人には「ご苦労だったね」と声をかけた。二日目は横須賀市の引揚援護局などを視察。外地から着の身着のまま帰国した引揚者らを励ました。

二月二十八日と三月一日に行われた二回目の巡幸先は、東京都内の商業施設や教育関連施設などである。その頃になると巡幸のことが新聞報道などで知れ渡り、昭和天皇は行く先々で群衆に囲まれ、期せずして「天皇陛下万歳」の声が上がった。昭和天皇が帽子を振ってこたえると、万歳の輪は一段と大きく広がり、やがて涙にかすれ、嗚咽にかわった。(92)

前述の都立第四高等女学校は戦災で校舎が焼失し、教師と女学生が手づくりで再建した。全校生徒が固唾をのんで見守る中、その校舎に入り、「よく建てられたねえ」と声に出す昭和天皇――。

三年生の女学生が、作文の続きを書く。

「純の日本人なれば心の底には必ず万世一系の天子様を尊び奉る心があるはずです。私は心の中で『天皇陛下万歳』を何度も何度も叫びました」(93)

以後、昭和天皇は八年半を費やし、沖縄を除く全国各県を回る。移動距離は三万三〇〇〇キロに及んだ。主な日程は以下の通りだ。

二十一年二月～六月 神奈川、東京、群馬、埼玉、千葉、静岡
同十月～十一月 愛知、岐阜、茨城
二十二年六月 大阪、和歌山、兵庫
同八月～九月 宮城、岩手、青森、秋田、山形、福島、栃木
同十月～十一月 新潟、長野、山梨、福井、石川、富山、岐阜
同十一月～十二月 鳥取、島根、山口、広島、岡山
二十四年五月～六月 福岡、佐賀、長崎、熊本、鹿児島、宮崎、大分
二十五年三月 香川、愛媛、高知、徳島、兵庫淡路
二十六年十一月 京都、滋賀、奈良、三重
二十九年八月 北海道(94)

巡幸先の国民が、熱狂して迎えたのは言うまでもない。二十二年六月の関西行幸の様子を、『昭和天皇実録』が書く。

六月五日《大阪府庁に向かわれ、府庁車寄にて下車される。その際、約四万人の市民が御

身辺に押し寄せ御歩行不能の状態に陥られたため、警衛中の米軍第二十五師団のMPが空に向けて拳銃を二度発砲し、その間に庁舎内にお入りになる。直ちに二階バルコニーにおいて市民の奉迎にお応えになり、（中略、昼食中にも）府庁前に参集の約千五百名からなる学童合唱団による奉迎歌の奉唱が聞こえてきたため、食事を中断され、再びバルコニーにお出ましの思召しを示されるも、再度の混乱を憂慮した侍従の願いを容れられ、お取り止めになる(95)》

このほか、愛知では奉迎の群衆にまじって天皇批判の演説をはじめた男が袋だたきにあい、警察に保護される騒動も起きた。兵庫の姫路城前には十三万人の奉迎者が集まり、万歳の嵐がおさらまらなかった。福島の宿泊所では提灯《ちょうちん》行列が途切れることなく続き、昭和天皇も自ら提灯を夜空に泳がせた(96)。

当時侍従長の大金益次郎によると、国民と直接話す機会の少なかった昭和天皇は、「自分は言葉が下手だから」と気にしていたという。それでも、国民を励ましたいという思いは強く、進んで声をかけた。

子供たちには「父母は無事でしたか」。
高齢者には「みんな丈夫で結構だね」。
引揚者には「よく帰つて来て呉れたね」。
到着が遅れると「長く待たせて気の毒であつた」。

説明を受けるたびに「あ、そう」……。[97]

短いながらも真摯《しんし》な言葉が感動を呼び、どこへ行っても万歳、万歳——、涙、涙——だ。車列は十重二十重に囲まれて何度も立ち往生し、昭和天皇がもみくちゃにされることも一度や二度ではなかった。

二十一年十一月、茨城県の日立製作所に行幸した時のこと。ストライキ中だった全工員約八千人がこの日だけは操業し、巡覧する昭和天皇に復興の「鉄声」を力強く響かせた。視察を終え、日立駅に行くと、黒山の人だかりである。駅から離れるときの様子を、随行した大金が書く。

「群衆は歓呼の声を挙げ、つひに停車場構内はおろか、線路の上にまで飛び出して、列車の後を慕つて追ひかけて来た……[98]」

だが、この国民の反応を、苦々しく見つめる目もあった。GHQの民政局だ。地方巡幸が天皇の権威の復権につながるとみた民政局は、非情な行動に出る。

巡幸の中断

GHQの中で、憲法問題[99]をはじめ占領政策の中心を担う民政局（GS）には、社会主義的なニューディーラーが多いとされる。彼らは昭和天皇の地方巡幸について、こんな報告書を作成している。

「天皇を目の前にした熱狂が、首相や最高裁長官の訪問を迎へたときのそれに較《くら》べて数等優《まさ》つてゐたことは認めなければならない。天皇は、日本人の考へではつきりと政治の上位にある。（中略）憲法の規定によれば、彼は法的権威を持たない。彼にはそれは必要ない。といふのは、彼にはそれに優る、もつと恐ろしい何かがあるからだ(100)」

民政局のニューディーラーたちが、昭和天皇の権威をいかに恐れていたかが分かるだろう。

昭和二十二年十二月、民政局は地方巡幸の中止を画策し、当時の片山哲内閣に宮内府の機構改革を要請。巡幸を推進する宮内府長官や侍従長らの追い出しにかかった(101)。

日本社会党の初代委員長でもある片山は、民政局とのつながりが深い。翌二十三年二月の閣議で、《（宮内府を）内閣総理大臣の管理に属する官庁とし、機構の簡素化を図ること、日本国憲法の精神に基づく天皇の地位について正しい認識を有する人物を首脳部に据えることにより、宮内府の一部に残存すると思われる旧来の考え方の一掃を図る》方針を決めたと、『昭和天皇実録』は指摘する(102)。

片山内閣は三月に瓦解したが、禅譲を受けて首相となった芦田均は、さらに民政局の言いなりだった。

四月七日、発熱で寝ていた昭和天皇に拝謁を願い、《宮内府の職制改革に伴い長官・侍従長の入れ替えは止《や》むを得ない》と訴え、昭和天皇が難色を示しても聞き入れなかった。五月十日には《新憲法により国務の範囲が限定され、旧来のように各大臣より政務奏上が出来ない旨》を言上。同月二十一日には《皇室の一家団欒《だんらん》の御住居として赤坂離宮への御移居の提言》をし、皇居の引き払いまで求めている。[103]

六月五日、宮内府長官の松平慶民と侍従長の大金益次郎が辞職し、地方巡幸も中断した。再開するのは、保守派の吉田茂が首相を務める二十四年五月以降だ。

その間、昭和天皇が苦悩したのは言うまでもない。侍従次長の鈴木一によれば、昭和天皇は当時、独り言をいう癖が再発していたという。

「ご信任の厚かった前侍従長に対して惜別の情につまされておられたのかもしれない。あるいはもっと深いところにお悩みがあったのでもあろう。何か大きなお声で独り言を仰せられているのを初めて伺って、同席の侍従に尋ねてみると、かつての戦時中の独り言の話を聞かせてくれたのである[104]」

皇室の変革

昭和天皇の地方巡幸が始まり、やがて中断された昭和二十一年から二十三年の間、国内情勢はめまぐるしく動いた。

二十一年四月に実施された戦後初の総選挙で、立憲政友会の流れをくむ日本自由党が議会第一党になったことはすでに書いた。幣原喜重郎内閣は総辞職し、大命は自由党総裁の鳩山一郎に下るかと思われたが、その直前、GHQの指令で鳩山が公職追放され、同党総裁を引き継いだ吉田茂が組閣する。日本がどん底だった時代だ。吉田内閣は、食糧難とインフレと、それに乗じた労働争議の頻発に翻弄された。[105]

その頃、活発に動いたのは共産党である。労働争議を政治闘争と結びつけ、二十二年二月一日をもって国鉄、郵便、学校などの一斉スト（二・一ゼネスト）を計画。マッカーサーの介入でストは回避されたものの、吉田自由党への打撃は大きく、四月二十五日の総選挙で第二党に後退した。[106]

かわって第一党に躍進したのは日本社会党だ。しかし過半数には遠く及ばず、第三党の民主党などと連立を組んで片山哲内閣が発足する。決断力に乏しく、「グズ哲」と呼ばれた片山は、本予算も組めないまま九カ月余りで内閣を放り投げた。

戦前の「憲政の常道」に従うなら、次期首班は野党第一党、吉田自由党の再登板だろう。新聞各紙の世論調査もそれを望んだが、[107]GHQの民政局は吉田を嫌い、片山内閣の副総理だった芦田均（民主党総裁）を後押しした。政権たらい回しで芦田内閣が発足したのは二十三年三月。既述のように、芦田は民政局の顔色ばかりうかがい、宮内府長官と侍従長を辞職させて地方巡幸を中断に追い込んだ。

その芦田も、組閣の翌月に発覚した昭電疑獄[108]で十月に退陣、やがて収賄容疑で逮捕される。

皇室も変革を免れなかった。皇室財産は国有となり、宮内府の定員が約四分の一に縮小する。二十二年十月には弟の秩父宮家、高松宮《たかまつのみや》家、三笠宮《みかさのみや》家を除く十一宮家五十一人が皇籍離脱を余儀なくされた(109)。

一方で昭和天皇は、新しい時代にふさわしい皇室のあり方についても、考えをめぐらせていたようだ。二十一年に学習院中等科に入学された皇太子（上皇さま）の英語教育などのために、米人家庭教師のバイニングを招いたのもその一例だろう。日本国憲法施行後の第一回国会開会式以降、勅語の文体も口語体にかわり、「朕」は「わたくし」となった(110)。

とはいえ昭和天皇は、降りつもる雪に色を変えたわけではない。枝をしならせつつ、日本を守る戦いを続けていたのである。

二十二年の年の瀬。戦勝国の理不尽と対決するもう一つの戦いが、佳境を迎えようとしていた。

東京裁判

「被告東条」――。赤ら顔の男は言った。「私はあなたに対して大将とは申しません」――(111)。

昭和二十二年の年の瀬。東京・市ケ谷の旧陸軍士官学校本部大講堂に、世界中の耳目が集まった。前年五月三日に開廷した極東国際軍事裁判（東京裁判）で、首席検事のジョセフ・

キーナンによる、東条英機への尋問が始まったのだ。

キーナン「米国及び他の西欧諸国に対して攻撃をする言いわけの一つとして、これらの諸国があなたの大東亜共栄圏に関する計画をじやましておつたからだと主張いたしますか」

東条「理由の遠因にはなりました。しかしながら直接の原因ではありません」

キーナン「あなたの意図は、大東亜に新秩序を樹立するのであつたということを認めますか」

東条「もちろん、一つの国家の理想として、大東亜建設ということを考えておりました。しかもできるだけ平和的方法をもつてやりたい、こう思つておりました」(112)

東京裁判で訴追された、かつての指導者らは二十八人。戦時国際法違反や捕虜虐待など通常の「戦争犯罪」のほか、ナチスと日本を断罪するために規定された「平和に対する罪」と「人道に対する罪」が問われたが、「実際行なわれたところは、国際法や、刑法理論を無視した野蛮裁判以外のなにものでもなく、手段をかえた戦争の報復」にすぎなかったと、弁護人を務めた菅原裕が書き残している。(113)

最初に有罪ありきの裁判に、被告たちはどう臨んだか――。東条が口述書に書く。

「私は最後までこの戦争は自衛戦であり、現時承認せられたる国際法には違反せぬ戦争なりと主張する。（中略、しかし）敗戦の責任については、当時の総理大臣たりし私の責任である。この意味における責任は、私はこれを受諾するのみならず、衷心より進んでこれを負荷せんことを希望する……」[114]

キーナンと東条との〝対決〟は、十二月三十一日から翌年一月六日まで続いた。

「三国同盟の締結は、何か米国と関係があるのか」

「大いに関係がある」

「軍事的攻勢の脅威があったのか」

「米国の大艦隊がハワイに集結していた」

「侵略的かつ傲慢なる国家に対して、防衛的措置を講じる権利を、米国は持っていないというのか」

「米国の権利に言及するつもりはないが、侵略とか傲慢とかの言葉は日本に適用されない」[115]

キーナンの追及に、東条は一歩も引かなかった。主任弁護人を務めた清瀬一郎によれば、「キーナン検事と東条被告とのやりとりは東条のほうに分があったと、敵も味方もこれを認め、それまでは非常に不評判だった東条も、一時評判をもり返したようなふうだった」という。[116]キーナン自身、「カミソリ東条といわれるだけあってナカナカ頭脳のひらめきは鋭いものがある」と舌を巻いたほどだ。[117]

しかし、「A級戦犯」とされた被告のすべてが、東条のような態度だったわけではない。国家弁護より個人弁護を優先し、ほかの被告の不利になるような主張をしたり、被告同士で言い争ったりする醜態もみられた[118]。

なかでも波紋を呼んだのは、元内大臣の木戸幸一である。昭和天皇の側近だった木戸は、自身が有罪になれば天皇も同罪にされると恐れ、過去十五年間の日記を提出して平和意思を明らかにしようとしたが、かえって揚げ足を取られてしまうのだ。

二十二年八月五日、裁判長のウエッブが言った。

「木戸日記によると開戦直前、海軍は全然戦勝の見込みはないと、高松宮が天皇に言ったと書いてある。そこで天皇は陸相、陸海両総長、首相に相談したところ、彼らが自信を示したので、天皇は、計画を遂行すべしと命じたことになっている……[119]」

オーストラリアから派遣されたウエッブは、昭和天皇の訴追に執着していたとされる。ウエッブの指摘に、木戸は青ざめたに違いない。

昭和天皇の〝責任〟をめぐっては、東条も失言した。同年十二月三十一日、弁護人（木戸担当）のローガンが東条に質問したときだ。

ローガン「天皇の平和に対する希望に反して、木戸が何か行動をとったか、あるいは何か進言をしたという事例を、一つでもおぼえておられますか」

東条「そういう事例は、もちろんありません。日本国の臣民が、陛下の御意思に反してかれこれするということはあり得ぬのであります。いわんや、日本の高官においておや《ママ》[120]」

東条は、木戸を弁護しようとしたのだが、これだと開戦の決定も「陛下の御意思」にされてしまう。

ウエッブがすかさず言った。

「ただいまの回答がどういうことを示唆するか、わかるでしょうね[121]」

東条の顔色が変わった。

天皇不訴追の確定

東京裁判が開かれていた頃、法廷の内外には、依然として天皇訴追の動きがくすぶっていた。戦勝十一カ国で構成する極東委員会は一九四六（昭和二十一）年四月、天皇不起訴の方針を固めていたが、裁判長のウエッブや判事の梅汝璈（中国）らは、少なくとも証言台に立たせるべきだと考えていたのだ[122]。

昭和天皇が証言台に立てばどうなったか――。首席検事のキーナンが言う。

「マックアーサー元帥が余に語つたところによれば、もし天皇が証人として出廷させられたならば、天皇自身はわれ〳〵が証拠によつて見出した彼に有利な事実をすべて無視し、日本政府のとつた行動について自ら全責任を引受ける決心があつたという。すなわち証拠によつて天皇は立憲国の元首であり、法理上、また職責上必ず側近者の補佐に基いて行動しなければならなかつたことが証明されているが、それにもかゝわらず、天皇はもし出廷させられた

としたら、このようなことを自己の弁解に用いるようなことは一切しなかったであろう……」(123)

だとすれば、昭和天皇を証言台に立たせるわけにはいかない。ところが昭和二十二年十二月三十一日の法廷で、東条英機が「日本国の臣民が陛下の御意思に反して行動することはあり得ぬ」と発言したため、ウエッブら訴追派を勢いづかせてしまった。

昭和天皇の訴追は、東条が最も恐れていたことだ。自身の発言が訴追要因にされるとしたら、東条は死んでも死にきれなかっただろう。

この時、東条に発言訂正の機会を与えたのは、キーナンである。

尋問最終日の翌月六日、キーナンが聞いた。

「あなたは、日本臣民たるものは何人たりとも、天皇の命令に従わないと考えることはないと言いましたが、それは正しいですか」

東条は、今度は慎重に言葉を選んだ。

「私の国民としての感情を申し上げたのです。天皇の御責任とは別の問題」

「しかしあなたは実際、米英蘭に対して戦争をしたのではありませんか」

「私の内閣において戦争を決意しました」

「それは裕仁《ひろひと》天皇の意思でありましたか」

東条は答えた。

「御意思と反したかも知れませんが、とにかく私や統帥部の進言によって、しぶしぶ御同意になったのが事実でしょう。平和愛好の御精神で、最後の一瞬まで陛下は御希望をもっておられました(124)」

結果的に、この発言訂正により「天皇の免罪は確定的となり、国民はひとしく愁眉《しゅうび》を開いた」と、弁護人の菅原裕が書いている。東条は、一切の自己弁護を放棄して日本の正当性を訴え、昭和天皇の責任を最終的に否定してみせたのだ(125)。

だが、東条の真意が、正しく国民に伝わったわけではない。東条への尋問が終わった二十三年一月八日、朝日新聞コラムの「天声人語」は書いた。

「一部に東条陳述共鳴の気分が隠見していることは見のがしてはならない。(中略)民主々義のプールに飛込んだはずの水泳選手が、開戦前の侵略的飛込台に逆もどりするにひとしい」

毎日新聞コラムの「余録」も書く。

「戦争の最高責任者として、東条の言い分に、多少の『理論』みたいなものがあるのは怪むに足らぬ。(中略)エラクない彼は、エライ責任を負うことになったのも日本の宿命だ」

東京裁判の狙いが、開戦前にはなかった「平和に対する罪」と「人道に対する罪」により、国民に贖罪意識を植えつけることであることはすでに書いた。そんな中、東条の証言は「占領に対する最大の一撃」だったと、のちに連合国側も認めている。[126] しかし日本の新聞は、東条を悪役に仕立てようとする連合国の言いなりだった。戦後に自虐史観が蔓延《まんえん》したのは、東京裁判そのものより、こうした報道などに原因があったといえよう。

二十三年十一月十二日、判決が言い渡された。死刑は東条英機▽板垣征四郎▽木村兵太郎▽土肥原賢二▽武藤章▽松井石根《いわね》▽広田弘毅――の七人。[127]

「デス・バイ・ハンギング（絞首刑）」の宣告を受けた東条は、通訳のイヤホンを静かに外し、正面に向かって軽く一礼した。その表情は、微笑するようでもあったという。[128]

執行は十二月二十三日。七人は「天皇陛下万歳」「大日本帝国万歳」を三唱し、処刑台の露と消えた。

今ははや　心にかかる　雲もなし
心豊かに　西へぞ急ぐ[129]

東条の辞世である。

その日、東宮侍従の村井長正がみた昭和天皇は、「生涯忘れられない」ものだった。

「陛下は眼を泣き腫らして、真っ赤な顔をしておられた。生涯忘れられないお顔である。私は恐れおののき、視線を落とし、二度とそのような陛下を見まいとして要件だけ述べ、顔を伏せたままドアを閉めた[130]」

退位論の高まり

東京裁判の終盤、昭和天皇の皇位も、重大な危機をはらんでいた。開戦の責任をとって退位すべきだという声が、主にインテリ層の間で再燃しだしたからだ。

発端は昭和二十三年五月、最高裁長官の三淵忠彦が週刊朝日の対談記事で、「陛下は何故に自らを責める詔勅をお出しにならなかつたか」と発言したことだった。これが海外に誤伝され、ロンドン発ロイター電が「降伏記念日たる八月十五日を期して天皇の退位が行われるであろうとの噂が東京で強まっている」と配信。内外各紙の退位是非論に火がついた[131]。

六月九日、東京大学総長の南原繁が中国・中央通信社のインタビューに答えて言う。

「私は天皇は退位すべきであると思う、これは全国の小学教員から大学教授にいたるまでの共通意見である、しかし天皇の退位はあくまでも自発的行為に待つべきである……[132]」

これを受けて六月十二日、同通信社の解説記事を国内各紙が転載した。

「教養の高い日本人たちは退位によつて天皇制にまつわる戦争責任の跡をぬぐい去ることができるとし、一致して退位に賛成している……[133]」

こうした内外の声に浮足立ったのが、当時首相の芦田均だ。芦田は日記に書いた。

「六月七日のTimeとNewsweekが天皇退位の問題を書き立てゝゐる。それが更に難問だ。私には決心はできてゐる。決心通りに行けば、私は閑雲野鶴を侶とすることができる……」[134]

東大総長が退位を公言し、首相までも画策していることに、昭和天皇はどんな気持ちでいただろう。

昭和天皇が、敗戦による国土の荒廃と国民生活の窮乏に、天皇としての「不徳」を感じていたことは事実だ。一方で昭和天皇は「退位した方が自分は楽になるであろう」と思いつつ、皇位にとどまり、最後まで国民と苦楽を共にしようと決意していた。[135]

退位の憶測報道がさかんだった七月九日、昭和天皇は《約一時間にわたり元宮内大臣松平恒雄の拝謁をお受けになる。その際松平より、御退位問題につき確認を受けられ、天皇として留まり責任を取られる旨の御意向を示される》[136]。

退位論の背景には、戦前戦中の日本を「悪」とし、先の大戦の大義を認めない自虐史観がある。もしもこの時、昭和天皇が退位すればどうなったか。戦前と戦後は完全に分断され、天皇も責任を認めたとして自虐史観が固定化し、皇室制度の土台もひび割れしたに違いない。

だが、ここで昭和天皇の皇位を守ったのは、大多数の国民の声だった。その頃、GHQのマッカーサーのもとに届けられた東北地方の村民の手紙には、こう書かれている。

——近時、新聞に陛下の御留位に関しての賛否両論が、外電並びに国内世論として取り上げられておりますが、我々はこのことを遺憾とする者であります。

陛下御自身としては、御位を退くことが許されれば、その己を責め給ふ御胸中は寧《むし》ろ御楽となられるであらうことを、国民は百も承知し乍《なが》ら、而《しか》も御留位のつらさに堪へ給ひて国の中心となられ、明日への希望の灯を消し給はざらむやう祈願してゐるのであります――[137]

こうした退位論への拒絶反応は、決して特異なものではない。同年八月に読売新聞が実施した世論調査では、天皇制度について「あった方がよい」九〇・三%▽「なくなった方がよい」四・〇%▽「わからない」五・七%。退位問題については「在位された方がよい」六八・五%▽「皇太子にゆずられた方がよい」一八・四%▽「退位されて天皇制を廃した方がよい」四・〇%▽「わからない」九・一%――という結果だった。

一方、同年十一月に朝日新聞が掲載した「指導者層（インテリ層）」対象の調査では、「政治・法律・社会」的指導者層の五〇・九%、「教育・宗教・哲学」的指導者層の四九・〇%が退位に賛成している[138]。東大総長の南原繁をはじめ、新聞報道に登場する著名人らが退位論を振りかざす中、一般国民の九割が天皇制度の存続を支持し、七割が留位を求めていた事実は、決して小さくないだろう。

左派的なインテリ層を中心とする退位論の再燃と、それに拒絶反応を示す一般国民との間にあって、当惑したのはＧＨＱである。九月十日、ＧＨＱはＵＰ通信を通じ、新聞各紙に見解を明らかにした。

一、天皇は依然最大の尊敬を受け、近い将来天皇が退位するようなことは全然考えられ

ていない
一、天皇退位のうわさは共産党や超国家主義者の宣伝によるものである
一、現在の天皇が今後長く統治を続けることが、日本国民および連合国の最大の利益に合致する[139]

この発表により、退位論は沈静化する。断絶されかけた「戦前」と「戦後」は、昭和天皇という太い幹によってつながることとなった。大多数の国民の声が、国体を護持したのだ。中断していた地方巡幸も二十四年五月に再開され、熱狂的な「天皇陛下万歳」が各地で響き渡ったのは言うまでもない。

その頃、アメリカが主導する占領政策も、大きく変わろうとしていた。

ダレスへの天皇メッセージ

第二次世界大戦後、世界はアメリカを中心とする自由・資本主義陣営と、ソ連が主導する共産・社会主義陣営に二分された。東西両陣営による、核戦争の危機と隣り合わせのにらみ合い――。冷戦時代の到来である。

熾烈なイデオロギー対立は、日本の占領統治にも影響した。リベラル政策を進めるGHQ民政局のニューディーラーたちが、退場することになったのだ。

直接の原因は、片山哲内閣、芦田均内閣と続いた中道政権の挫折である。後継の最有力は野党第一党、民主自由党総裁の吉田茂だが、民政局は吉田を嫌い、元逓信相の三木武夫（国民協同党委員長）の担ぎ出しを画策。三木が「憲政の常道に反する」[140]として断ると、民自党幹事長の山崎猛を立てようとし、山崎が議員辞職したため頓挫した。

民政局は、なぜ吉田を嫌ったのか──。同局課長のウィリアムスは当時、民自党の長老議員にこう言っている。

「自由党（民自党）は旧体制から決して抜け出していない。天皇を潜在意識的に政治へ引きこもうとしている」[141]

民政局は、昭和天皇を恐れていたのだ。

片山、芦田両首相が民政局の言いなりだったことはすでに書いた。当時、民政局が操れなかった日本人は二人、吉田と昭和天皇である。二人は民政局の頭ごしにマッカーサーと直接交渉できる、政治的技量を持っていた[142]。

昭和二十三年十月十五日、第二次吉田内閣が発足し、民政局の影響力は低下する。ＧＨＱの主導権は、諜報活動を任務とする参謀第二部（Ｇ２）に移った。

第二次吉田内閣の使命は講和問題、すなわち主権回復の流れをつくることだ。一刻も早く戦勝国と講和し、ＧＨＱによる占領状態を終わらせたい吉田だが、講和後の安全保障をどうするかがネックとなった。当時、アメリカ本国が講和後の再軍備と米軍駐留を検討していたのに対し、マッカーサーは日本の非武装中立に固執しており、どちらを選択するかで日本の将来は大きく変わることになる。

しかし吉田は、マッカーサーとの距離があまりに近すぎたせいか、判断がにぶっていたようだ。それより前、アメリカ本国は民政局が主導するGHQの左翼的政策を危惧するとともに、パージ（公職追放）の緩和や再軍備を認めないマッカーサーへの苛立ちを強めていたが、吉田はそれを察知できなかった。

二十五年六月、アメリカ本国で講和問題を担当する米国務省顧問のダレスが来日したときのことだ。面会した吉田は言った。

「日本は民主化と非武装化を実現し、平和愛好国となり、さらに世界世論の保護に頼ることによって、自分自身の力で安全を獲得することができる」(143)

ダレスは呆れた。東西冷戦の真っ直中で、「世界世論の保護」など夢物語である。日本の政治リーダーがこんな認識でいる限り、早期講和など論外だと思ったのではないか。

ダレスが不信感を抱いたまま帰米すれば、主権回復はさらに遠のいただろう。だが、ここで昭和天皇が動いた。ダレスと接触していた式部官長の松平康昌から事情を聞いた昭和天皇は、松平を通じてダレスに、口頭でメッセージを伝えたのだ。

——陛下は、パージの緩和により経験豊かな人材が発言できるようになれば、日米双方の国益に好ましい結果をもたらすとお考えのようです。そうすれば、米軍の基地継続使用問題なども、日本側からの自発的申し出で解決されるかもしれません——(144)

パージの緩和により現実主義的な保守政治家らが復権することは、ダレスも考えていたことだ。ダレスは昭和天皇の潜在的影響力に期待し、このメッセージを「(来日の)もっとも重要な成果」と受け止めた(145)。

昭和天皇もマッカーサーを信頼していたが、吉田ほどべったりではなかった。むしろ、対日政策の主導権がマッカーサーの手から離れつつあることを、読み取っていたのだろう。吉田のエラーを、昭和天皇がカバーしたといえる(146)。

以後、このメッセージがきっかけの一つとなり、ダレスと吉田との講和交渉が本格化することとなった。そしてその頃、朝鮮半島で起きた非常事態が、日本の運命を劇的に変えることになる。

朝鮮戦争

朝鮮半島を横切る一本の線——三八度線。先の大戦の終結間際、半島を南北に分けてソ連と分割統治しようとしたアメリカのペンタゴンで、米陸軍次官補のマックロイらが地図上に引いた、北緯三八度の境界線だ(147)。

それから五年、地図の線が、赤く燃えた。

一九五〇(昭和二十五)年六月二十五日の払暁《ふつぎょう》、猛烈な砲撃が大地を揺らし、十三万人余の北朝鮮軍が一斉に三八度線を越える。宣戦布告なき奇襲攻撃。朝鮮戦争の勃発である。

それより前、日本の敗戦によりアジア情勢は激変していた。中国では一九四六年六月、蔣介石の国民革命軍と毛沢東の共産党軍が内戦に突入。敗れた蔣介石は台湾に逃れ、毛沢東は一九四九年十月、中華人民共和国の建国を宣言する。東南アジアではインドネシアとフィリピンが独立し、仏領インドシナ（ベトナム）ではホー・チ・ミンのベトミン軍が蜂起した。(148)

朝鮮半島をめぐる情勢は、さらに複雑だった。米英中の連合国が戦時中に掲げた「朝鮮ヲ自由且独立ノモノタラシムルノ決意」（カイロ宣言）は守られず、米ソによって南北に分断。南の李承晩が四八年に大韓民国を成立させると、北の金日成は朝鮮民主主義人民共和国を建国し、ソ連と中共の軍事援助を受けた。そして始まったのが、朝鮮戦争だった。

不意を突かれた韓国軍は、随所で敗退、潰走《かいそう》した。早くも開戦四日でソウルが陥落。八月には半島南端の釜山にまで追い詰められる。一方、ソ連抜きで開催された国連安保理は北朝鮮を侵略者と認定し、アメリカ主体の国連軍を組織した。その指揮をとったのは、東京にいる連合国最高司令官、マッカーサーだ。

九月十五日、マッカーサーの第一〇軍団はソウル近郊の仁川に上陸。北朝鮮軍を撃破し、同月末にソウルを奪還した。北朝鮮軍は一転して敗走を重ね、十月半ばには平壌からも撤退する。国連軍の中核である米軍と韓国軍は中朝国境に向けて快進撃を続け、北朝鮮の敗北による南北統一も間近に思えた。しかし、ここで毛沢東がひそかに動き、三十万人超の人民解放軍を投入、国連軍を三八度線以南に押し戻した。[149]

マッカーサーは焦燥し、ついに暴走する。アメリカ本国に中共との全面戦争の決意を促すとともに、米大統領のトルーマンが停戦を模索していると知るや、先手を打って声明を発表。中共をいつでも叩き潰せると、挑発したのだ。

和平工作を潰された格好のトルーマンは、日本の占領統治を含むマッカーサーの全軍職を解任した。[150]

その一報を、東京のラジオ放送で知ったマッカーサーは、妻に言った。

「ジーニー、どうやらこれで帰国できるよ」[151]

マッカーサー離日

桜の散りかけた昭和二十六年四月十五日、東京・赤坂の米国大使館に、昭和天皇の姿があった。向かい合って座るのは、四日前に連合国最高司令官を解任され、私人となったマッカーサーである。

昭和天皇は、《マッカーサーに御告別のお言葉を賜い、来日以来五年八箇月にわたる日本再建への努力と日本国民への好意に対し謝意を表される》[152]。

昭和天皇の「謝意」は、儀礼以上のものだっただろう。敗戦直後の日本は経済が破綻し、アメリカの援助なしには復興できなかった。東京裁判や押し付け憲法など理不尽はあったものの、国民を飢餓から救ったマッカーサーの功績は決して小さくない。

一方、マッカーサーを解任に追い込んだ朝鮮戦争は、日本にとっては僥倖《ぎょうこう》となった。共産勢力の脅威を再認識したアメリカが対日講和を急ぎ、主権回復の日がぐんと近づいたからだ。朝鮮戦争の勃発後、マッカーサーは共産党機関紙「アカハタ」の停刊を命じるとともに、マスコミ、重要産業、労働組合、政府機関から共産党員やシンパらを追放するレッド・パージを指令。[153]その半面、保守政治家らは公職追放を順次解除され、のちの戦後復興の舵取り役となる。

二十五年八月には、朝鮮戦争に動員された在日米軍の穴を埋める形で警察予備隊令が公布。のちの自衛隊につながる再軍備の道が開けた。何より大きかったのは景気の回復だ。米軍が大量の軍需品などを買い付けたため、日本経済は朝鮮特需に沸いた。[154]

昭和天皇とマッカーサーが会見した翌日、二十六年四月十六日の朝、米国大使館から羽田飛行場までの沿道は二十万人以上の群衆で埋まり、マッカーサーを乗せた車に日の丸と星条旗の小旗が打ち振られた。

礼砲のとどろく飛行場には、首相の吉田茂をはじめ政府高官らが居並び、アメリカへ飛び

立つ銀色の大型機を見送った。(155)

新聞各紙が、歯の浮くような賛辞を載せる。

「八千万国民の感謝と敬慕を一身にあつめ、新生日本を慈しみの手で育てゝくれたダグラス・マッカーサー元帥とお別れ……」(十六日の読売新聞夕刊)

「マ元帥の五年八ヵ月間における偉大な業績は、日本人の心からの惜別感に現われている。それは日本人の『心服』を意味する……」(十七日の毎日新聞)

だが、見送りの列に、昭和天皇の姿はなかった。前日に別れを告げ、それで十分だと思ったのだろう。マッカーサーは米国大統領に従う軍人だ。昭和天皇は、日本国の天皇であった。

貞明皇后の崩御

マッカーサーの離日から一カ月後、それは、あまりに突然のことだった。

昭和二十六年五月十七日《午後三時三十分、皇太后は大宮御所において突然狭心症の発作に見舞われ、皇太后宮侍医小原辰三の応急措置を受けられるが、四時十分、崩御される。御歳六十六》(156)

皇太后(貞明《ていめい》皇后)は戦後、大宮御所を訪れる勤労奉仕の国民と歓談するのを、何よりの楽しみにしていた。前夜に奉仕団の出身地を調べ、その地方の特産品などを話題にしつつ、気さくにねぎらいの言葉をかけるのだ。この日も、愛知県西尾町の遺族会が除草作業をしており、モンペ姿に着替えて応対しようと、準備をしているところだった。[157]

直前まで何の兆候もなく、昭和天皇とは一週間ほど前に会食したばかりである。

《天皇は四時二十分に危篤の報に接せられると、花蔭亭において御臨席中の科学委員会合を直ちに打ち切られる。同四十七分皇后と共に御出門、大宮御所に行幸され、皇太后の御尊骸と御対面になる[158]》

昭和天皇の喪失感は、どれほどだっただろう。

聡明《そうめい》にして気丈な国母であった。空襲で御所が全焼しても、「これで国民といっしょになった」と笑みさえ浮かべ、十一宮家が皇籍離脱を余儀なくされても、「御維新前と同じになると考えればよろしいのですね」と言って動じなかった。[159]ただ、「世の中の移り変わりにしたがって、宮中の例を改めるということには、きわめて消極的であられた」と雍仁親王が書き残しているように、[160]ＧＨＱが推し進める宮中改革には、納得していなかったのではないか。

占領期、ＧＨＱは行財政的な改革だけでなく、皇室の内面、信仰心をも変えようとした。ＧＨＱ宗教調査官のウィリアム・ウッダードがのちに語る。

「マッカーサー将軍が天皇のキリスト教への改宗を考えていたことに、疑いはない[161]」

神道はもともと、他宗教に極めて寛容だ。昭和天皇は、クリスチャンだったマッカーサーの〝勧誘〟に、しなやかに対応した。昭和二十三年四月以降、ＧＨＱと関係の深かった女性牧師の植村環に、皇居で聖書の講義を行うことを認め、香淳皇后や正仁親王（常陸宮さま）も受講された。だが、昭和天皇が改宗することはもちろんなく、マッカーサーの解任で影響力が薄れると、やがて講義も終了している[162]。

復興に向け、まだまだアメリカの援助を必要としていた時代だ。昭和天皇は、妥協できるところは妥協し、主権の回復をじっと待ったのである。

昭和二十六年の春、昭和天皇は五十歳。松に降り積もった雪の溶ける日が、ようやく訪れようとしていた。

主権回復

一九五一（昭和二十六）年九月、米サンフランシスコのオペラ・ハウスに、世界五十二カ国の代表が集まった。日本の主権回復に向けた、対日講和条約を審議するためである。各国代表が次々に賛同の演説を行い、最後に演壇に立ったのは日本全権、吉田茂だ。同月七日の夜、吉田は朗々とスピーチした。

「この平和条約は、復讐《ふくしゅう》の条約ではなく、和解と信頼の文書であります。日本全権はこの公平寛大なる平和条約を欣然受諾致します[163]」

同年一月以降、吉田は米国務省顧問のダレスと、講和条約の交渉を積み重ねてきた。だが、必ずしも順調だったわけではない。東西冷戦が深刻化し、アジアで共産勢力が拡大していた頃だ。ダレスは日本の再軍備を求め、吉田は「経済的に耐えられない」[164]として反対した。一方、吉田が将来の沖縄返還を求めたものの、ダレスは相手にしなかった。

紆余曲折の末、条約案がまとまったのは七月頃である。戦勝国が一部を除き日本への賠償請求権を放棄するという、比較的寛大な条件が盛り込まれた半面、日本は（一）朝鮮半島、台湾、南洋諸島（委任統治領）における権利の放棄（二）千島と南樺太の領土喪失（三）琉球諸島と小笠原諸島を米国信託統治領とする提案への同意――を条件付けられた。[165]

国内では賛否両論の議論が起こる。現実問題として、まずは米英など西側諸国との講和を優先するしかなかったが、左派的な知識人らはソ連を含む全面講和を主張。同時に締結される日米安全保障条約にも反対論が巻き起こった。しかし吉田は、真の評価は「後世史家の批判に俟《ま》つ」とし、ぶれることなく講和への道を突き進んだ。[166]

そして迎えたサンフランシスコ講和会議。吉田のスピーチは続く。

「日本はその歴史に新しい頁をひらきました。われわれは国際社会における新時代を待望し、国際連合憲章の前文にうたってあるような平和と協調の時代を待望するものであります」[167]

翌日、ソ連などを除く四十九カ国が講和条約に調印。[168]発効は翌二十七年四月二十八日で、

《これにより日本国と連合国との戦争状態は終了し、連合国により日本国及びその領水に対する日本国民の完全な主権が承認される。天皇は午後十時三十分よりラジオにて条約発効の実況中継を皇后と共にお聞きになる》(169)。

ついに訪れた雪解けを、昭和天皇は詠んだ。

国の春と　今こそはなれ　霜こほる
冬にたへこし　民のちからに(170)

この日、皇居の向かいにあるＧＨＱ本部から、星条旗が静かに降ろされた。

註

（1）ウィリアム・マンチェスター『ダグラス・マッカーサー』下巻九二頁から引用

（2）『マッカーサー回想記』下巻一〇八頁から引用。当時、ホイットニーらは日本軍を極度に警戒していたが、マッカーサーは「日本が国家的にもっている、あの『武士道』と呼ばれる伝統的な騎士道の精神を知り、また信じていた」という

（3）『実録』三四巻、『終戦史録』より

（4）重光葵『昭和の動乱』下巻三三四頁から引用

（5）伊藤隆ほか編『続 重光葵手記』二四一頁から引用

（6）『実録』三四巻七七頁から引用

（7）『実録』三四巻、河原匡喜『マッカーサーが来た日』より

（8）『昭和の動乱』下巻三三八〜三三九頁から引用

（9）外務省特別資料部編『日本占領及び管理重要文書集』一巻一一〇頁から引用

（10）江藤淳責任編集『占領史録』一巻、小堀桂一郎『東京裁判の呪ひ』より。日本の言論をも支配するGHQは徐々に「無条件降伏」を浸透させ、その弊害は現在に及んでいる

（11）、（13）『実録』三四巻七一〜七二頁から引用

（12）『昭和天皇伝』より

（14）東条は終戦後、外相の重光葵に「戦争犯罪者となることは飽く迄拒否するも、戦争責任者としては如何なる裁判をも辞せず堂々と所信を披歴し其の全責任を背負ふべし」と伝えた（『続 重光葵手記』から引用）

（15）半藤一利ほか著『歴代陸軍大将全覧 昭和篇／満州事変・支那事変期』、『杉山元帥伝』より

（16）『実録』三四巻八五頁から引用。GHQは日本側の自主裁判の要望を受け入れなかった

（17）井口治夫「戦後日本の君主制とアメリカ」（伊藤之雄ほか編『二〇世紀日本の天皇と君主制』所収）より。中国、オーストラリア、ニュージーランド各政府も天皇訴追の意向を表明していた

（18）会見前の様子は『侍従長の回想』、『人間 昭和天皇』下巻より

（19）『侍従長の回想』一七三頁から引用

（20）『マッカーサー回想記』下巻一四二頁から引用

（21）『昭和天皇伝』より。奥村の会見記録に昭和天皇の責任発言がないことから、発言を否定する説もあるが、『実録』にもマッカーサーの回想が記載されており、事実とみられる

(22)、(23)『実録』三四巻一〇〇～一〇一、一〇四頁から引用。原文はカタカナ表記
(24) 袖井林二郎『マッカーサーの二千日』より
(25)、(26)『マッカーサー回想記』下巻一四二頁から引用。マッカーサーはのちに「天皇は日本の精神的復活に大きい役割を演じ、占領の成功は天皇の誠実な協力と影響力に負うところがきわめて大きかった」とも書いている
(27)『斎藤茂吉全集』三三巻一〇九頁から引用
(28) 天川晃「第四三代 東久邇内閣」(『日本内閣史録』五巻所収)より
(29)『実録』三四巻一一二頁から引用
(30)『人間 昭和天皇』下巻三七頁から引用
(31)、(33) 同巻より
(32)『実録』三四巻一三四頁から引用
(34)『実録』三四巻一三七、一三八頁から引用
(35)『昭和天皇発言記録集成』下巻四三三頁から引用
(36) 天川晃「第四四代 幣原内閣」(『日本内閣史録』五巻所収)より
(37)、(38) 矢部貞治『近衛文麿』下巻五八六～五八九頁から引用
(39)『実録』三四巻より
(40)『実録』三四巻一一四頁から引用
(41)『実録』によれば十月二十三日、《首相が内大臣を訪れ、本日の朝刊各紙に掲載の憲法改正及び天皇の御退位等に関する公爵近衛文麿の談話内容については、政治上非常な困難を生じる恐れがあるため、内大臣に対し、近衛をして訂正の声明を発せしめる等の善処方を希望》し、近衛は翌日、記者会見で訂正した
(42) 昭和二十年十二月七日の朝日新聞、毎日新聞から引用
(43) 矢部貞治『近衛文麿』下巻より
(44) 同巻六〇〇頁から引用
(45) 同巻六〇九頁から引用
(46)「第四四代 幣原内閣」より
(47)『昭和天皇発言記録集成』下巻四四二頁から引用
(48)『実録』三四巻一七六頁から引用
(49)『実録』三四巻一六八頁から引用
(50)『木戸幸一日記』下巻一二四九頁から引用
(51)『昭和天皇伝』より
(52)『入江相政日記』二巻一八頁から引用
(53)『実録』三四巻一六二頁から引用
(54)『昭和天皇発言記録集成』下巻四三八頁から引用
(55) 杉田幸三『エピソードで綴る天皇さま』より。

以後、全国各地で奉仕団が結成され、皇居で勤労奉仕を実施した。昭和天皇は《崩御前年の昭和六十三年七月五日まで勤労奉仕者に御会釈を賜う》(『実録』三四巻一七三頁から引用)

(56)『実録』三四巻一七三頁から引用。原文はスペースなし

(57)髙橋史朗『日本が二度と立ち上がれないようにアメリカが占領期に行ったこと』一一七～一二〇頁から抜粋

(58)マッカーサーの副官を務めたフェラーズは、「天皇を訴追すれば日本全国に暴動が起こり、特別警備区以外の白人は暗殺を免れない」などと進言していた

(59)、(60)百瀬孝『事典 昭和戦後期の日本』より

(61)勝岡寛次『抹殺された大東亜戦争』より。極端な誇張に基づく「南京大虐殺」を国民が初めて知るのも、「太平洋戦争史」の報道によってだった

(62)、(63)『実録』三五巻二～三頁から引用

(64)「人間宣言」の造語は、皇室記者の藤樫準二の雑誌記事がルーツとされる(八木秀次「『人間宣言』天皇の真意は?」〈『文藝春秋』平成十六年一月号所収〉より)

(65)『実録』三五巻四～五頁から引用

(66)ベン＝アミー・シロニー『母なる天皇』三一三頁から引用

(67)GHQの原案では「天皇を以て神の裔なり(とするのは)架空なる観念」という文章だったが、侍従次長の木下道雄が猛反対し、「天皇ヲ以テ現御神トシ～非ズ」に修正された

(68)佐藤達夫『日本国憲法誕生記』より

(69)『実録』三五巻より

(70)吉本貞昭『知られざる日本国憲法の正体』より

(71)マッカーサーは草案作成にあたり、(一)天皇は国家の元首であり皇位は世襲される(二)国家の主権的権利としての戦争を放棄する(三)日本の封建制度は廃止される――などの指針を示した(マッカーサー・ノート)

(72)『知られざる日本国憲法の正体』一〇五頁から引用

(73)倉山満『誰が殺した?日本国憲法!』より

(74)外相官邸でのやりとりは、吉田茂『回想十年』二巻、『日本国憲法誕生記』、『知られざる日本国憲法の正体』より

(75)GHQの上位機関で、日本管理の政策原則基準を決定する国際委員会。構成国のうちオーストラリアなどが天皇訴追を主張していた

(76) 八木秀次『日本国憲法とは何か』より
(77)『知られざる日本国憲法の正体』より
(78)『誰が殺した?日本国憲法!』より。マッカーサー草案の条文は『This is 読売』平成九年五月臨時増刊号「日本国憲法のすべて」から引用。原文はカタカナ表記
(79)『日本国憲法誕生記』四四頁から引用
(80)『実録』三五巻五一～五二頁から引用
(81)『回想十年』二巻三〇頁から引用
(82) 昭和二十一年六月二十六日の官報号外「第九十回帝国議会　衆議院議事速記録第五号」(国立国会図書館所蔵)から引用。原文はカタカナ表記。金森はその後の審議でも同様の答弁を繰り返し、「憧れの中心」が話題となる。同日の議会で、当時首相の吉田茂も「所謂君臣一如であります、君臣一家であります。(中略)国体は新憲法に依つて毫も変更せられないのであります」と答弁し、議場から拍手がわき起こった
(83)『実録』三五巻一八頁から引用
(84)『昭和の動乱』下巻三四一頁から引用
(85) 勝岡寛次「万世一系と日本の国柄　占領下の国体論争(四)」(日本協議会・日本青年協議会『祖国と青年』平成十九年十月号所収)から引用。八月革命説とは、前年八月のポツダム宣言受諾で主権が天皇から国民に移行し、法的意味の〝革命〟が起きた——とする学説
(86)『昭和の動乱』下巻三四五頁から引用
(87)「第四四代 幣原内閣」より
(88) 食糧難を憂慮した昭和天皇は五月二十四日、終戦の聖断に続く二回目のラジオ放送を行い、「同胞たがひに助けあつて、この窮況をきりぬけなければならない」と呼びかけた
(89) 勝岡寛次「万世一系と日本の国柄　皇室典範をめぐる攻防と全国ご巡幸開始」(『祖国と青年』平成十八年十月号所収)から引用
(90)『実録』三五巻一二頁から引用
(91)『実録』三五巻三六頁から引用
(92) 神奈川、東京の巡幸の様子は鈴木正男『昭和天皇の御巡幸』より
(93)「万世一系と日本の国柄　皇室典範をめぐる攻防と全国ご巡幸開始」から引用。この作文は校友会誌に掲載されたが、引用部分はGHQの検閲により削除された
(94)『昭和天皇の御巡幸』より
(95)『実録』三六巻六一頁から引用
(96)『昭和天皇の御巡幸』より
(97) 大金益次郎『巡幸余芳』より

(98) 同書七二頁から引用

(99) ルーズベルト政権のニューディール政策の影響を受け、米国内で台頭した革新的勢力

(100) 勝岡寛次「万世一系と日本の国柄 昭和二十二年の地方ご巡幸(三)」(『祖国と青年』平成二十年二月号所収)から引用

(101) 宮内省は昭和二十二年五月の日本国憲法施行で宮内府となり、二十四年六月に宮内庁となった

(102) 『実録』三七巻一四頁から引用

(103) 『実録』三七巻三〇、三九、四四頁から引用。芦田は、天皇退位論者を宮内府長官につける意向だったとされる

(104) 鈴木一『人間天皇の素顔』一一〇頁から引用。昭和天皇は戦時中、日々増大する被害に苦悩し、「御政務室をあちらこちらとお歩きになりながら、独り言を仰せになる」ことがあった

(105) 天川晃「第四五代 第一次吉田内閣」(『日本内閣史録』五巻所収)より

(106) 大森彌「第四六代 片山内閣」(同)より

(107) 片山内閣の総辞職を受け、読売新聞が京浜地区で行った世論調査では自由党首班論四五・六%、解散論三八・三%、民主党首班論一一・四%。毎日新聞が東京で行った世論調査では自由党五五・四%、社会党二五・〇%、民主党一二・二%、共産党一・六%——などだった

(108) 総合化学大手の昭和電工が復興金融公庫の融資を受けるため、政界に多額の賄賂を贈った事件。GHQ内部で民政局と主導権争いをしていた参謀第二部(G2)が疑獄追及の背後にいたとされる

(109)、(110) 『実録』三六巻より

(111)、(112) 新田満夫編『極東国際軍事裁判速記録』八巻二二四頁から引用

(113) 菅原裕『東京裁判の正体』二六頁から引用

(114) 清瀬一郎『秘録 東京裁判』一五二頁から引用

(115) 『極東国際軍事裁判速記録』八巻二四四～二四五頁から要約

(116) 『秘録 東京裁判』一五三頁から引用

(117) 平野素邦「法廷秘話」(池田佑編『秘録大東亜戦史(六)』所収)から引用

(118) 日暮吉延『東京裁判』より。とくに軍部出身と外務省出身の被告関係者が対立し、開戦通告の遅れをめぐって当時外相の東郷茂徳と当時海相の嶋田繁太郎が、互いを批判し合う泥仕合もあった

(119) 『極東国際軍事裁判速記録』六巻六九頁より要約。裁判長のウエッブは木戸日記を天皇訴追の根拠の一つにしたとされる。また、木戸日記で

不利となった軍人被告からは厳しい批判を受けた
(120)、(121)『極東国際軍事裁判速記録』八巻二二一～二二二頁より要約
(122)『東京裁判の正体』より。極東委員会とは、日本管理の政策原則基準を決定するGHQの上位機関で、構成する十一カ国は東京裁判に判事を一人ずつ出す権利を有した
(123)昭和二十三年十一月二十一日の朝日新聞から引用
(124)『極東国際軍事裁判速記録』八巻二六五頁より要約
(125)『東京裁判の正体』より
(126)『東京裁判』より
(127)ほかに元内大臣の木戸幸一ら十六人が終身刑、二人が有期禁固刑となった
(128)日沢四郎「市ヶ谷の表情」(『秘録大東亜戦史(六)』所収)、平野素邦「法廷秘話」(同)より
(129)上法快男編『東京裁判と東條英機』九四頁から引用
(130)橋本明「封印された天皇の『お詫び』」(『天皇百話』下の巻所収)から引用
(131)『週刊朝日』昭和二十三年五月十六日号、勝岡寛次「万世一系と日本の国柄　天皇退位問題の再燃と東京裁判の判決」(『祖国と青年』平成二十年四月号所収)より
(132)昭和二十三年六月十三日の読売新聞から引用
(133)同月十二日の朝日新聞から引用。なお、南原は翌日の同紙で「小学教員から大学教員にいたるまで(退位が)共通意見だということはなく、ただ心ある者のうちにはそう考えているものもあるといつただけだ。自分もその一人で自分の意見はいまも変つていない」と弁明した
(134)同月十日の『芦田均日記』二巻一二六頁から引用
(135)『人間　昭和天皇』下巻より
(136)『実録』三七巻六二頁から引用
(137)「万世一系と日本の国柄」から引用
(138)武田清子『天皇観の相剋』より。指導者層の調査でも、「指導的国会議員」と「経済界の指導層」は退位反対が八割以上を占めた
(139)昭和二十三年九月十一日の時事新報から引用。この場合の「統治を続ける」は、在位するの意味
(140)竹内桂「中道政権期の三木武夫」(明治大学大学院『政治学研究論集』四一号所収)、大森彌「第四八代　第二次吉田内閣」(『日本内閣史録』五巻所収)より

(141) 秦郁彦『裕仁天皇五つの決断』二三一頁から引用

(142) マッカーサーが在任期間中に面会した日本人は十六人だけだが、吉田とは七十六回、昭和天皇とは十一回会見した

(143) 『裕仁天皇五つの決断』二四四頁から引用

(144)、(145) 同書より

(146) ダレスへの天皇メッセージをめぐっては、「象徴天皇」の枠組みを超えた二重外交であるとの批判もあるが、吉田に対するダレスの不信感を緩和したという意味で、吉田の講和交渉を補完する役割を果たしたとする評価も高い（『昭和天皇伝』より）

(147) 李圭泰「連合国の朝鮮戦後構想と三八度線」（一橋大学一橋学会『一橋論叢』平成四年八月号所収）より

(148) 仏軍とベトミン軍との第一次インドシナ戦争は一九五四年まで続き、仏軍が撤退したもののベトナムは南北に分断、のちのベトナム戦争へとつながった

(149) 朝鮮戦争の経緯は『陸戦史集　朝鮮戦争（五）～（八）』、クレイ・ブレアJr.『マッカーサー』より

(150) デイヴィッド・ハルバースタム『ザ・フィフティーズ』上巻より

(151) 『マッカーサー回想記』下巻三一四頁から引用。ジーニーはジーンの愛称

(152) 『実録』四〇巻二八頁から引用

(153) 大森彌「第四九代　第三次吉田内閣」（『日本内閣史録』五巻所収）より

(154) 『実録昭和史（三）』より

(155) ＮＨＫ名作選「マッカーサー元帥　帰米」（ＮＨＫアーカイブス）、昭和二十六年四月十七日の朝日新聞より

(156)、(158) 『実録』四〇巻四〇頁から引用

(157) 『貞明皇后』より

(159) 『貞明皇后』二三九、二四四頁、工藤美代子『母宮貞明皇后とその時代』より

(160) 『貞明皇后』二九三頁から引用

(161) 『母なる天皇』三一九頁から引用

(162) 松本健一『畏るべき昭和天皇』より

(163) 外務省編『日本外交文書　平和条約の締結に関する調書（七）』から引用

(164) 外務省編『日本外交文書　サンフランシスコ平和条約―対米交渉』、「第四九代　第三次吉田内閣」より

(165) このほか、日本が主権国として個別的自衛権と集団的自衛権を有することも承認された

(166)『回想十年』三巻より

(167)『平和条約の締結に関する調書（七）』から引用

(168)国共内戦で政府が二つに分かれた中国は講和会議に招聘《しょうへい》されなかった。韓国も参加を求めていたが、そもそも韓国は日本と戦争していないため認められなかった

(169)、(170)『実録』四〇巻一五八頁から引用。原文はスペースなし

第十三章——国民とともに

皇太子ご訪欧

その日――昭和二十八年三月三十日、皇居から横浜港まで三〇余キロの国道沿いは、満開の桜と、約百万人の国民が打ち振る日の丸の小旗に彩られた。歓声に包まれた喜色のトンネルを、飴《あめ》色のオープンカーが通過する。車上で手を振っているのは、初の外遊に出発される、当時十九歳の皇太子（上皇さま）だ。

外遊の目的はエリザベス英女王の戴冠《たいかん》式。昭和天皇の名代としてのご出席である。あわせてアメリカ、フランス、スペイン、オランダなど計十四カ国を訪問される予定だった。前年四月に主権を回復してからまもなく一年。日本が国際社会に新たな一歩を踏み出す、先導役も担われていた。(1)

昭和天皇が大正十年に訪欧したときも、十九歳の春だった。今回の外遊にあたり、昭和天皇は皇太子としばしば歓談し、自身の訪欧について語ったと『昭和天皇実録』に記されている。

皇太子の外遊を、当時のマスコミは大きく取り上げた。中でも力を入れたのは、同年二月一日からテレビの本放送を開始したNHKだった。出発の日、昭和天皇は《皇太子出航の模様を放映するテレビ放送を皇后と共に御覧になる》[2]。

NHKアナウンサーが実況する。

「三時五十五分、出港の汽笛が響き渡りました。いよいよ出帆であります。プレジデント・ウィルソン号の巨体は、五色のテープを引いて岸壁を離れました。期せずしてわき起こる歓呼の声、横浜港は、興奮のるつぼと化しています。皇太子さま、お元気でいっていらっしゃい。この日、全国民の心の中は、みなひとつであったと思われます[3]」

昭和天皇の感慨は、一入《ひとしお》だっただろう。

この三年、昭和天皇の子供たちは次々と巣立っていった。二十五年五月に三女の和子内親王が鉄道研究家の鷹司平通《たかつかさとしみち》（旧五摂家の鷹司家二十七代当主）と、二十七年十月には四女の厚子内親王が実業家の池田隆政（旧岡山藩主池田家十六代当主）と、相次いで結婚している。悲しい旅立ちもあった。二十八年一月、秩父宮雍仁親王が五十歳で薨去《こうきょ》したのだ。幼少期を一つ屋根の下で過ごした、何でも言い合える弟だった。

皇太子を乗せた米客船プレジデント・ウィルソン号は四月十一日に米・サンフランシスコに、十三日にカナダ・バンクーバーに到着し、列車で北米大陸を横断した。途中停車するカナダ国内の各駅では近隣の日系移民が集まり、車窓からでもと奉迎した。そんな時、皇太子は予定にない小駅でも車外に出て、親しく声をかけられた。先の大戦中、アメリカとカナダの日系移民は強制収容所行きの苦難を味わっている。祖国の皇太子とふれあい、どれほど胸を熱くしたことだろう。

一方、随員らは皇太子の健康を憂慮した。北米の外気は時に零度を下回る。訪英前に風邪でも引かれたらと、早朝の途中駅では侍従長が応対する案も出たが、随員の吉川重国によれば「殿下は成るべく起きられたら出るといわれた」という。

「(ある駅では午前四時半に車外に出て)邦人のみならず外人《ママ》をも感激させられた」「日本のプラスになるなら何でもするという御気持がうかがわれ、全く頭が下がる」[4]

カナダを経由し、英国入りされたのは四月二十七日である。

だが、そこで皇太子を待っていたのは、大衆紙などがあおる反日世論だった。訪英直前の四月二十二日、英大衆紙デイリー・エクスプレスは書いた。

「(日本が)善良な意思を持つという証拠を何等示す事も無く戴冠式に代表を送るよう招待される等想像も出来ない」[5]

終戦から八年足らず。シンガポールの戦いで日本軍に大敗し、多くの英軍将兵が不名誉な捕虜生活を強いられた戦争の傷跡は、まだ癒えていなかったのだ。捕虜団体は皇太子の訪英に抗議する決議を行い、皇太子招待の賛否を投票で決める市議会もあった。

英国内の一部に渦巻く反日世論に対し、沈静化に動いたのは英首相のチャーチルである。

皇太子がロンドンに到着された翌日、チャーチルは皇太子との午餐《ごさん》会を主催し、その場に大衆紙の会長や野党党首らを招いて融和の場を演出した。

席上、まずチャーチルが杯を傾ける。

「天皇陛下のために乾杯」

皇太子もさわやかに応じられた。

「女王陛下のために乾杯」

二人は打ち解けて歓談し、耳の遠いチャーチルの耳元で皇太子が話しかけられる様子は、「孫がおじいさんと話しているが如き和やかさ」だったと、同席した駐英公使が回想している。(6)

午餐会の様子は大衆紙でも好意的に報じられ、以後、対日世論は劇的に好転した。

英王室も皇太子を歓待した。五月五日にはバッキンガム宮殿で新女王が皇太子と会見。戴冠式を前にした歓談は、異例の配慮といえよう。

六月二日、いよいよ戴冠式である。世界中が注目する舞台は伝統のウエストミンスター寺院。深紅のローブをまとった当時二十七歳の新女王に、大司教が純金製の王冠を授ける。その様子を皇太子は、最前列の席で見られた。昭和天皇の名代として、臆することなく振る舞われた皇太子は、随行した侍従長によれば「感嘆の一言に尽きる」だったという。(7)

皇太子自身、ほっとされたことだろう。

『昭和天皇実録』によれば《戴冠式終了後、（昭和天皇は）皇太子より御名代の使命を無事終えた旨の電報をお受けになる。なおこの電報は、この度の外遊において初めて皇太子名で発したものである》[8]。

戴冠式を含む外遊の様子は日本でも大きく報じられ、新生日本の国際デビューを象徴するものとして国民の喝采を受けた。

以後、皇太子はイタリア、ベルギー、西ドイツ、アメリカなどを歴訪し、元首級との会見を重ねるとともに、現地の在住邦人や日系移民らの熱烈な歓迎を受けられた[9]。それは、昭和天皇が皇太子時代に訪欧した時の、再現といっていいだろう。

外遊の様子は、昭和天皇にも逐次届いた。

五月十八日《英国における皇太子の動静を伝えるニュース映画を皇后と共に御覧になる》

六月二十三日《皇太子が渡欧の船上にて録音したテープを（皇族や皇后と）ご一緒にお聞きになる》

七月二十八日《皇太子がベルギー国訪問を終えるに当たり、滞在中に受けた款待に対し、同国国王ボードワン一世へ礼電を発せられる》[10]

十月十二日、半年間にわたる外遊の目的と使命を果たした皇太子が、米旅客機で羽田空港に到着された。ひとまわり大きくなられた姿に、国民は万歳の嵐だ。

昭和天皇も喜び、こう詠んだ。

皇太子《ひのみこ》を　民の旗ふり　迎ふるが
うつるテレビに　こころ迫れり(11)

皇太子への注目は続く。いよいよ全国民の一大関心事、お妃選びが本格化したのだ。

皇太子ご成婚

長野県軽井沢のテニスコートで、皇太子は大粒の汗をかかれていた。昭和三十二年八月十八、十九日、テニス好きの避暑客らが企画したダブルスのトーナメント大会。皇太子のペアは準々決勝まで勝ち進まれたが、次は強敵だった。どんなに強く打ち込んでも、相手コートの女性に返されてしまうのだ。

約二時間にわたる熱戦は、第一セット六―四、第二セット五―七、第三セット一―六で皇太子ペアの逆転負け。皇太子は、しなやかながら粘り強くプレーされる女性に、舌を巻かれたことだろう。

女性の名は正田美智子、のちの皇后（上皇后さま）である。この対戦がきっかけとなり、二人は帰京後もテニスをされるようになった。紅葉の色づく頃には、皇太子も、運命の糸を意識されていたようだ(12)。

翌三十三年二月、皇太子妃の選考委員を務める小泉信三(元慶應義塾塾長・東宮御教育常時参与)に、こう言われたという。

「この人も選考対象に入れて下さい(13)」

皇太子妃選びは、数年来の国民的関心事だ。新聞が初めて報じたのは昭和二十六年七月。その二年後に皇太子が外遊から帰国されると、宮内庁内部の選考も本格化する。しかし、順調ではなかった。元華族や学習院出身者を中心に適齢期の女性を次々とリストアップしても、戦後の風潮を反映してか、噂にのぼると他家との結婚を急ぐようなケースも相次いだ(14)。

選考が難航する中、聖心女子大学の出身者に、またとない女性がいると聞きつけたのは小泉だったとの説がある。外国語外国文学科を首席で卒業したばかりで、健康も容姿も申し分ない。小泉は二人を引き合わせるチャンスをうかがった。軽井沢のテニス大会に皇太子が参加されたのも、小泉の配慮だったという(15)。

一方、新たな候補の出現に、皇室と関わりの深い常磐会(16)から反対の声が上がった。皇太子妃は元華族の子女から選ばれると、誰もが思っていた時代だ。正田家は実業界の名門ではあっても、いわば〝平民〟であり、学習院以外であることがネックとなった。

困惑したのは正田家も同じだ。父の英三郎は小泉の説得を断り、母の冨美（のちに富美子へ改名）は娘に長期の海外旅行をさせた。是が非でも、あきらめてもらおうと思ったのである。[17]

しかし皇太子は、固い決心を抱かれていたようだ。

昭和天皇も二人を応援した。

三十三年八月十五日《宮内庁長官宇佐美毅の拝謁を皇后と共に受けられ、皇太子と正田美智子との結婚の話を進めることをお許しになる》[18]

同年の秋、帰国を待っていた皇太子は電話で思いを告げられ、十一月二十七日の皇室会議でご婚約が内定する。

ご成婚は翌三十四年四月十日。その日、前夜の雨が嘘のように晴れ上がり、青空に向かって数千羽のハトが舞い上がった。

《午前十時より賢所《かしこどころ》において、皇太子結婚式中、結婚の儀が行われる。（中略）皇太子及び皇太子妃美智子が賢所において拝礼し、皇太子が告文を奏した後、神酒を受ける》[19]

結婚の儀には、首相はじめ各界代表者らが参列し、かつて皇太子に英語などを教えた米人家庭教師のバイニングや、目に涙をにじませる小泉の姿もあった。

朝見の儀で昭和天皇は、二人にこんな言葉をかける。

「互に相むつみ、心を合わせて国家社会に貢献することを望みます」[20]

午後二時三十分、いよいよ二人が一般国民の前に姿を見せられる。パレードがはじまったのだ。

六頭立て四頭引きの儀装馬車に乗られた皇太子は、胸に大勲位菊花大綬章副章をつけた燕《えん》尾《び》服。左隣の皇太子妃は、ほぼ純白のローブ・デコルテにストール・コートをまとわれ、頭上には数多《あまた》のダイヤをちりばめたティアラが輝いている。

警視庁騎馬隊の先導で儀装馬車が二重橋を渡ると、黒山の群衆から歓呼の声が上がり、日の丸の小旗が一斉に打ち振られた。(21)

この日、皇居から東宮仮御所まで八・八キロのパレードコースを埋めた沿道の群衆は警視庁調べで五十三万人、消防庁調べで八十三万人。(22)このほか千五百万人もの国民がテレビに釘づけになったといわれる。

昭和天皇は詠んだ。

皇太子の　契り祝ひて　人びとの

よろこぶさまを　テレビにて見る(23)

群衆の歓声に皇太子は手を振られ、皇太子妃は笑顔で応えられた。だが、皇室という別世界での新生活を前に、不安も抱かれていただろう。

果たしてその不安は、現実になる。〝平民〟出身の皇太子妃を快く思わない元華族らの嫌がらせが、結婚後も続いたからだ。悪意に満ちた噂も流され、二人の心を苦しめた。正仁親王（常陸宮さま）と皇太子妃が聖書の話をされ、それを知った昭和天皇が激怒したと伝えられる「宮中聖書事件」も、その一つだ。

のちに噂を知った昭和天皇は、嘆息したという。

「このようなことは、事実がないばかりでなく、心に思ったことさえなかった」[24]

元華族らと異なり、国民は〝ミッチーブーム〟にわいた。昭和天皇も国民とともに、皇太子妃を歓迎していたのである。

高度経済成長

日本が主権を回復してから皇太子が結婚されるまでの昭和二十七年から三十四年の間、占領期にどん底を味わった国民生活は、劇的に変わった。

朝鮮戦争の特需にわいた景気は二十九年になるとさらに拡大。神武天皇の建国以来最大だとして神武景気と名づけられる。企業の業績好転で庶民の購買力も増し、努力すれば手に届く電気洗濯機、冷蔵庫、テレビが「三種の神器」ともてはやされた[25]。

中でも急速に普及したのはテレビだ。三十年に五万台だった契約台数は、三十一年三十万台、三十二年五十万台、三十三年百万台と伸び、三十四年には皇太子のご結婚パレード効果で三百万台を記録した。[26]

国産乗用車も好況。三十三年に富士重工がスバル360を、三四年には日産がダットサン・ブルーバードを発売し、マイカー時代が到来する。[27] 三十一年の経済白書は「もはや戦後ではない」と記す。諸外国が瞠目《どうもく》した驚異的な経済復興——。高度経済成長期の幕開けである。

政治情勢も大きく様変わりした。二十三年以降六年余にわたる吉田茂長期政権に、ピリオドが打たれたのだ。主権回復で絶頂期を迎えた吉田政権だが、その後はワンマン体制に批判が噴出。二十九年の造船疑獄[28]が退陣の決定打となった。

戦後も「臣茂」を公言した吉田が、皇室に尽くした功績は大きい。退位論に火がついたときも、一貫して反対したのが吉田だった。二十七年一月、民主党議員だった中曽根康弘が保守の立場から退位論に言及すると、吉田はピシャリと言った。

「御退位を希望するがごとき者は、私は非国民だと思うのであります」[29]

巧みな外交術で主権回復を果たした吉田を、昭和天皇は深く信頼していたようだ。四十二年に吉田が死去した際、昭和天皇はこう詠んでいる。

外国《とつくに》の　人とむつみし　君はなし

思へばかなし　このをりふしに[30]

一方で吉田は、経済復興を優先するあまり、保守層が期待した自主憲法制定と自衛軍創設（再軍備）を後回しにした。GHQが押し付けた日本国憲法は、いわば占領管理法であり、主権回復と同時に国会で失効を宣言すれば今日まで続く憲法問題はなかっただろう。(31)

吉田にかわって首相になったのは、自由党を離党して日本民主党総裁となった鳩山一郎である。自由・民主両党の保守合同を実現し、悲願の自主憲法制定に向けて走り出した鳩山だが、その行く手を革新勢力が阻む。

ときに昭和三十（一九五五）年十一月、政界は保革対立の、五五年体制に突入した。

六〇年安保闘争

「参院ついに暴力ざた」「警官隊五百出動」「社会党議員が乱入」「抜打ち本会議に憤激」「河野（義克）事務次長殴られる」――(32)

昭和三十一年六月二日未明に参院本会議で起きた、乱闘事件を伝える新聞報道である。

その前年（一九五五年）、左右に分かれていた社会党が統一して日本社会党となり、翌月に自由党と日本民主党が合同して自由民主党となる。両党は憲法、自衛隊、教育政策などをめぐって激しく対立し、国会はしばしば空転した。

以後、少数の抵抗により多数の主張が通らない、いびつな政治が四十年近く続く。五五年体制である。

革新勢力の中核にいたのは、日本教職員組合（日教組）だ。イデオロギー教育を推進し、政治闘争に明け暮れた日教組の弊害は、指摘するまでもないだろう。左傾化した教育を是正しようと第三次鳩山一郎内閣が（一）教育委員の任命制（二）教科書検定の強化――に取り組むと、日教組の影響を受ける社会党は実力阻止に出た。前述の乱闘事件がそれである。

鳩山内閣は、悲願とする自主憲法制定でも挫折した。改憲発議に必要な三分の二議席という壁を、崩せなかったからだ。小選挙区制の導入により議席増を狙うも、選挙区割りが自民党に有利だとして猛批判を浴び、実現できずに終わる。

三十一年十二月、鳩山は、日ソ共同宣言で国交を回復したのを花道に退陣し、政界を引退した。(33)

短命に終わった石橋湛山内閣をはさみ、保守の旗振り役を引き継いだのは岸信介。その政権のもとで保革激突の〝主戦場〟となったのは、日米安全保障条約の改定問題である。(34)

サンフランシスコ講和条約と同時に締結された日米安保は対米従属的な色彩が強く、在日米軍の日本防衛義務すら不明確だった。それを改定することに、当初は社会党議員も前向きだったが、一九五七（昭和三十二）年にソ連が人工衛星スプートニク一号の打ち上げに成功すると、内外の情勢は一変する。それまで弾道ミサイル開発で先行していたアメリカの優位が崩れ、革新勢力は一斉に東側陣営になびいた。(35)

一九五九（昭和三十四）年三月、訪中した社会党書記長、浅沼稲次郎は言った。

「米国は日中共同の敵だ」「社会党は今後、国内では資本主義と戦い、外では米国の帝国主義と戦う」(36)

翌年、反米色を強める社会党などの反政府・反安保闘争が激化する。労組や全学連（全日本学生自治会総連合）に主導された学生らも国会周辺に押し寄せ、安保反対のデモを繰り返した。

首都中枢に渦巻く、革命前夜のような喧騒《けんそう》と混乱――。それでも日米安保を改定し、より対等な新安保条約を締結しようとする岸の信念は、微塵《みじん》も揺るがなかった。

三十五年五月十九日、岸と自民党は新安保条約の強行採決を決意する。衆院さえ通過すれば、参院でいくらもめようと三十日ルールで自然成立するだろう。(37)一カ月後に米大統領アイゼンハワーが来日することになっており、ぎりぎりで間に合わせる計算だった。

一方、自民党の動きを察知した社会党議員団は同日夜、秘書も含め約三百人が議長室前や廊下に座り込んだ。議長を閉じ込めておけば本会議は開けない。国会議事堂の外では、風雨の中をデモ隊のシュプレヒコールがこだました。

午後十時半過ぎ、本会議開会のベルが鳴る。議長の要請で約五百人の警官が社会党議員らを排除しようとしたが、激しく抵抗され、議場への通路を確保できない。焦った自民党は十一時三十分過ぎ、別の出入り口から議長を誘導しようとしたものの、そこでも社会党議員の妨害にあい、大乱闘となった。

十一時五十分、警官や衛視らに守られた議長がよろけるように議場に入り、もみくちゃにされながら開会を宣言。会期延長を議決した後、新安保条約を可決した。時計の針は、午前零時を回っていた。(38)

だが、この強行採決は裏目に出る。翌日以降、国会周辺のデモが激化したからだ。六月十日には打ち合わせで来日した米大統領報道官、ハガチーの車がデモ隊に取り囲まれ、ヘリコプターで脱出する騒動が発生。大統領来日は中止となった。その五日後、国会への突入を図るデモ隊と警官隊とが激しく衝突し、東大生の女性活動家が死亡する事故も起きた。

昭和天皇が憂慮したのは言うまでもない。

六月十八日《(新安保条約に)反対する国会議事堂周辺の抗議行動集会の状況につき、上直侍従に度々お尋ねになる》(39)

その夜、デモは最高潮に達する。国会や首相官邸は約三十三万人の群衆に囲まれ、「アンポ反対!」「岸を倒せ!」の怒号が永田町を揺るがした。

岸は、ひとりで官邸にいた。警視総監が「安全確保に自信が持てなくなったので、どこか他の場所に移ってほしい」と要請したが、岸は動かなかった。その時の心境を、のちにこう書いている。

「私は、安保改定が実現されれば、たとえ殺されてもかまわないと腹を決めていた。死に場所が首相官邸ならば以て瞑すべしである」(40)

国会が麻痺《まひ》したまま、三十日ルールによる新安保条約の自然成立が刻一刻と迫っていた。岸は、官邸に集まっていた閣僚の身を案じ、それぞれの役所に返したが、夜十時過ぎ、実弟の佐藤栄作が訪れてきた。

「兄さん、ブランデーでもやりましょうや」

佐藤もまた、万一の時は日本の安全保障に殉じる覚悟だったのだろう。(41)

官邸になだれ込もうとするデモ隊――。懸命に押しとどめる機動隊――。昭和三十五年六月十九日午前零時、新安保条約は自然成立した。

喜びと悲しみと

安保闘争に揺れた昭和三十五年、皇室に、新たな命が誕生した。

二月二十三日《午後四時十五分、皇太子妃が宮内庁病院において親王を出産する。天皇は、

御産所参候の宮内庁次長瓜生順良より宮内庁長官・侍従を経て、直ちに皇后と共に報告を受けられる(42)》

このとき、昭和天皇は五十八歳。待望の皇孫である。

二月二十五日《午前、宮内庁病院に皇后と共にお出ましになり、二階御休所において皇太子と御対面になる。ついで東宮侍医長佐藤久・宮内庁御用掛小林隆の拝謁を受けられ、経過説明をお聞きになる。それより白衣をお召しになり御静養室に皇太子妃を見舞われ、ついで皇孫と初めて御対面になる(43)》

二十九日は命名の儀。昭和天皇は世継ぎとなられる親王に、徳仁《なるひと》の名と浩宮《ひろのみや》の称号をおくった。いまの天皇陛下の御名である。出典は儒教の経書「中庸」。東洋学泰斗の宇野哲人らが数種類選んだ中から、《皇后・皇太子・同妃と御相談の上、御決定になる(44)》。

三月十二日、皇太子妃（上皇后さま）は徳仁親王（天皇陛下）を抱き、宮内庁病院を退院された。病院の玄関前で車の窓を開け、報道陣にほほ笑まれる様子が新聞各紙の一面を飾る。二人の健康そうな様子に、国民は拍手喝采だ。

ところが、元華族からは思いもかけぬ声が漏れた。

「お宮参りさえすまないうちに写真を撮らせるとは何ごとか」「お子さまが風邪でもひかれたらどうなさるのか」……(45)

第一皇男子（当時は第一男子）孫出産の大任を果たされても、批判や中傷が止まらなかったのだ。皇太子妃は、黙って耐えられるしかなかった。

日本国憲法の施行後も、皇族が激務であることに変わりはない。出産七ヵ月後の九月二十二日、皇太子と皇太子妃は昭和天皇の名代として、訪米の旅に出られた。安保闘争で米大統領の来日が中止され、日米の国民感情にきしみも見られた直後である。皇太子夫妻のご訪米は両国政府が強く望んだものだった。

皇太子夫妻は十六日間で全米七都市を回るハードスケジュールをこなし、同年十一月十二日から十二月九日にはイラン、エチオピア、インド、ネパールを歴訪、国際親善に努められた。(46)

それでも、宮中周辺の冷たい空気は変わらない。昭和天皇は皇太子妃を支持していたが、香淳皇后の理解がなかなか得られなかったとも伝えられる。国民とともにあろうとする昭和天皇は、新しい時代にふさわしい皇室のあり方を考え、自ら実践していた。一方で香淳皇后は、年齢的な問題もあり、順応できなかったのではないか。(47)

実は香淳皇后も、心に深い傷を負っていたのである。

徳仁親王がお生まれになった年の晩秋、三十五年十一月のことである。昭和天皇の長女で、東久邇盛厚に嫁いだ成子（二十二年に皇籍離脱）が病に倒れ、東京第一病院に入院した。手術したものの結果は思わしくなく、宮内庁病院に転院。末期のがんだった。(48)

成子は、苦境に屈しない女性だった。東京大空襲の最中に防空壕で第一子を出産し、戦後に皇族としての特権を失ってからも、内職で家計を支えながら五人の子供を育てた。旧皇族の中で、皇太子妃に深い理解をよせていたのも成子だ。三十四年六月には皇太子夫妻と昭和天皇、香淳皇后を私邸に招き、兄弟姉妹による夕食会を開いている[49]。

その成子が、もはや治療の方法がないと診断されたとき、心の中で何かが崩れたのか、香淳皇后に異常な言動がみられるようになる。病室を見舞っていた香淳皇后は、「施療師」と称する男を連れてきて、怪しげな〝治療〟をはじめたのだ。未消毒のガーゼを患部にあて、電気を流すという方法だった。

仰天した侍医の杉村昌雄が制止しようとすると、香淳皇后は声を震わせて抗議した。

「あの病気、もう絶対になおらんといったではないか。ところがあの施療師は、少しはなおるという。おぼれるものは、わらをもつかむというが、それがわからないのか[50]」

かつて、そばにいるだけで周囲をなごませた温和な皇后の姿は、このときはなかった。

三十六年七月二十三日、成子は死去する。享年三十五。あまりに早すぎる旅立ちだった。

昭和天皇が嘆き悲しんだのは、言うまでもない。死去の十日ほど前から、成子を撮影した八ミリ映画などを何度も見る様子が、『昭和天皇実録』に記されている。同時に昭和天皇は、尋常でないほど悲痛な様子の香淳皇后を心配し、気遣ったことだろう。

悲しみは続く。三十八年三月、皇太子妃が流産されたのだ[51]。皇室は、大きな試練を迎えていた。

このとき、精神的に追い詰められた皇太子妃を支えたのは、すくすくと成長される徳仁親王と、皇太子の深い愛情だ。流産から七カ月後の三十八年十月、皇太子は公務の合間をぬい、皇太子妃と栃木県奥日光へプライベートの旅行をされた。雑音のない自然の中で、短期間でも二人で過ごしたいと、皇太子自身が企画されたものだった。

皇后を気遣う天皇と、皇太子妃を慰められる皇太子――。「美智子さまに笑顔が戻られたのは、そのご旅行からお帰りになってのことだった」と、東宮侍従の浜尾実が書いている[52]。

吹上御所

皇孫・徳仁親王のご誕生、長女成子の死去、皇太子妃の流産――と、喜びと悲しみが折り重なった時期、昭和天皇の生活空間にも、大きな変化があった。昭和三十六年の秋、新居が完成したのだ。

終戦から十五年以上、かつて焼け野原だった東京は、ビルの林立する大都市に変わりつつある。だが、戦災で炎上した宮殿（住居部分を含む）は再建されず、昭和天皇は依然として「御文庫」で生活していた。

戦時中につくられたコンクリートの防空壕舎である。日当たりはほとんどなく、「部屋のロッカーに背広をぶらさげておくと、二、三日でジトッとしめってしまう」（入江相政）、「壁のクロスに大きなシミが出てバッサリ剝がれ落ちたりもした」（永積寅彦）と侍従が口をそろえるほど、御文庫は湿気が激しい(53)。宮内庁では、健康維持のためにも新居の建築が不可欠と考えていたが、昭和天皇は「国民に対してすまない」と承知せず、新築計画は進まなかった。

ようやく建築がはじまったのは、三十五年七月からだ。昭和天皇も内心では嬉しかったらしく、「工事が進捗するにつれては、工事現場へもしばしばおいでになって、お楽しそうにあっちこっちと見廻っておいでになった」と、入江が書き残している(54)。

完成は三十六年十一月二十日。延べ床面積約一三五〇平方メートルの洋風二階建てで、「吹上御所」と名付けられた(55)。大きな書棚があり、それまで三カ所に分けて保管していた蔵書をすべて納めることもできる。

入江によれば、「この書棚の中の本の置き工合《ママ》については、（昭和天皇は）非常に御苦心になった。一度おならべになったものを、一部すっかりおやりかえになったり、またお迷いになったり。しかしそんなお楽しいことは、滅多《めった》にお有りになるまいからと、われわれはほほえましく思って傍観していた(56)」。

昭和天皇の喜びが、伝わってくるようだ。

何より、日当たりがいい。居室の障子を開ければ皇居の庭の、武蔵野の自然が迫ってくる。成子が死去して四カ月。昭和天皇の傷心も、この武蔵野の自然に、徐々に癒やされたのではないか。

宮殿が再建されたのは、さらに遅れて四十三年十一月。「威厳より親愛を、荘重よりも平明を」をコンセプトに造営され、現在に至っている。(57)

この間、国民の生活水準も飛躍的に向上した。池田勇人内閣の所得倍増政策で三十六年の労務者賃金が二〇％前後上昇。三十七年に東京の人口が世界で初めて一千万人を突破する。(58)三十八年にはテレビアニメ「鉄腕アトム」の放映も始まった。

そして三十九年十月、日本の完全復活を象徴する祭典、東京オリンピックが開幕する。

東京五輪と大阪万博

――世界中の青空を全部東京に持ってきてしまったような、すばらしい秋日和でございます――

昭和三十九年十月十日、テレビから流れる、NHKアナウンサーの声が弾む。第十八回オリンピック東京大会の開幕だ。開会式が行われた国立競技場は約七万五千人の観衆で埋まり、約六千五百万人がテレビに釘付けとなった。[59]

――総起立のうちに、天皇、皇后両陛下をお迎え申し上げます。安川オリンピック東京大会組織委員会会長のご先導。そして両陛下の後ろには、国際オリンピック委員会のブランデージ会長が従っております――

わき起こる歓声。君が代の吹奏。参加九十四カ国の選手団が入場行進し、ロイヤルボックスに敬礼するのを、昭和天皇は会釈でこたえた。

――日本選手団の入場であります。男子は真っ赤なブレザー。女子も真っ赤なブレザー。ロイヤルボックスから盛んな拍手が送られます。ちょうどその前をさしかかりました。堂々の行進であります。帽子を胸に当て、天皇陛下に敬礼をいたします、日本選手団。スタンドから惜しみない拍手が送られております――[60]

午後二時五十二分、昭和天皇がマイクの前に立った。

「第十八回近代オリンピアードを祝い、ここにオリンピック東京大会の開会を宣言します」[61]

アジアで初の東京オリンピックは、本来、皇紀二六〇〇年にあたる昭和十五年に行われるはずだった。しかし、日中戦争の泥沼化で日本は開催権を返上、英米から疎外された暗い時代に突入する。それから二十四年、東京の空は晴れ上がった。開会を宣言する昭和天皇の胸の内も、陽光で満たされていただろう。

二週間にわたる競技日程で、日本選手の活躍は目覚ましかった。金メダルはアメリカ三十六個、ソ連三十個に次ぐ十六個を獲得。中でも「東洋の魔女」といわれた女子バレーボールの活躍に日本中が熱狂する。正式種目に採用されたお家芸の柔道では、無差別級で金メダルを逃す波乱があり、これも大きな話題となった。

昭和天皇も観戦した。

十月十五日《バレーボール競技を御覧のため、午後一時三十六分皇后と共に御出門、世田谷区の駒沢バレーボール場に行幸される。御着後、日本バレーボール協会会長西川政一の説明によりルーマニア国対ブルガリア国の男子の試合の第五セットを、ついでソビエト連邦対ポーランド国の女子の試合を第一セット終了まで御覧になる》

十月二十二日《柔道競技を御覧のため、午後二時五十六分皇后と共に御出門、日本武道館に行幸される。御着後、全日本柔道連盟会長嘉納履正の説明により重量級決勝トーナメントを御覧になる》(62)

競技だけではない。オリンピックにあわせたインフラ整備により、東京は世界トップレベルの大都市に飛躍した。高速道路網が整備され、東京モノレールや東海道新幹線が開業したのもこの年だ。(63)

世界に日本の完全復活をアピールする祭典は、西でも開かれる。昭和四十五年の日本万国博覧会（大阪万博）だ。ここでも昭和天皇は、日本の象徴として欠かせない役割を務めた。

同年三月十四日、昭和天皇は大阪府吹田市の万博会場で《開会式に臨まれ、内閣総理大臣等の挨拶《あいさつ》・祝辞に続き、次のお言葉を賜う》。

《――世界各国の協力をえて、人類の進歩と調和をテーマとする日本万国博覧会が開催されることは、まことに喜びにたえません。ここに開会を祝い、その成功を祈ります――》

《続いて天皇・皇族・大会役員等への花束の贈呈がある。その際、天皇へは侍従を通じて贈呈される予定であったが、御自ら手をさしのべて児童代表より直接花束を受け取られる》(64)

アジアで初の万博は、東京オリンピック以来の国家プロジェクトである。世界七十七カ国が参加し、万博史上最大規模となった。六カ月に及ぶ開催期間中の入場者数は六千四百二十一万人(65)。昭和四十三年に国民総生産（ＧＮＰ）が世界第二位となった〝経済大国ニッポン〟を、象徴するイベントといえよう。

昭和天皇は詠んだ。

きのふより　ふりいでし雪　はやはれて
万国博開会の　時はいたりぬ(66)

雪が重くのしかかった終戦から四半世紀。国力の充実とともに、皇室にも明るい話題が続いた。四十年十一月には皇太子夫妻に第二皇男子（秋篠宮《あきしののみや》さま、当時は第二男子）が、四十四年四月には第一皇女子（黒田清子《さやこ》さん、同第一女子）がご誕生。『昭和天皇実録』には、昭和天皇が孫たちとのふれあいを楽しむ様子がしばしば登場する。国民生活の向上が、昭和天皇の心を一層明るくしたことだろう。

大阪万博の年、数えで七十歳となった昭和天皇は、こんな和歌も詠んでいる。

よろこびも　かなしみも民と　共にして
年はすぎゆき　いまはななそぢ[67]

大阪万博には、海外の元首級の要人や王族らも多数訪れた。それを出迎え、もてなすのも皇室の大切な役目だ[68]。

四月に来日したベルギー国王ボードワン一世の弟、アルベール（のちのベルギー国王）も、〝おもてなし〟を受けた一人である。昭和天皇は皇太子夫妻も交え、アルベールを宮中午餐で歓待した。

後日、ボードワン一世から、皇室の新たな扉を開く親書が送られてきた。

「天皇皇后両陛下が、わが国をご訪問されるよう、希望しています」——

欧州歴訪へ

「お上の御風格も世界の人に見せてやりたい……」

侍従の入江相政が日記にこう書き込んだのは、昭和三十五年の年末である。[69]

前年に結婚された皇太子夫妻がアメリカやインドなどを訪問し、友好親善に尽くされたことはすでに書いた。日本の平和方針をアピールする上で、「皇室外交」が果たす役割は大きい。入江は、昭和天皇が「段々お年を召してしまふ」前に、外遊の機会が訪れることを待ち望んだ。

それから十年、端緒をつくったのは高松宮妃だ。大阪万博で来日したベルギー国王ボードワン一世の弟、アルベールに、国王から招待状を送ってほしいと持ちかけたのである。ボードワン一世は昭和三十九年に来日している。その答礼という形なら、大義名分も立ちやすいだろう。[70]

昭和天皇は意欲的だった。四十五年七月二十二日付でボードワン一世から招待の親書が届くと、《外国旅行を可能とする機会が到来した場合には、皇后と共にブリュッセルを訪問できることを期待したい旨の答簡を発せられる》。[71]

以後、外務省と宮内庁が水面下で協議し、昭和天皇と香淳皇后の外遊が決定したのは四十六年二月である。公式の訪問国はベルギー、イギリス、西ドイツの三カ国。ほかにオランダとデンマークに立ち寄り、日程は同年九月二十七日から十月十四日までの十八日間とされた。[72]

ただ、皇室史上初となる天皇・皇后の外遊には、懸念材料もあった。

一つは、天皇の「政治利用」だとする革新勢力の批判だ。外遊の検討が始まった昭和四十五（一九七〇）年は、七〇年安保闘争の年でもある。ゲバ棒を手にした中核派、革マル派などは「訪欧阻止」「天皇襲撃」を叫び、出発直前の四十六年九月二十五日には中核派四人が皇居内に乱入する事件も起きた。(73)

もう一つは、訪問国から外れたアメリカの対応である。外遊日程が確定したあとになって「天皇の海外第一歩はアメリカで」と、強引に割り込んできたのだ。このため初日の予定が変更され、給油で着陸するアラスカ・アンカレジで昭和天皇とニクソン大統領との会談が行われることになった。(74)

このほか、訪問先で元軍人らによる抗議活動も予想されたが、友好親善に尽くそうとする昭和天皇の決意は揺るがない。出発の日は雲ひとつなく晴れ上がり、天も昭和天皇に味方した。(75)

四十六年九月二十七日午前九時二十六分、外遊中の国事行為を代行される皇太子をはじめ、首相、衆参両院議長、最高裁長官らが見送る羽田空港――。昭和天皇を乗せた日本航空の特別機が、青空に向けて飛び立った。

異例の歓迎

一九七一（昭和四十六）年九月二十六日午後九時五十分（現地時間）、アメリカ最北の州、アラスカのアンカレジ。米政府高官や歓迎の市民ら約五千人が見守る空軍飛行場に、日本航空の特別機が着陸した。やがて機体のドアが開き、姿をみせた昭和天皇と香淳皇后が、ゆっくりとタラップを降りる。階下で待ち受けるのは、米大統領リチャード・ニクソンその人だ。世界最強国の大統領が、他国の要人を空港まで出迎えるのは異例中の異例である。両国国歌の吹奏と礼砲が響きわたる歓迎式典で、ニクソンは言った。

「こよい、陛下は日本の古い歴史の上で、外国の土を踏まれる最初のご在位中の天皇であられます」(76)

公式の訪問国ではないものの、〝第一歩〟を強調したところに、アメリカの意地が垣間見えよう。

ニクソン本人による友好ムード演出の背景には、二つの中国問題をめぐってぎくしゃくした日米関係を修復したいという、複雑な国際情勢がある。それまでアメリカは台湾の中華民国を承認し、大陸の中華人民共和国とは対立していたが、この年の七月、ニクソンが中共を訪問すると電撃的に発表、同盟国の日本に何の相談もないまま米中接近に舵《かじ》を切った。いわゆる第一次ニクソン・ショックである。(77)

日本の世論を対米不信に走らせてはアメリカのアジア外交は成り立たない。ニクソンは、昭和天皇に破格の厚情を示すことで、日本の国民感情を和らげようとしたのだ。

歓迎式典が行われた飛行場周辺は、大統領と天皇の歴史的なツーショットをひと目見ようと黒山の人だかりである。通訳を務めた真崎秀樹の言葉を借りれば「ピーピーキャーキャーの大騒ぎ」だ。しかしニクソンは、それが昭和天皇に向けられた拍手喝采と心得て、自ら観衆に手を振るようなことはしなかった。

真崎は昭和天皇に、そっと言った。

「お上、帽子をお振りくださったら、観衆はみんな喜ぶことでございましょう」(78)

昭和天皇が帽子をとって振る。観衆は「ますます大きな声でピーピーキャーキャー大騒ぎ」。アンカレジ滞在は給油中の二時間足らずだが、日米親善に大きな成果を上げたといえるだろう。(79)

同日午後十一時四十分、大統領と観衆に見送られ、昭和天皇の特別機が飛び立つ。いよいよヨーロッパに向かう夜空には、幻想的なオーロラも出現した。

日本を出国する日、「〝天皇晴れ〟空もお祝い」と報じたサンケイ新聞の翌日の紙面に、「夢のオーロラも祝福」の大見出しが躍った。(80)

翌二十七日の夕刻、特別機は二番目の訪問国、デンマーク・コペンハーゲンに到着した。公式訪問ではないものの、国王のフレデリック九世とイングリッド王妃がタラップの下まで出迎え、両国国旗が折り重なる空港は友好ムード一色となった。

だが、ここで事件が起こる。天皇旗を掲げたお召自動車が用意され、空港から宿泊所のロイヤル・ホテルに出発する際、歓迎の市民に混じって数人が車列に飛び出し、ビラを散布したのだ。警官隊が取り押さえて二人を逮捕すると、日本人の過激派である。ビラには「日本がファシスト国家になったのも天皇の責任」などと拙《つたな》い英語で書かれ、クギを無数にさしたゲバ棒まで持っていた(81)。日本のいびつな極左活動を、浮き彫りにした一コマといえよう。

一方、友好を求める昭和天皇の外遊日程には、何の影響もなかった。二日間のデンマーク滞在に続き、向かった先はベルギー・ブリュッセル。正式に昭和天皇を招待した最初の公式訪問国であり、同国の歓迎ぶりは熱烈を極めた。

空港には国王のボードワン一世をはじめ王族、首相、外相、上下両院議長らが勢ぞろいし、軍楽隊による君が代吹奏、五十一発もの礼砲……(82)。初日の行事で無名兵士の墓に献花した際には、昭和天皇のお召自動車に六十騎の儀仗《ぎじょう》槍騎馬隊が付き従った。日本の首相が訪欧してもこうはならない。皇室があるからこそ実現した、荘厳華麗な王朝絵巻である。

ブリュッセルの市庁舎広場では、伝統あるオメガングの舞踏も催された。神聖ローマ帝国の皇帝カール五世が同地を訪問した際の、歓迎行事を再現したベルギー最大の祭りのひとつだ。本来は毎年七月に行われるのを、特別に実施したのである。

二十九日夜の晩餐会《ばんさん》。ボードワン一世は歓迎スピーチで日本の驚異的な経済復興を称賛しつつ、こう言って杯を傾けた。

「陛下の未来への旅とも申すべき今回の御旅程の中でベルギーが選ばれた地位を占めたという事実は、我々を名誉の喜びにみたすものであります(83)」

ベルギーでの日程を終え、十月二日から四日まではフランス・パリに滞在。五十年前、皇太子時代の訪欧ではお忍びで散策も楽しみ、エッフェル塔で婚約者にお土産を買った思い出の地だ。その婚約者、香淳皇后がいまはそばにいる。昭和天皇は歓迎行事の合間をぬい、ルーブル美術館などの名所見学を夫婦で満喫した(84)。

同月五日、昭和天皇はヨーロッパ最大の王国、イギリス・ロンドンに向かう。だが、これまでのような歓迎一色とはならなかった……。

癒えぬ傷跡

四十一発の礼砲がとどろくロンドン・ビクトリア駅に、英王室差し回しの特別列車が到着した。十月五日正午過ぎ、列車から降りる昭和天皇を、プラットホームでエリザベス女王が迎える。東洋の天皇と西洋の女王は、笑顔と笑顔で握手をかわした(85)。

《天皇は女王と、皇后は王配（エディンバラ公）と、駅前のハドソン広場に歩を進められ、コールドストリーム近衛連隊の栄誉礼を受けられる。君が代の演奏裡に儀仗隊を閲兵された後、天皇は、馬車列先頭の六頭立ての馬車に女王と御乗車になり、皇后は二両目の四頭立ての馬車に王配と乗られ、同駅より御泊所に充てられたバッキンガム宮殿に向かわれる(86)》

皇太子時代の大正十年五月、ロンドン訪問の歓迎パレードで昭和天皇の隣に座ったのは、エリザベス女王の祖父ジョージ五世だった。当時二十歳の昭和天皇がジョージ五世に多くを学んだことは、のちに昭和天皇自身が語っているところだ(87)。それから五十年、日英両国の関係は変転した。大正十二年に日英同盟が失効し、昭和十六年には戦争に突入、二十六年に講和したものの、英軍将兵らの傷痕はまだ癒えていなかった。

歓迎の市民が沿道を埋めつくした今回のパレードでも、《馬車列が宮殿正面近くに差し掛かった折、沿道の中から一人の英国人が天皇と女王の馬車列にコートを投げる事件が起き、同人は直ちにロンドン警視庁により逮捕される(88)》。

その夜の晩餐会、エリザベス女王はデザート後のスピーチで日英友好を強調しつつも、こう言った。

「わたくしどもは過去が存在しなかったと偽ることはできません。わたくしどもは、貴我両国民間の関係が常に平和であり友好的であったとは偽り申すことができません。しかし正にこの経験ゆえにわたくしどもは二度と同じことが起きてはならないと決意を固くするものであります」(89)

英国世論の一部に残る反日感情を考慮し、一言ふれざるを得なかったのだろう。

歓迎セレモニーが続く中で、十月七日にはこんなことも起きている。

《この日午後、昨日キュー王立植物園においてお手植えになった日光産のスギが根元から伐り倒され、その根元に劇物の塩素酸ナトリウムがかけられて、「彼等は無意味に死んだのではない」という趣旨のプラカードが残されているのが発見される》(90)

昭和天皇は詠んだ。

戦果てて　みそとせ近きに　なほうらむ
人あるをわれは　おもひかなしむ

さはあれど　多くの人は　あたたかく
むかへくれしを　うれしと思ふ(91)

イギリスに続き、十月八日から十日に非公式で訪問したオランダの抗議活動は、より深刻だった。

十月八日《お召自動車がハーグ市内に入った（午後）四時三十分頃、車体に液体入り魔法瓶が投げつけられるという事件が起きる。魔法瓶はフロントガラスに当たるが、防弾ガラス付きのものであったため外側に亀裂を生じさせたにとどまり負傷者はなかった》《翌九日午前一時頃、（日本大使公邸に）レンガが投げ込まれるという事件が起きる。（中略）このほかにも、沿道の諸所にて御訪問に反対してプラカードを掲げる者、黒旗を振る者、拳を振り上げる者、叫び声を発する者などが見られ、以後同国御滞在中、こうした御訪問反対運動が各所で起きる》(92)

欧州には当時、昭和天皇をヒトラーやムソリーニと同列に論じるような、誤ったイメージが残っていた。とくにオランダは、戦争の影響でインドネシアの植民地を失ったこともあり、反日感情が根強い。

だが、昭和天皇は逃げなかった。一部で反対運動が起こることはもとより覚悟の上だ(93)。お召自動車に魔法瓶が投げつけられた日、昭和天皇は随員らに言った。

「この度の事件は大したことではないが、大きく取り扱われて両国関係に悪い影響を与えることのないよう同行記者団によく話しておくように(94)」

批判を一身に受けつつ、なおも友好親善に努めようとする昭和天皇の心情を、温かく迎え入れたのは各国の王室である。昭和天皇は、こう詠んでいる。

戦に　いたでをうけし　諸人の
うらむをおもひ　深くつつしむ

時しもあれ　王室の方の　示されし
あつきなさけを　うれしとぞ思ふ[95]

海を越えた皇室と王室の友情――。それが各国民の感情的なしこりを解きほぐし、冷静な議論に結びついたことも事実だ。

左派系の英サンデー・ミラー紙は論説記事で、「天皇は非神聖三国同盟の最後の生存者である。ヒロヒトは真珠湾攻撃当時の日本天皇だった。英人捕虜がビルマの鉄道建設にどれいの苦しみをしいられ、悪名高い日本軍捕虜収容所で苦しみ、死んで行った当時の天皇であった。その天皇を招いたのは間違いではなかったのか……」と疑問を投げかけつつ、その最後をこう結んでいる。

「……残虐行為の規模からいえば、日本軍の残虐さとヒロシマの原爆の残虐さとは、どう釣り合うのか。すでに(終戦から)二十六年を経た現在、対立感情は一掃されるべきであろう[96]」

外遊の成果

平和と友好を求める外遊の、最後の訪問国は西ドイツ。先の大戦でともに敗れ、戦後は驚異的な経済復興を遂げた、いわば〝似た者同士〟である。

ただ、政治面の復興は、西ドイツの方が一歩も二歩も先んじていたようだ。時代の変化に即し、一九四九年制定のドイツ連邦共和国基本法（事実上の憲法）を何度も改正しているほか、一九五五年には再軍備に着手し、陸海空の連邦軍を創設した。

一九七一（昭和四十六）年十月十一日、スイス・ジュネーブから西ドイツ・ボンに向かう昭和天皇の特別機を、国境付近の上空で最初に出迎えたのも五機の空軍機だった。ボン空港で昭和天皇は《灰色のヘルメットと制服を着用した陸軍、白色の制服を着用した海軍、カーキ色の制服を着用した空軍の儀仗隊より捧げ銃の礼を受けられ、閲兵される》(97)。

もっとも、歓迎の主役は一般市民の笑顔である。昭和天皇の行く先々で黒山の人だかりとなり、日の丸の小旗が打ち振られた。初日に訪問したボン市庁舎で、昭和天皇は市長らに《ボン市の戦災復興状況を目の当たりにして、ドイツ国民の勤勉と努力に対する敬意を新たにしたことを述べられる》(98)。

抗議活動の激しかったオランダとは異なり、西ドイツの歓迎は、心がこもっていたといえるだろう。滞在二日目の様子を、『昭和天皇実録』が書く。

《自動車にてライン河畔のビンゲン船着場に向かわれる。付近では二千名近い市民が迎え、乗船場の傍らでは、民族衣装をまとったビンゲン・バレエ学校の少女たちによるブドウの収穫を祝う舞踊も行われる。河岸乗船場からライン河下りの観光船「ローレライ号」に御乗船になる。（中略）上甲板に立たれ、川岸にて歓迎する多数の人々には、手を振ってお応えになり、両岸の山々や数々の古城を眺められる。（中略）ローレライの岩に差し掛かると、岩の上に日章旗が立てられているのを御覧になる[99]》

昭和天皇は詠んだ。

戦ひて共にいたつきし人々は
あつくもわれらをむかへくれける[100]

西ドイツでの公式行事を終え、昭和天皇と香淳皇后が帰国したのは十月十四日の夕方である。

皇室史上初となる天皇の外遊で、海外メディアはこぞって日本の紹介記事を書いた。一部で反対運動もあったが、それを上回る友好親善の実を挙げ、戦後の壁をひとつ、取り除いたことは疑いない。

「お帰りなさい」と「バンザイ」の歓声が響く羽田空港で、帽子を高くあげてグルグル回す

昭和天皇には、「すべてをつくされたあとの満足さがうかがえた」と、当時の新聞が報じている。(101)

沖縄返還

昭和天皇の欧州歴訪から七カ月後、昭和四十七年五月十五日、戦後の壁が、またひとつ取り除かれた。昭和天皇が国民とともに待ち望んだ日――、沖縄の祖国復帰である。

この日、昭和天皇は《沖縄復帰記念式典に御臨席のため、午前十時二十五分皇后と共に御出門、日本武道館に行幸される。御到着後、式場に御臨場になり、君が代斉唱、式典委員長佐藤栄作の式辞、沖縄の戦没者及び祖国復帰までに死没した沖縄住民の冥福を祈る一分間の黙禱《もくとう》の後、次のお言葉を賜う》。

《――本日、多年の願望であつた沖縄の復帰が実現したことは、まことに喜びにたえません。(中略)この機会に、さきの戦争中および戦後を通じ、沖縄県民のうけた大きな犠牲をいたみ、長い間の労苦を心からねぎらうとともに、今後全国民がさらに協力して、平和で豊かな沖縄県の建設と発展のために力を尽くすよう切に希望します――(102)》

先の大戦で、沖縄の奮戦が米軍に衝撃を与え、無条件降伏要求の壁を突き崩したことはすでに書いた。だが、海軍沖縄根拠地隊司令官の大田実が自決前に発した、県民の献身的協力を激賞した電報「沖縄県民斯ク戦ヘリ　県民ニ対シ後世特別ノ御高配ヲ賜ランコトヲ」の願いは、長くかなえられなかった。

アメリカの統治下におかれた沖縄の戦後は悲惨だ。琉球警察本部の初代警察局長、仲村兼信が書く。

「深刻だったのは米兵犯罪の方だった。それも沖縄の婦女子をねらった強姦事件が各地で日常茶飯事のように頻発した。民警察部が調査した報告書がいま私の手もとにあるが、それによると一九四六年だけで四三九件、一九四九年までに一〇〇〇件を超えている。これとて泣寝入りしたものを含めると氷山の一角にすぎないだろう」(103)

サンフランシスコ講和条約の調印後も、昭和三十年に六歳の少女が拉致され、強姦後に惨殺される事件が発生。三十四年には米軍ジェット機が沖縄県石川市（現うるま市）の小学校に墜落し、児童十一人を含む十七人が死亡するなど、悲惨な事件、事故がおさまらなかった。県民は激昂し、三十五年に祖国復帰協議会（復帰協）を結成、全県的な復帰運動を展開していく。(104)

その沖縄の返還が日本政府の重要な政策課題となるのは、佐藤栄作内閣が発足した三十九年十一月以降である。翌年八月、戦後の現職首相として初めて沖縄の土を踏んだ佐藤は、那覇空港で言った。

「沖縄の祖国復帰が実現しない限り、わが国にとって戦後が終わっていない」(105)

このステートメントが、多くの県民を勇気づけたことは疑いない。昭和天皇もまた、同じ思いだっただろう。

なお、昭和天皇と沖縄返還について考える時、歪曲《わいきょく》して伝えられる問題がある。終戦から二年後の昭和二十二年九月、宮内府御用掛の寺崎英成がＧＨＱ外交局長のシーボルトに伝えたとされる、いわゆる沖縄メッセージ（シーボルト文書）の存在だ。

『昭和天皇実録』はこう書く。

《（シーボルト文書には）天皇は米国が沖縄及び他の琉球諸島の軍事占領を継続することを希望されており、その占領は米国の利益となり、また日本を保護することにもなるとのお考えである旨、さらに、米国による沖縄等の軍事占領は、日本に主権を残しつつ、長期貸与の形をとるべきであると感じておられる旨（中略）などが記される》[106]

後年、この文書の存在が明らかになると、一部で「沖縄を犠牲にした」などの批判の声が上がるが、悪意を含んだ曲解といえよう。

終戦後しばらく、沖縄は永久に日本から分離される可能性が高かった[107]。東西冷戦をにらんで軍事基地を手放せないアメリカが、沖縄の排他的支配を目論《もくろ》んでいたからだ。外務省が日本の主権を認めさせようと交渉したものの、一向に成果はあがらない。憂慮した昭和天皇は、主権放棄という最悪の事態を避けるため、「長期貸与の形」で軍事占領の継続を認める、苦渋の提案をしたとみられている[108]。

この提案は、アメリカの政策決定に少なからぬ影響を与えたようだ。[109] 一九五一（昭和二十六）年のサンフランシスコ講和会議で、沖縄はアメリカの信託統治領となったものの、日本の「残存主権」が認められることとなった。

それからおよそ十五年――。いよいよ本格化した返還交渉に、昭和天皇が多大な期待を寄せたことは、首相の佐藤が残した日記からもうかがえる。

昭和四十二年十一月、佐藤は訪米し、米大統領のジョンソンと会談、「沖縄の施政権を日本に返還するとの方針の下に（中略）沖縄の地位について共同かつ継続的な検討を行うことに（日米両首脳が）合意した」とする共同声明を発表した。大きな前進である。佐藤は日記に、「陛下への報告が出来る事を悦ぶ」と書き込んだ。[110]

帰国した佐藤は翌日午前の閣議後、直ちに昭和天皇に報告した。日記によれば、「陛下御感一入、次々に御質ねあり。（中略）御酒、皇后様から御菓子を下賜さる。感激の至り……」。[111]

昭和天皇の喜びが、伝わってくるようである。

四十六年六月、日米両国は沖縄返還協定に調印。翌年五月に本土復帰が実現する。その記念式典で、「天皇陛下万歳」を三唱する佐藤の目は、涙で光っていた。

皇太子夫妻の訪沖

沖縄の本土復帰から三年後、昭和五十年の春頃、昭和天皇は、宮内庁長官の宇佐美毅に言った。

「アメリカに行く前に、沖縄に行けないか」――

昭和天皇の訪米は米大統領も強く望んでおり、日米外交当局の懸案事項となっていた。しかし昭和天皇は、それに優るとも劣らぬほど、沖縄訪問に熱い思いをよせていたのだ。昭和天皇の意思を宇佐美から伝え聞いた沖縄県知事の屋良朝苗《やらちょうびょう》は、日記に「陛下の御気持ちもうかがって胸がいたむ」と綴っている。(112)

だが、当時の沖縄は昭和天皇が訪問できる状況ではなかった。返還後も米軍基地が残されたため左派が反発、本土の極左活動家らも紛れ込み、テロの恐れが高かったからである。

沖縄の復帰運動は本来、イデオロギー色のないものだった。最初に動いたのは教職員だ。本土で使われている教科書を購入し、子供たちに日本人としてのアイデンティティーを持たせようとした。(113)

沖縄教職員会が昭和三十五年に作成した歌集には、こんな歌詞も載っている。

〽この空は祖国に続く　この海は祖国に続く　母なる祖国わが日本　きけ一億のはらからよ
この血の中に日本の歴史が流れてる　日本の心が生きている
この山も祖国と同じ　この川も祖国と同じ　母なる祖国わが日本　きけ一億のはらからよ
この血の中で日本の若さがほど《ママ》ばしる　日本の未来がこだまする
この道は祖国に通ず　この歌も祖国にひびく　母なる祖国わが日本　きけ一億のはらからよ
この血の中は日本の命でもえている　復帰の悲願でもえている[114]

しかしやがて、安保闘争などにより復帰運動は変質していく。本土から活動家らが流入し、イデオロギー闘争の色彩が強くなっていくのだ。彼らは県民をオルグし、復帰運動を反米、反日運動へとゆがめていった。祖国愛教育に熱心だった沖縄教職員会も復帰の前年に沖縄県教職員組合（沖教組）となり、やがて日教組に加盟する。[115]祖国復帰を喜ぶ多くの県民の思いとは裏腹に、一部の反日感情だけが正論のように報道され、それは現在に至っている。

昭和天皇の希望がかなえられない中で、強い決意で代役を買って出られたのは、皇太子（上皇さま）と皇太子妃（上皇后さま）だった。
五十年七月、復帰記念事業の沖縄国際海洋博覧会が開幕し、皇太子は名誉総裁に就任。

「たとい石を投げられてもいい、私は行きます」[116]と、皇太子妃とともに沖縄を訪問された。

だが、到着されたその日に、恐れていた事件が起きてしまう。

七月十七日、那覇空港に降り立った皇太子夫妻が真っ先に向かわれたのは、沖縄戦でひめゆり学徒隊が戦死した地下壕のそばに建つ、ひめゆりの塔である。沖縄県民が「聖域」とするこの場所で、皇太子夫妻は塔前に花を添え、深い祈りを捧げられた。

終わって関係者から説明を聞かれていたとき、午後一時二十三分、地下壕にひそんでいた二人の過激派が火炎瓶を投げつけ、献花台を直撃した。

目前で燃え上がる炎、周囲に飛び交う悲鳴——。突然の事態に沖縄県警の警備陣も混乱する中、皇宮警察の私服護衛官十七人が猛ダッシュして皇太子夫妻をかばい、安全な場所に避難させた。皇太子夫妻にけがはなく、犯人はその場で取り押さえられた[117]。

警察庁警備局警備課長、佐々淳行は驚愕した。二日前から沖縄入りして警備に万全を尽くしていたが、その穴をつかれたのだ。佐々は、当初から地下壕を不安に思っていた。事前に調べようとしても、「県民の聖域を踏み荒らすのか」と猛反対され、安全確認ができなかったからである。

首相の三木武夫も、知事の屋良朝苗も、誰もが色を失った。沖縄の祖国復帰後、左翼の反政府闘争が激化し、本土と沖縄の関係はぎくしゃくしていた。皇太子夫妻の沖縄ご訪問により、双方の感情のもつれを解きほぐすことが期待されたのに、かえって亀裂が深まる事態となってしまったのだ。

このとき、混乱をしずめ、災いを福に転じさせられたのは、皇太子と皇太子妃である。表情をこわばらせたのは一瞬だけで、自身より周囲の関係者を気づかい、以後は何事もなかったかのように、スケジュール通りの公務を笑顔で果たされた。少しも動じられない様子を、佐々は「昭和天皇のDNAたる『帝王学』の発露をみる思い」だったと書いている。(118)

その日の夜、皇太子は異例の談話を発表された。

「私たちは沖縄の苦難の歴史を思い、沖縄戦における県民の傷痕を深く省み、平和への願いを未来につなぎ、ともどもに力を合わせて努力していきたいと思います……(119)」

一言も事件にふれず、一心に県民の立場を考えられる、誠意あふれる談話。翌日から沿道で打ち振られる日の丸が一段と増えたのは、言うまでもないだろう。

七〇年安保闘争の前後から頻発していた過激派のテロ事件は、この事件を境に沈静化していく。暴力によって皇室と国民の絆にくさびを打ち込むことは、みじんもできなかったのだ。

日米親善の外遊

沖縄の本土復帰と並び、昭和天皇が熱い思いを馳《は》せたのは、初のアメリカ公式訪問である。

天皇訪米はそもそも、米大統領のニクソンが求めていたものだが、社会党や共産党などが天皇の政治利用だとして反発しており、なかなか話が進まなかった。

流れを変えたのは、ニクソンのあとホワイトハウスの主となったフォードが、米大統領として初めて来日したことだ。昭和四十九年十一月十八日、米大統領専用機エアフォースワンで羽田空港に到着したフォードは、翌十九日午前、迎賓館で昭和天皇の出迎えを受け、お召自動車に同乗して皇居に向かった。その車中で、フォードは昭和天皇に言った。

「来年、ワシントンに両陛下をお迎えできたら大変うれしく思います」

昭和天皇は笑顔でこたえた。

「そういうことができたら、大変うれしいことでしょう」(120)

フォードはその後、田中角栄との日米首脳会談で天皇訪米を正式に要請。田中も受け入れ、《適当な時期に御訪米願うよう取り組む》こととなる。(121)

昭和天皇は意欲的だった。このとき七十三歳。外遊のできる体力があるうちに、日米親善に尽くしたかったのだろう。その頃の侍従長『入江相政日記』には、訪米に前向きな昭和天皇の様子がしばしばでてくる。

田中内閣は金脈問題により退陣したが、訪米準備は次期内閣に受け継がれた。閣議決定されたのは翌五十年二月二十八日。その前日、昭和天皇は《内閣総理大臣三木武夫の拝謁をお受けになり、三木首相より米国御訪問についてお聞きになる。この日、皇后と共に米国を訪問することを御裁可になる》[122]。

訪米日程は九月三十日から十月十四日までの十五日間、首席随員は経済企画庁長官の福田赳夫が務めることも決まった。

気がかりなのは、過激派のテロである。やや下火になっているとはいえ、八月二十五日には京都御所の塀に「天皇訪米阻止」と落書きした男が逮捕されたり、九月十五日から二十七日には国鉄原宿駅の皇室用プラットホーム、葉山御用邸付近、伊勢神宮別宮、高松宮邸などに火炎瓶が投げつけられる事件も起きた[123]。

だが、昭和天皇の心は揺るがない。出発する九月三十日、羽田空港でメッセージを発した。

「多年希望していた米国訪問が、実現する運びに至りましたことは、誠に感慨深いものがあります。この機会に、米国の実情にふれるとともに、（昨秋来日した）大統領閣下との再会をはじめとして、米国各方面の方々との接触を通じて、日米両国の友好親善が、一層深められることを念願しております」[124]

最初の訪問地はバージニア州ウィリアムズバーグだ。ここには、かつて日本の運命を握った人物の墓がある。昭和天皇は到着早々、《御名代として千葉（一夫）総領事を同州ノーフォーク市のマッカーサー記念館の中にある元連合国最高司令官ダグラス・マッカーサーの墓に差し遣わされ、'The Emperor of Japan の文字入りのリボンがかけられた、日章旗の色を表す赤色のカーネーションと白色の菊からなる花環を墓前にお供えになる》[125]。

翌日は休養日に充てられ、昭和天皇は香淳皇后とともに、賓客用のオープン馬車で市内観光を楽しんだ。

このとき、随員らを驚かせたのは異常な警備態勢だ。黒いサングラスのシークレットサービス（SS）約三十人が馬車の前後左右を固めるように歩き、昭和天皇が座る後部座席の背後にもSSが二人、腰の拳銃に手をかけたまま周囲に目を走らせている。(126)日本でも出国時には警視庁機動隊員ら一万九千人が動員され、羽田空港周辺は物々しい空気に包まれたが、ここまで明け透けな警備はアメリカならではだろう。

馬車に同乗する通訳の真崎秀樹は、手榴弾が投げ込まれた時の処置としてSSから「何があっても構わない、だれがいても構わないから、なるべく遠いところにそれを放り出してくれ」と、事前に指示されたという。真崎はホテルの自室で、灰皿を手榴弾に見立てて放り投げる練習を繰り返した。だが、当日、真崎が見たのはテロリストではなく、馬車に取りすがって「天皇陛下万歳、天皇陛下万歳」と繰り返す日系人の老婦人グループだった。(127)

翌十月二日、昭和天皇と香淳皇后はワシントンに移動。ホワイトハウスで米大統領フォードの歓待を受ける。ここで昭和天皇は、拍手が鳴り止まないほどのスピーチをする。

「私が深く悲しみとする……」

「礼砲21発、盛大な歓迎式」「大統領夫妻が出迎え」「笑顔で『お久しぶり』」……。十月二日、ホワイトハウスでの歓迎式に臨んだ昭和天皇の様子を伝える、サンケイ新聞の大見出しだ。現地の特派員がペンを走らせる。

「フォード大統領と並んで、お立ち台に立たれた天皇陛下の表情は、緊張しているようにもみえた。とうとうきたという感じを味わっておられるようにもみえた。『長い間念願していた』と常々いわれたご訪米の目的は、まさにこの瞬間、かなえられた、そんなお気持ちだったのだろう。（中略）雨あがりの芝生が美しいホワイトハウスの前庭は、日本とアメリカの歴史の一ページを作るのにまこと、ふさわしい舞台であるように思えた(128)」

この日、昭和天皇とフォードは、名スピーチの競演で両国民をわかせた。まずみせたのはフォードだ。歓迎式での両国国歌吹奏後、こう挨拶した。

「陛下の祖父であられる明治天皇の輝かしい治世の間に、日本は岩倉使節団の最初の訪問先として合衆国を選ばれました。この日本の特派使節はグラント大統領と会見しました。グラントは大統領職を離れた後、日本を訪れ天皇に拝謁を賜りましたが、これは一八七九年、今からほとんど一世紀前のことであります。明治天皇は『米国と日本は一つの大洋をはさんだ隣国であり、時が経《た》つにつれてますます互いに深く結ばれていくであろう』と申されました。この予言的なお言葉は堅実で永続的な友好関係を確立しようとする日米相互の願望を象徴的に表すものでした。一世紀前に将来のビジョンとしての目標であったものが、今や多くのアメリカ人と日本人にとって現実のものとなりました。（中略）両陛下の御訪問は両国民の友好のきずなを象徴し、強化するものであります[129]」

フォードは同日夜の公式晩餐会でも、歓迎の辞で「日本国の天皇皇后がこのたび初めてアメリカ合衆国を公式訪問されたことは極めて重要な出来事であります」「米国民は日本との友好および協力関係を保持し、強化する決意であります」と述べ、君が代吹奏のあとに杯を挙げた。

昭和天皇も負けてはいない。続く答辞で、こう挨拶した。

「私は多年、貴国訪問を念願しておりましたが、もしそのことが叶えられた時には、次のことを是非貴国民にお伝えしたいと思っておりました。と申しますのは、私が深く悲しみとする、あの不幸な戦争の直後、貴国が、我が国の再建のために、温かい好意と援助の手をさし延べられたことに対し、貴国民に直接感謝の言葉を申し述べることであります。当時を知らない新しい世代が、今日、日米それぞれの社会において過半数を占めようとしております。しかし、たとえ今後、時代は移り変わろうとも、この貴国民の寛容と善意とは、日本国民の間に、永く語り継がれて行くものと信じます[130]」

以下、『昭和天皇実録』が書く。

《答辞が終わって、米国国歌演奏があり御挙杯になる。その後も御答辞に対する称賛のため、起立したままの列席者一同より拍手を送られ、御着席後も再度起立した列席者一同より、引き続き拍手を送られる》[131]

なお、「私が深く悲しみとする、あの不幸な戦争」は「Most unfortunate war which I deeply deplore」と通訳され、deploreには「嘆き悲しむ」の意味とともに「遺憾とする」のニュアンスもあることから、一部の日本人記者らの間で問題となる。しかし、米国世論は全体の趣旨を汲み取り好意的に受け止めた。[132]スピーチを超えて、昭和天皇の飾りのない、偽りのない姿勢が広く受け入れられたからだろう。

十月五日のニューヨーク・タイムズがこう書いている。

「ルーズベルトは米国民に〝リメンバー・パールハーバー〟と呼びかけた。だが、米国民はパールハーバーを忘れた。（中略）日独両国は、民主主義陣営の有力国として奇跡的なカムバックを遂げた」[133]

ミッキー・マウスの腕時計

昭和天皇と香淳皇后の、日米友好の旅は続く。十月四日にワシントンを離れた後、ニューヨーク、シカゴ、ロサンゼルス、サンフランシスコなど主要都市を巡り、各地で盛大な歓迎を受けた。

各界の著名人らと交流する行事が繰り返される中、アメリカンフットボールのシーズン開幕戦を観戦したり、上空からグランドキャニオンを見たり、サンディエゴ動物園でコアラに触ったりと、米国の空気を存分に味わったようだ。

ディズニーランドにも行った。

ミッキー・マウスの出迎えを受けた昭和天皇と香淳皇后は、タウン・スクエア中央の特設席で《(ディズニーランド)職員の子供等数人をお側に招かれ、米国建国二百年祭記念のアメリカ・オン・パレードを御覧になる。(中略)この日、園内には約一万六千名の一般入場者がおり、各所で拍手などによる歓迎があった。また同園より非公式にミッキー・マウスの腕時計が贈られ、以後数年間御愛用になる》[134]。

訪米最後の訪問地はハワイ。十月十日、ホノルル国際空港に到着した昭和天皇をタラップの下で待ち受けたのは、日系人として初めてハワイ州知事となったジョージ・良一・有吉である。同空港には約二千人の米国人、日系人、在留邦人が集まり、地元高校生らがハワイアンメロディーを演奏して歓迎した。昭和天皇は《カメハメハ高校グリークラブのコーラスを立ち止まってお聴きになり、予定外に歓迎デッキに向かって進まれ、手をお振りになりつつお通りになる(135)》。

ハワイと日本との関係は深い。翌日、ビショップ博物館を見学した昭和天皇は《明治二十五年三月に明治天皇がハワイ国王女リリウオカラニに贈進された勲一等宝冠章などハワイ王朝と皇室の関係を示す特別展示品、またハワイの古代文化に関する展示品を館長ほかの説明にて御覧になる(136)》。

十月十三日午後一時、昭和天皇の御召機は米陸海軍と海兵隊儀仗兵による栄誉礼に見送られ、ヒッカム空軍基地を離陸。十四日午後四時に羽田空港に到着し、十五日間にわたる訪米日程を終えた。

この間、ワシントン・ポストとニューヨーク・タイムズの二大米紙が昭和天皇の写真を三日連続で一面に掲載するなど、日米親善に大きな成果があったことは疑いないだろう。昭和天皇も、戦後に一つの区切りをつけた思いだったのではないか。

一方、日本のメディアは、好意的な見方ばかりではなかったようだ。

ほぼ半月後の十月三十一日、皇居で日本記者クラブとの会見が行われ、ある記者が聞いた。

「陛下は（ホワイトハウスでの晩餐会で）『私が深く悲しみとする、あの不幸な戦争』というご発言をなさいましたが、戦争そのものに対して責任を感じておられるということですか」

通訳で「遺憾」の意味も含まれる「deplore」が使われたことを受けての、意地悪な質問である。

昭和天皇は「言葉のアヤについては、私はそういう文学方面はあまり研究もしていないので、よくわかりませんから、そういう問題についてはお答えできかねる」と返答したが、困惑していた様子がうかがえる。(137)

昭和天皇の言動をめぐり、あるがままに受け入れようとしない報道や論評はその後もしばしば繰り返され、昭和天皇の晩年のイメージをゆがめていくことになる。

註

(1)波多野勝『明仁皇太子　エリザベス女王戴冠式列席記』より
(2)『実録』四一巻三七頁から引用
(3)NHK名作選「皇太子殿下御外遊記録・晴れの御出発」(昭和二十八年放映)より。NHKのカメラマンが最初にフィルムで撮影したニュースが、この外遊の出発時だとされる(古田尚輝「テレビジョン放送における『映画』の変遷」〈成城大学文芸学部『成城文芸』一九六号所収〉より)
(4)『明仁皇太子　エリザベス女王戴冠式列席記』一八二頁から引用
(5)同書一九四頁から引用
(6)、(7)チャーチルとのやりとりや戴冠式の様子なども同書より。戴冠式での皇太子の座次は中央から十三番目と優遇されていた。エリザベス女王は六月六日にエプソム競馬場で行われたダービーでも皇太子をロイヤルファミリー席に招き、一緒に観戦した。こうした厚遇に対し、昭和天皇は女王に礼電を発した
(8)『実録』四一巻六七頁から引用
(9)『人間　昭和天皇』下巻より
(10)『実録』四一巻六〇、七五、八三頁から引用
(11)『実録』四一巻一〇二頁から引用。原文はスペースなし
(12)軽井沢のテニス大会については、昭和三十三年十一月発売の『週刊サンケイ』皇太子御婚約記念特別号、『サンデー毎日』十二月七日増大号、『週刊朝日』十二月七日増大号より
(13)『人間　昭和天皇』下巻二三一頁から引用
(14)、(15)河原敏明『美智子妃』より。美智子さまが皇太子妃候補となる経緯については諸説ある。小泉がキューピッド役になったとする説に否定的な見解も多い
(16)学習院女子中・高等科卒業者の同窓会で、当時は東宮御教育参与の松平信子(秩父宮妃の母)が会長を務めていた
(17)『人間　昭和天皇』下巻より
(18)『実録』四三巻一九三頁から引用
(19)、(20)『実録』四四巻三二、三三頁から引用
(21)パレードの様子は、昭和三十四年四月十日の産経新聞夕刊、同十一日の産経新聞朝刊、『美智子妃』より
(22)昭和三十四年四月十一日と平成二十一年四月三日の産経新聞朝刊より。数字は概数
(23)『実録』四四巻三四頁から引用。原文はスペー

スなし
(24)『人間 昭和天皇』下巻より
(25) テレビ販売が本格化する以前は洗濯機、冷蔵庫、掃除機が三種の神器とされた
(26)『実録昭和史(四)』より
(27) 昭和三十五年にはトヨタが二代目コロナを発売し、庶民のマイカー熱が高まった
(28) 政府出資の計画造船に絡む贈収賄事件。検察は吉田側近で自由党幹事長の佐藤栄作を逮捕する方針を固めたが、法相の犬養健が指揮権を発動し、捜査は打ち切られた
(29) 中西寛「昭和天皇と臣吉田茂」(『諸君!』平成十六年七月号所収)より
(30)『実録』四八巻九一頁から引用。原文はスペースなし
(31) 菅原裕『日本国憲法失効論』改訂版より
(32) 昭和三十一年六月二日の朝日新聞の見出しから引用
(33) 鳩山内閣については国政問題調査会編『日本の内閣』、大河内繁男「第五四代 第三次鳩山内閣」(『日本内閣史録』五巻所収)より
(34) 日米安保条約を対等な内容にするため、岸は(一)日米双方が日本と極東の平和と安定に協力する(二)条約地域を限定する(三)在日米軍の配置、装備の重要な変更は事前に協議する(四)条約期限を十年とする──新安保に向けて奔走した。核兵器の持ち込みについても事前協議の対象となり、岸内閣は「ノーと言う」と表明していたが、緊急時における沖縄への核持ち込みをめぐり日米間に「密約」があったとされる
(35) 工藤美代子『絢爛たる悪運 岸信介伝』より
(36) 昭和三十四年三月十日の産経新聞から引用
(37) 条約の承認などで衆院の議決後三十日以内に参院が議決しない場合、衆院の議決が国会の議決となる規定(現行憲法六十一条)
(38) 五月十九日の国会の混乱は大日向一郎『岸政権・一二四一日』、『絢爛たる悪運』より
(39)『実録』四四巻一八七頁から引用
(40)『岸信介回顧録』五六三頁から引用
(41)『岸政権・一二四一日』より
(42)、(43)、(44)『実録』四四巻一三五～一三八頁から引用
(45) 浜尾実『皇后 美智子さま』五九頁から引用。いわゆる「窓開け事件」は、カメラのフラッシュが乳児の目に悪いと気づかう皇太子妃が、「窓を開けますから、フラッシュはたかないでください」と言われ、職員が窓を開けたのが真

相とされる
(46)皇太子夫妻の各国訪問については『皇后 美智子さま』、『美智子妃』、『人間 昭和天皇』下巻より
(47)『昭和天皇伝』より
(48)、(49)『実録』四四、四五巻、酒井美意子『元華族たちの戦後史』より
(50)杉村昌雄『天皇さまお脈拝見』一二七～一二八頁から引用
(51)当時、皇太子妃の私生活を興味本位で書き立てる週刊誌報道が目立ったのも、流産につながる精神的ショックの要因だったとされる
(52)『皇后 美智子さま』より
(53)入江相政『天皇さまの還暦』二二〇頁、『人間 昭和天皇』下巻二五八頁から引用
(54)『天皇さまの還暦』二二五頁から引用
(55)『実録』四五巻より
(56)『天皇さまの還暦』二二六頁から引用
(57)『実録』四八巻より
(58)『実録昭和史（四）』より。通勤者を含めた東京の昼間人口は三十五年十月の国勢調査で一千万人を超えたが、東京都は三十七年一月、常住人口（夜間人口）が推計一千万人に達し、「世界初の一千万都市」になると発表した
(59)NHK名作選「東京オリンピック　制作者座談会」（NHKアーカイブス）より
(60)アナウンサーの実況は昭和三十九年十月十日のNHK中継より
(61)由利静夫ほか編『天皇語録』三二二頁から引用。時刻については『実録』四六巻の記述に従った
(62)『実録』四六巻二一九～二二一頁から引用。このほか昭和天皇は香淳皇后とともに、サッカー、水泳、陸上、体操、馬術を観戦した
(63)『実録昭和史（四）』より
(64)『実録』四九巻一四三～一四四頁から引用
(65)万博記念公園ホームページより
(66)『実録』四九巻一四四頁から引用。原文はスペースなし
(67)『実録』四九巻一六三頁から引用。原文はスペースなし
(68)大阪万博の開催中、昭和天皇が面会した各国元首級の要人や王族らは、ネパール国王、チェコスロバキア大統領、オランダ王女、デンマーク王女、オーストラリア首相、スウェーデン皇太子、西ドイツ大統領、エチオピア皇帝、カナダ首相、ニカラグア大統領、タイ皇太后、マレーシア首相など

(69)『入江相政日記』三巻二八〇頁から引用

(70)『人間 昭和天皇』下巻より

(71)『実録』四九巻一五七頁から引用

(72)『実録』五〇巻より。フランスとスイスにも休養で滞在し、当初の公式・非公式訪問は七カ国に上った。首席随員は外相の福田赳夫で、宮内記者会を中心に七十一人の記者団も同行することになった

(73)昭和四十六年九月二十五日の読売新聞夕刊より

(74)『人間 昭和天皇』下巻

(75)『実録』五〇巻より。出発前日までは台風の影響で豪雨だった

(76)昭和四十六年九月二十八日のサンケイ新聞から引用

(77)このほかニクソンは同年八月、ドルと金の兌《だ》換《かん》停止を発表（第二次ニクソン・ショック）。日本はもちろん世界経済に深刻な影響を与えた

(78)真崎秀樹『側近通訳25年』四九頁から引用

(79)歓迎式典の様子は日本のテレビでも衛星中継された

(80)九月二十七日のサンケイ新聞夕刊、二十八日のサンケイ新聞から引用。本文中の現地時間は『実録』五〇巻の記述に従った

(81)昭和四十六年九月二十八日のサンケイ新聞夕刊より。当時は過激派によるテロ事件が頻発し、四十四年の東大安田講堂事件、四十五年の日航機よど号ハイジャック事件、四十六年の成田闘争激化、四十七年の連合赤軍あさま山荘事件——などが相次いだ

(82)一般的な国際慣行では、国家元首への最上位の礼砲は二十一発とされる

(83)『実録』五〇巻一三二〜一三三頁から引用

(84)各国訪問の様子は昭和四十六年九月二十八日〜十月五日のサンケイ新聞、朝日新聞、毎日新聞、読売新聞、『実録』五〇巻より

(85)昭和四十六年十月六日のサンケイ新聞より

(86)『実録』五〇巻一五七頁から引用

(87)昭和天皇は五十四年八月の宮内記者会との会見で、「当時の英国国王ジョージ五世から立憲政治のあり方について聞いたことが終生の考えの根本にある旨」を述べている（『実録』五五巻一八六頁から引用）

(88)『実録』五〇巻一五八頁から引用

(89)『実録』五〇巻一六五頁から引用。一方でエリザベス女王は、食事中の歓談で昭和天皇に、「天皇の御訪英は日英間の戦争という不幸な記憶に終止符を打つものであると確信している」

とも述べた

(90)『実録』五〇巻一八四頁から引用

(91)『実録』五〇巻一六九頁から引用。原文はスペースなし

(92)『実録』五〇巻一八七～一八八頁から引用

(93)昭和天皇は出発前、「(反日感情を持つ人が)何かやるかも知れないが、やればいくらか気がすみ、一本線が引けて、その後、本当の親善が結ばれる。私はそのために行くのだから……」と話していたという(『実録昭和史(五)』より)

(94)、(95)『実録』五〇巻一八七、一八八頁から引用。和歌の原文はスペースなし

(96)昭和四十六年九月二十九日の読売新聞のＡＰ配信記事から引用

(97)『実録』五〇巻一九七～一九八頁から引用

(98)『実録』五〇巻一九九頁から引用

(99)『実録』五〇巻二〇七頁から引用。西ドイツでも一部で左翼学生らが車列にトマトやジャガイモを投げる騒動が起きた

(100)『実録』五〇巻二〇六頁から引用。原文はスペースなし

(101)昭和四十六年十月十五日のサンケイ新聞から引用

(102)『実録』五一巻五五～五六頁から引用

(103)『沖縄県警察史』三巻九一頁から引用。暴虐非道の具体例として、芋掘り中の女性が黒人兵に拉致され、救出に向かった警察官が射殺された事件(昭和二十年十一月)、酒を飲んだ白人兵二人が留置場の看守に拳銃をつきつけ、留置中の女性二人を強姦した事件(二十一年四月)などがある。なお、「琉球警察」は本土復帰前の警察組織で、トップは警察局長

(104)『国民講座・日本の安全保障別巻　沖縄復帰への道』より

(105)昭和四十年八月十九日の産経新聞夕刊から引用

(106)『実録』三六巻一五五～一五六頁から引用。傍点は筆者

(107)ポツダム宣言によって日本の主権が及ぶ範囲は「本州、北海道、九州及四国竝ニ吾等ノ決定スル諸小島ニ局限」され、沖縄の領土的地位は保障されなかった

(108)ロバート・Ｄ・エルドリッヂ『沖縄問題の起源』、矢吹晋『敗戦・沖縄・天皇』より

(109)『沖縄問題の起源』の中で著者のエルドリッヂは、「このメッセージがそれまでの外務省と連合国の接触よりもはるかに大きな影響を米国

(110)、(111)『佐藤榮作日記』三巻一七六、一八〇頁から引用
(112) 平成二十四年十一月十九日の読売新聞より
(113)、(115) 宮本雅史『報道されない沖縄』より
(114)『報道されない沖縄』四八〜五〇頁から引用
(116)『美智子妃』一七一頁から引用
(117) 事件の経緯などは佐々淳行『菊の御紋章と火炎ビン』より。このほか、皇太子と皇太子妃が那覇空港からひめゆりの塔に向かわれる途中、沿道の病院から石けん水の入った十数本のビンが車列に投げつけられる事件もあった。一連の事件で逮捕されたテロリスト四人には本土から沖縄入りした過激派も含まれ、うち一人は服役後、名護市議に当選した。市民の大半は過去の犯歴を知らなかったともいわれる
(118) 同書八四頁から引用
(119)『美智子妃』一七三頁から引用
(120)『側近通訳25年』五三頁から引用
(121)『実録』五二巻二一七頁から引用
(122)『実録』五三巻一五〜一六頁から引用
(123)『実録』五三巻より
(124) 昭和五十年九月三十日のサンケイ新聞夕刊から引用
(125)『実録』五三巻九五頁から引用
(126) 昭和五十年十月二日の毎日新聞夕刊より
(127)『側近通訳25年』より
(128) 昭和五十年十月三日のサンケイ新聞から引用
(129)、(130)、(131)『実録』五三巻九八〜九九、一〇六、一〇七頁から引用。
(132) 通訳を務めた真崎秀樹は、開戦の詔書にある「洵ニ已ムヲ得サルモノアリ、豈朕カ志ナラムヤ」の意を汲んで deplore の語を使ったとしている(『側近通訳25年』より)
(133) 昭和五十年十月十三日の読売新聞夕刊から引用
(134)、(135)、(136)『実録』五三巻一三四〜一三五、一四四、一四七頁から引用
(137)『実録』五三巻、『人間 昭和天皇』下巻より

終章——永遠の昭和

靖国参拝問題

天皇晴れ、という言葉がある。昭和天皇が行幸するときは、不思議とよく晴れるのだ。地方巡幸で傘が必要だったことはめったにない。一九七一（昭和四十六）年の外遊でも、霧で有名なロンドンに青空が広がった。

だが、その日は冷たい雨が降っていた。

昭和五十年十一月二十一日、昭和天皇は、靖国神社を参拝した。傘をさして境内を歩き、本殿で拝礼し、戦没者に深い祈りを捧げる。しんと静まる靖国の杜《もり》に、涙のような雨音が響いていた。

昭和天皇が、天皇として初めて靖国神社を参拝したのは、即位礼から約半年後の昭和四年四月。以後、例大祭や臨時大祭で香淳皇后とともに足を運び、戦前の参拝は二十回を数える。(1)

しかし、戦後は状況が一変した。終戦三カ月後の二十年十一月に参拝したものの、翌年の例大祭に勅使を派遣しようとしたところ、ＧＨＱに「不適当」とされ、占領期は勅使の派遣もできなかった。[2]

参拝が復活したのは、主権回復後の二十七年十月から。ところが、今度は国内から政教分離などの議論が起こる。四十四年十月の靖国神社創立百年記念大祭で戦後七回目の参拝を果たした後は、行きたくても行けない状況が続いていた。[3]

五十年十一月の参拝は、終戦三十周年にあたり、靖国神社からの要望を受けたものだ。昭和天皇は賛否両論の議論に配慮し、私的参拝の形をとったが、それでも左派勢力からの批判はおさまらなかった。

『昭和天皇実録』が書く。

《この御参拝に対して、日本基督教協議会ほか六団体から宮内庁長官に参拝中止の要望書が提出され、また野党各党からは反対声明が出された。さらには衆議院議員吉田法晴（日本社会党）から天皇の靖国神社参拝に関する質問主意書が国会に提出されるなど論議を呼んだ。なお靖国神社への御参拝は、この度が最後となった[4]》

戦没者の追悼には、静謐《せいひつ》な環境が欠かせない。左派勢力からの批判に加え、六十年以降は中国・韓国も内政干渉的な声明を出すようになり、天皇として参拝できなくなった経緯が『昭和天皇実録』からもうかがえる。

しかも、この問題はのちに、思わぬ形で議論を呼ぶこととなる。

昭和五十三年から六十三年当時の宮内庁長官、富田朝彦が残したメモを日本経済新聞がスクープしたのは、平成十八年七月二十日である。メモには、昭和天皇の晩年（昭和六十三年）の発言と推察される形で、こう書かれていた。

——私は　或《あ》る時に、（靖国神社に）A級が合祀《ごうし》され　その上　松岡（洋右）、白取（白鳥敏夫）までもが、筑波は慎重に対処してくれたと聞いたが　松平の子の今の宮司がどう考えたのか　易々と　松平は　平和に強い考があったと思うのに　親の心子知らずと思っているだから、私あれ以来　参拝していない、それが私の心だ——[5]

靖国神社に、いわゆるA級戦犯の十四人が合祀されたのは、昭和五十三年十月である。その約十二年前、厚生省（当時）がA級戦犯の祭神名票を靖国神社に送付し、当時宮司だった筑波藤麿は「慎重に対処」して保留したが、五十三年に宮司となった松平永芳は合祀に踏み切った。永芳は、最後の宮内大臣として昭和天皇の平和意思を支えた松平慶民の長男であり、昭和天皇は「親の心子知らず」として不快感を示した——というのが、メモの内容とされる。[6]

明治二（一八六九）年に創建された靖国神社には、国家防衛に殉じた二百四十六万余の戦没者が祀られている。だが、メモに登場する元外相の松岡と元駐伊大使の白鳥は、国家を危うくする日独伊三国同盟を強引に進めた張本人であり、戦死でも刑死でもなく病死だ。靖国本来の趣旨とは異なるとして、昭和天皇が合祀に不快感を抱いたのは確かだろう。[7]

とはいえ、この二人のために、二百四十六万余の御霊《みたま》が眠る靖国神社に参拝しないというのは、昭和天皇の行動としては考えにくい。

　実は、合祀にあたり宮中側近らが懸念したのは、それが外部に漏れることだった。(8) 昭和天皇も、A級戦犯の合祀そのものより、合祀によって賛否の議論が噴出し、戦没者の追悼に必要な静謐さが保てなくなったことを、嘆いていたのではないか。むしろメモの内容からは、昭和天皇が晩年になるまで靖国の杜を思い、参拝を果たせないことへの苦悩や焦燥がうかがえよう。


　ところがメモの出現により、合祀そのものが参拝中止の原因だとする報道が先行する。日経新聞がスクープした平成十八年七月は、その翌月に予定されていた小泉純一郎首相（当時）の参拝が政治問題化していた時期だ。以後、メモは参拝阻止の格好の材料となり、「政治利用」されることとなった。(9)

　現在でも毎年八月十五日になると、どの閣僚が参拝したか、「公的」か「私的」かが、大きく報道される。追悼に必要な静謐な環境への配慮は、皆無と言っていい。それを昭和天皇は、どう考えることだろう。

魔女騒動と宮中祭司

昭和五十二年七月十七日、栃木県の那須御用邸に滞在していた昭和天皇は、《御用邸敷地内の三沢橋・千篠園新道周辺を御散策になる。皇后も御一緒の御予定であったが、この日の朝、腰を痛められたため急遽お取り止めとなる》(10)。

『昭和天皇実録』の記述はこれだけだが、この日、香淳皇后はトイレで転倒し、腰椎を圧迫骨折した。《腰を痛められた》程度ではなく、入院治療も検討されるほどの重傷である。ところが侍従長の入江相政らは入院に反対し、宮内庁は「ギックリ腰」だと発表。しばらく那須御用邸で安静に過ごすこととなった(11)。以後、香淳皇后の回復は遅れ、二人そろっての公務が制限されるようになる。重傷を隠そうとした入江らの判断が、適切でなかったと言えなくもない。

それより前、昭和四十年代の終わり頃から、香淳皇后は物忘れなど高齢者特有の症状をみせるようになっていた(12)。激動の時代を皇后として支えた、さまざまな気苦労もあってのことだろう。

そんな香淳皇后を、昭和天皇は誰よりいたわった。

圧迫骨折する前、昭和天皇はよく、香淳皇后と那須を散策したが、玄関から出て皇后を振り返り、「良宮《ながみや》、寒くないか」と声をかけ、「いいえ、聖上《おかみ》、寒くはございません」と聞いて初めて、安心して歩き出すような気の配りようだった[13]。

昭和天皇の足指の爪には癖があり、それを切るのは侍医の役目だが、ある時、手指の爪も切ろうとしたところ、「これは良宮が切ることになっている」と言って切らせなかったこともある[14]。

晩年になっても、夫婦愛は変わらなかったのだ。

一方、入江ら宮中側近の一部は香淳皇后に対し、昭和天皇ほど気遣ったとは言い難い。いわゆる「魔女騒動」は、その典型だろう。

皇居に「魔女」が現れ、侍従らと対立するようになったのは昭和四十年代前半である。四十一年一月三日、入江は日記に書いた。

「昨日、一昨日と相次いで魔女から（別の侍従に）電話。大晦日にだれが剣璽の間にはひつた、なぜ無断ではひつた、とえらい剣幕でやられたといふことだつた……[15]」

魔女の名は今城誼子。香淳皇后が重用する女官である。男子禁制とされた剣璽の間に侍従が無断で入ったため、魔女のごとき今城から猛抗議を受けた――ということらしい[16]。以後、入江の日記には魔女が度々登場する。

同年一月十日「魔女のことを（侍従）次長が（皇后に）申上げた。そしたら魔女が（侍従の）田中さんに怒つてきた」

四月二十一日「皇后さま（の熱が）七度八分。お歯がもとらしいが魔女の一言で侍医にお見せにならない由」

六月二日「次長の部屋で（女官長の）保科、（女官の）松園両氏と相談する。困ったことである」……[17]

四十四年に入江が侍従長に昇格すると、魔女との対立が決定的になる。入江らが進める宮中祭祀の簡略化に、待ったがかかったのだ。毎月行われる旬祭の親拝を五月と十月だけにし、あとは当直侍従が代拝することにしたところ、香淳皇后は「もつとお祭を大事に度数をふやした方がいゝ」と抗議した。背後に今城がいると考えた入江が、四十五年の日記に書く。[18]

「（入江が皇后に）お上はお大事なお方、お祭りもお大事だが、お祭りの為にお身体におさはりになつたら大変と申上げる。さうしたら驚いたことにそれでは私がやらうかとおつしやる。無茶苦茶とはこの事。かうまで魔女にやられていらつしやるとは」……[19]

魔女と陰口された女官の今城は、昭和四年に宮中に入り、貞明皇后の女官を務めた。貞明皇后は宮中のしきたりに厳格だ。忠誠心の厚い今城も、規律や慣例を重視した。貞明皇后の崩御後、香淳皇后の女官となったが、その厳格さゆえにほかの女官や侍従らの反感を買ったのではないか。今城が香淳皇后に重用されたため、嫉妬も渦巻いたことだろう。[20]

今城と、宮中祭祀の簡略化を図る入江らとは、いわば水と油である。入江と宮内庁長官の宇佐美毅は、今城の〝追放〟を画策し、四十六年の欧州歴訪の直前、今城は退官に追い込まれた。[21]

香淳皇后が嘆き悲しんだのは言うまでもない。自ら筆をとり、今城にこんな手紙を書いている。

「苦労をかけて気の毒でした。大宮様（貞明皇后）より伺って居ました通り誠実な人でした事を証明します。御上の御身を思ひよくお仕へ申し、私の為にも蔭になり日向になりよく尽してくれました。この度御上にざんげんする者あり、残念なことですが退職させる様な事になりましたが、良き時期に再任します。外に居ても気持は今まで通り頼みます[22]」

なお、入江らは宮中祭祀の簡略化にあたり、高齢となった昭和天皇の健康問題を理由に挙げたが、それだけかどうか疑わしい。

入江は侍従次長となった翌年の日記に、こんなことを書いている。

「侍従次長といふのはいゝ役で四方拝も歳旦祭も関係が無いから本当に久々でのんびりした正月を迎へる[23]」

こんな意識では、自分が楽をしたいから簡略化を進めたと疑われても仕方ないだろう。

一方、昭和天皇は宮中祭祀に熱心だった。入江らは新嘗祭《にいなめさい》まで簡略化したが、昭和天皇はなかなか承知しなかった。四十八年十月、入江が「十一月三日の明治節祭を御代拝に、そして献穀は参集所でといふことを申上げ」たところ、昭和天皇は「そんなことをすると結局退位につながる」とまで言い、親拝の意思を示している。[24]

天皇は古来、「国平らかに民安かれ」と祈る祭祀王であり、宮中祭祀は皇室の存在理由そのものといえる。[25] 入江らには理解できなかったようだが、昭和天皇には分かっていたのだろう。

中韓への「お言葉」問題

木曽檜《ひのき》でつくられ、昭和四十三年に落成した皇居の正殿「竹の間」――。天皇が外国元首らと会見する、日本式宮殿の気品にあふれた一室だ。

五十三年十月二十三日、この竹の間に、ときの福田赳夫内閣が細心の注意を払う公賓が招かれた。中華人民共和国の国務院副総理、鄧小平である。

日中の国交が正常化したのは、六年前の四十七年九月。日本はそれまで、アメリカとともに台湾の中華民国を承認してきたが、佐藤栄作の後に首相となった田中角栄が訪中し、国務院総理の周恩来と共同声明を発表。日本が中華人民共和国を中国唯一の合法政府であると承認するかわりに、中国は日本に対する戦争賠償請求を放棄することで合意した。[26]

中国側はこのとき、訪中した田中を微に入り細に入り歓待したとされる。宿泊する迎賓館に田中の好物、木村屋のあんパンが用意されていたことは、よく知られた話だ。中国は当時、ソ連との国境紛争や文化大革命で国内が疲弊しており、日本の経済協力を強く求めていたのである。[27]

ただ、共同声明に盛り込まれた平和友好条約の締結交渉は長引き、ようやく調印されたのは五十三年のこと。[28]その批准書交換式に立ち会うため、中国首脳として初めて来日したのが鄧小平だった。

竹の間を訪れた鄧を、昭和天皇が笑顔で迎える。その際、鄧は言った。

「今度の条約は想像以上に大変意義深いものです。両国の平和関係を建設したいと思います」[29]

過ぎ去ったものは過去のものとして、前向きに今後、両国の平和関係を建設したいと思います――同席した式部官長、湯川盛夫はひやりとした。日中関係当局の事前打ち合わせで、会見はあいさつ程度にとどめ、過去には触れないことになっていたからだ。意図的かどうかは別として、鄧はそれを破った。

だが、昭和天皇はしなやかに対応する。

『昭和天皇実録』によれば《(鄧)副総理に対し、両国の長い歴史の間には一時不幸なできごとがあったが、今後は両国の親善を進めて欲しい旨を仰せになる》[30]。

両国国民の複雑な感情に配慮し、禍根を残さない発言といえよう。鄧は、「今のお言葉には感動致しました」と脱帽した。[31]

ところが、事実は逆だったとする憶測が、のちに流されるようになる。

鄧ではなく、昭和天皇が最初に、「わが国はお国に対して、数々の不都合なことをして迷惑をかけ、心から遺憾に思います。ひとえに私の責任です」と話しかけた――というのだ。(32)結論を言えば、昭和天皇が関係当局の方針から逸脱してスタンドプレーに走ることは、まずあり得ない。『昭和天皇実録』にも全く書かれていない。

こうした憶測がいまも語られる背景には、戦後に蔓延した自虐史観がある。先の大戦をめぐり昭和天皇も〝謝罪〟したとして、「侵略戦争」だと印象づける狙いもあるのだろう。

「過去」について、昭和天皇から何らかの発言を引き出そうとする動きは、その後も繰り返される。

五十九年九月、韓国大統領として初めて全斗煥が来日したときも、韓国政府は日本側に、過去の朝鮮半島統治に対する昭和天皇の反省表明が「大前提」だと要求。日本側を当惑させた。(33)

九月六日、全を招いての宮中晩餐会で、昭和天皇は政府作成の案に基づき、こうあいさつした。

「今世紀の一時期において、両国の間に不幸な過去が存したことは誠に遺憾であり、再び繰り返されてはならないと思います」(34)

「もう張りぼてにでも……」

日本国憲法により、政治の表舞台からは遠ざかった昭和天皇だが、官僚らの進講や閣僚らの内奏を受け、晩年になっても国内外の最新情勢に通じていた。

昭和五十五年一月十四日、昭和天皇は《侍従職御用掛天羽民雄（外務省情報文化局長）より国際情勢についての定例進講をお聴きになる。以後、この年の定例進講は、皇居あるいは那須御用邸において、月に一、二回の割合で計二十回行われる。進講内容は、アフガニスタン内戦へのソビエト連邦介入問題、オリンピックモスクワ大会への日本不参加、イラン・イラク戦争などに及ぶ》(35)。

記憶力に優れた昭和天皇の、分析力や直感力は鋭い。アフガン内戦を進講した天羽に、「ソ連は結局（アフガンを）とってしまうハラなんだろう」と話し、その意図を見抜いている。一九八二（昭和五十七）年のフォークランド紛争でも、当時の外務省情報文化局長に「（英首相の）サッチャーは軍艦をだすか」と尋ね、早くから軍事衝突を予見していた(36)。

晩年の昭和天皇は、戦争と平和の問題に、より強い関心を抱いていたとされる。立憲君主として、開戦に至る経緯と敗戦の実情、復興への道のりをつぶさに見てきただけに、この時代の誰よりも先が読めていた。

閣僚らの内奏でも、質問という形で、昭和天皇はさまざまな示唆やアドバイスを与えている。例えば昭和四十五年、日本は核拡散防止条約に調印し、五十一年に批准したが、荒れる国会審議を乗り切った衆院議長の前尾繁三郎は、「国会審議の奏上のたびに、陛下の『核防条約承認』のお気持ちが高まっているのが伝わってきたので、心苦しく申し訳ないと思っていた。だから、自分が衆議院議長在職中に、なんとしても成し遂げなければと心に誓った」と回想する。(37)

だが、昭和天皇のアドバイスも、閣僚らがうっかり外部に漏らすと、思わぬ波紋を呼ぶことになる。

四十八年五月、田中角栄内閣の防衛庁長官、増原恵吉が参内したときのことだ。昭和天皇は言った。

「防衛問題は難しいだろうが、国の守りは大事なので、旧軍の悪いところは真似《まね》せず、良いところを取り入れてしっかりやってほしい」(38)

増原は、よほど感激したのだろう。記者団に内奏内容を明らかにし、「(防衛関連法案の)審議を前に勇気づけられた」と話してしまった。

うかつだ。たちまち野党から「天皇の政治利用だ」とする猛烈な批判の声が上がり、増原は辞任に追い込まれた。(39)

騒動を知った昭和天皇は、こう嘆いたという。

「もう張りぼてにでもならなければ」[40]

お色気シーンはNG

晩年になっても、昭和天皇の趣味は変わらない。

昭和五十七年五月十六日、昭和天皇は《大相撲五月場所八日目を御覧のため、午後三時四十八分御出門、蔵前国技館に行幸になる。御着後、御休所において、財団法人日本相撲協会理事長春日野清隆（元横綱栃錦）の拝謁をお受けになる。（中略）御観覧席において、春日野理事長の説明により幕内力士土俵入りから弓取式まで御覧になる》[41]。

戦後、昭和天皇が初めて蔵前国技館で大相撲を観戦したのは、昭和三十年の五月場所である。戦争の時代と占領期には、とても観戦できる状況ではなかった。それだけに喜びは大きく、こう詠んでいる。

久しくも　見ざりし相撲《すまひ》　ひとびとと
手をたたきつつ　見るがたのしさ[42]

その後はほぼ年一回、五十五年からは年二回、主に五月場所と九月場所を観戦するのが恒例となった。

随行した侍医の杉村昌雄によれば、昭和天皇は国技館二階の貴賓席につくと、まず取組表をみる。観戦中は星取表を丹念につけ、「一番一番、お身体をのり出されるようにして観戦なさる」。「小さな力士が、悪戦苦闘の末、大きな相手を打ち負かしたりすると、ことのほか、およろこび」――(43)。

応援する力士もいたようだが、それは側近にも話さない。どこかで漏れて噂になれば、その力士はもちろん、相手の力士も意識し、本気の勝負がしにくくなるからだろう(44)。

ふだんはテレビで相撲観戦だ。ただしスイッチをつけるのは公務が終わる午後五時の少し前から。国民が働いている間は遠慮していたという(45)。

相撲以外のテレビでは、ニュース番組をよく見た。ほかにも自分でチャンネルを回し、さまざまな番組を見ていたようである。

五十年十月三十一日に行われた公式会見で、記者が聞いた。

「どのような番組をご覧になりますか」

昭和天皇は答える。

「放送会社の(視聴率)競争がはなはだ激しいため、いまどういう番組を見ているかということについては答えられません(46)」

ユーモアでかわし、会場は笑いに包まれた。

なお、侍医の杉村によれば「植物の生態やら、動物の生態やらの番組は、これはもうたいへんお好きで、よくごらんになっていらっしゃる」[47]。

一方、「お色気のシーン」はNGだったとか。「そうしたシーンが出てくると、チャンネルをすぐにお変えになってしまう」[48]

つねに国民とともにありたいと願う昭和天皇だが、性描写などが過激化していく時代の風潮には、ついていけなかったのだろう。

那須の自然

昭和五十八年の夏、昭和天皇は、栃木県那須岳[49]の山麓に広がる森を歩いている。たびたび草木に近寄り、手にとって観察する。フリソデヤナギ、ウチョウラン、ホソバノツルリンドウ……。花や葉の状態を声に出して確認し、助手の侍従らが書き留めていく。あとで昭和天皇が自ら記録として整理するためだ[50]。

うっそうとした森の小道を進み、見通しのよいところに出ると、青空の中に、雄大な那須岳が浮かぶ。遠くに人家や畑も見え、小鳥がさえずる。日本の自然と平和の原風景――。それを昭和天皇は、こよなく愛した。

ほぼ毎年、夏の一時期を那須御用邸で過ごす昭和天皇が、周辺の植物調査を始めたのは昭和二十年代前半からだ。植物学者の本田正次（東京大学名誉教授）や原寛（東京大学教授）らも協力し、三十七年に数多くの種子植物やシダ類など千八百二十八種を記録した『那須の植物』を、四十七年には『那須の植物誌』を刊行した。その後も調査を続け、六十年に『那須の植物誌 続編』を刊行している。

その序文に、昭和天皇は書いた。

「那須の自然は新鮮で生き生きとしている。ここでは動物も植物もその本来の生を営むことができるような環境の中にある。私はこんな自然環境がいつまでも保たれてゆくことを願ってやまない(51)」

昭和天皇の生物学研究は、素人の域を超えている。専門は変形菌類（粘菌）とヒドロ虫類（ヒドロゾア）の分類学。海の生物は葉山御用邸（神奈川県）を拠点に研究と採集を続け、多くの新種を発見した。国内ではなじみの薄い領域だが、海外での評価は高く、昭和天皇は現存する世界最古の科学学会「ロンドン王立協会」の会員に選出されている(52)。

少年時代、昭和天皇は側近に、「博物博士になりたい」と漏らしたことがある(53)。国民生活が安定した晩年になって、ようやくその夢に、近づくことができたといえるかもしれない。

昭和五十年代後半から六十年代にかけての日本は、いわゆる安定成長期だ。政界では五十七年に中曽根康弘内閣が発足。レーガン米大統領と「ロン」「ヤス」の愛称で呼び合うなど、日米の蜜月関係を築く。一方、豊かであることが当たり前となる中で、いじめや少年非行などの問題も深刻化している。[54]

六十年七月十二日、八十四歳二カ月余の昭和天皇は、記録が明確な歴代天皇の中では最長寿となった。[55]激動の時代を乗り越えた上での、最長寿である。

だが、その身体に、病魔が忍び寄っていた。

吐血

昭和六十二年四月二十一日、八十六歳の誕生日を前に行われた宮内記者会との会見で、昭和天皇は言った。

「念願の沖縄訪問が実現することになれば、戦没者の霊を慰め、永年県民が味わった苦労をねぎらいたいと思っています。これからも県民が力を合わせて困難を乗り越え、県の発展と県民の幸福のために努めてくれるように励ましたいと思います[56]」

同年十月に沖縄で開催される国民体育大会秋季大会開会式に、昭和天皇は臨席することになっていた。本土復帰から十五年余り、ようやく実現する沖縄訪問に、胸を熱くしていたに違いない。

だが、会見の八日後、身体に異変が起きる。

四月二十九日《内閣総理大臣等をお招きになり、天皇誕生日宴会の儀を行われる。（中略）宴会の儀は滞りなく進行するも、終盤に至り御気分がすぐれなくなり、嘔吐《おうと》される[57]》

当初は、一時的な体調不良とみられていた。侍医の診察を受け、翌日は静養したものの、五月一日からは通常通りの公務に復帰する。しかし、病魔はじわりと、昭和天皇の身体をむしばんでいた。

七月十九日《（滞在中の栃木県那須御用邸で）植物御調査よりの帰途、御車寄付近において、胸に軽度の不快を感じられ、倒れかかられる[58]》

八月二日《胸がつかえるような御不快を訴えられ、侍医の診察を受けられる[59]》

以後、たびたび体調不良に陥る。九月十三日に胃部のエックス線検査を行ったところ、十二指腸から小腸にかけて通過障害があることが分かり、同月二十二日、宮内庁病院でバイパス手術を受けた。術後の経過は良好だったが、切除した膵臓《すいぞう》の組織を病理検査した結果、深刻な状態であることが判明する。

原発部位不明の悪性腫瘍――。がんだった[60]。

昭和天皇には告知されなかった。しかし、沖縄訪問は中止せざるをえない。昭和天皇は病床で詠んだ。

思はざる　病となりぬ　沖縄を
たづねて果さむ　つとめありしを[61]

十月七日に退院した昭和天皇は、健康の回復に努める。沖縄に行きたい、県民を励ましたい——という思いが、心身を支えていたのだろう。

翌六十三年八月十三日、那須御用邸で静養していた昭和天皇はヘリコプターで帰京し、十五日の全国戦没者追悼式に臨席した。この務めだけは、何としても果たしたかったのだ。だが、真夏の公務は、弱っていた体力を一気に消耗させることになる。

《九月十九日《御夕餐後、御床にてお休みのところ、午後十時前、大量の吐血をされる——》》(62)

マスコミ各社の皇室担当記者たちが「異変」を察知したのは、同十九日の深夜から翌二十日の未明にかけてだ。

十九日午後十一時すぎ、侍医長の高木顕が妻の運転する車で慌ただしく皇居に入るのを、記者たちは見逃さなかった。侍従長、女官長、宮内庁総務課長らも相次いで登庁する。二十日午前零時ごろには輸血車が皇居の桔梗門をくぐり、同二時二十分すぎには、パトカーに先導された皇太子（上皇さま）と皇太子妃（上皇后さま）のお車が半蔵門を走り抜けた。

各社のデスクが社会部記者に総動員をかける。記者たちは宮内庁幹部らの自宅にハイヤーを飛ばし、情報をかき集めた。長官の藤森昭一をはじめ多くは「格段の連絡はない」と首を

振ったが、その表情や仕草から、記者たちは「異変」を探りあてていった。(63)

二十日、新聞各紙に特大の見出しが並んだ。

「天皇陛下　ご容体急変か」（朝日新聞朝刊）

「侍従長、侍医長ら深夜に緊急招集」（産経新聞朝刊）

「吐血、重い黄だん」（毎日新聞夕刊）

「天皇陛下ご重体」（読売新聞夕刊）

宮内庁が「異変」を認め、記者会見したのは二十日午前三時である。

「天皇陛下は、昨夜十時前に吐血遊ばされたので、輸血などの緊急治療を行った。（その結果）落ち着かれた状態であられる」(64)

抑制された発表だが、内情は深刻だった。十九日夜の吐血量は約六〇〇ccに及び、最高血圧は一時九〇台に下がった。二十日だけで計約一二〇〇ccの輸血が行われ、当初は予断を許さない状況だった。

列島に衝撃が走ったのは、言うまでもない。街角のテレビに出勤途中のサラリーマンらが群がり、多くの社寺で平癒祈願が行われた。宮内庁が二十二日、坂下門に一般のお見舞い記帳所を設置したところ、皇居前広場は連日長蛇の列となり、一週間で四十二万二千人余が記帳した。(65)

大量の輸血と点滴により、危険な状態を脱したのは二十五日である。意識もはっきりした昭和天皇は、記帳所などの様子を聞き、病床で言った。

「皆が心配してくれてありがとう」(66)

だが、この言葉が伝えられても、国民の動揺はおさまらない。全国各地で秋祭りなどの行事を中止する動きが相次ぎ、自粛ムードが急速に拡大していく。一方、それを批判する左派勢力もあり、ことに共産党は「天皇は侵略戦争と人権抑圧の責任者」「自粛などは憲法の主権在民の大原則に反する」などと、激烈な批判キャンペーンを展開した(67)。

列島を包み込む不安と動揺――。昭和の終わりが、ゆっくりと近づいていた。

崩御

昭和六十三年の秋、吹上御所の二階にある昭和天皇の寝室には、野草が飾られていた。前首相の中曽根康弘が吟味して集め、届けたものである。

昭和天皇が、侍従に言った。

「ヒカゲノカズラ(シダ植物)がそこにあるね。どこから採ってきたものだろう」(68)

九月十九日の大量吐血から一カ月余り、小康状態を保っていたものの、病床からは起き上がれない。鉢植えの野草を見つめる昭和天皇は、那須の森を歩いていた頃を、思い浮かべていたのかもしれない。

旧暦の十三夜にあたる十月二十三日、侍従が鏡を持ち、窓外の月を映して見せた。
「見えますか」
「見えた。少し欠けてるね」[69]

がんは通常、激しい痛みを伴うが、昭和天皇は不思議と感じなかったという。連日お見舞いに参殿される皇太子や皇太子妃、肉親の皇族方にも、親しく声をかけた。だが、断続的に下血があり、徐々に体力は落ちていく。

十一月十一日《この頃より、日中も眠られている時間が長くなる》
十一月二十一日《お眠りになっている時間がさらに長くなり、お言葉も少なくなられる》
十二月十二日《御衰弱が顕著になる》[70]

国内では自粛ムードが続き、それを疑問視する報道や、皇室制度を批判する議論も出てきた。十二月七日には長崎市長の本島等が「天皇に戦争責任はある」と発言し、市議会が紛糾する騒動も起きている。[71]しかし、昭和天皇の心は、静かに平癒を祈る大多数の国民とともにあった。

年が明けて六十四年一月五日、昭和天皇は夕方に意識が薄れ、六日に昏睡《こんすい》状態に陥った。

そして、その日は来た。

七日未明《（容体が急変したとの）報を承け、五時四十三分に皇太子・同妃・徳仁親王・

文仁《ふみひと》親王・清子内親王が吹上御所に参殿、続いて六時過ぎまでには正仁親王・同妃・故雍仁親王妃・故宣仁親王妃・崇仁《たかひと》親王・同妃・寛仁《ともひと》親王・同妃・憲仁《のりひと》親王・同妃、及び池田隆政・同厚子、島津久永・同貴子始め御親族が参殿し、御寝室において皇后と共に天皇をお見舞いになる(72)》

昭和天皇は、穏やかな表情だった。枕元に皇太子が立たれ、ベッドの周りを皇族方が囲まれる。皇太子妃は、ふとんの下から昭和天皇の足をさすられていた。

午前六時三十三分、聴診器を胸にあてた侍医長の高木顕が姿勢を正し、皇太子に向かって深く頭を下げる。皇太子も、無言で頭を下げられた(73)。

この日、激動の昭和に、静かに幕が下りた。

ふりさけみれば

ひとすじの雲が那須岳にかかり、ゆっくり東に流れていく。山麓に延びる緑の森を、高原の夏風が穏やかに揺らす――。

平成二十八年七月、筆者は、本書の初出である産経新聞小説欄の連載「ふりさけみれば」の最終回を、那須御用邸の近くにある丘で書いた。眼前に広がるのは、昭和天皇がこよなく愛した、那須の自然だ。

昭和天皇の御製のうち、最後に発表された和歌が詠まれたのも、ここ那須だった。その和歌の、喜びも悲しみも乗り越えたところにある、透き通るような響きに魅せられて、執筆を続けてきた。

死期を悟っていたかもしれない昭和天皇は、どんな心境で、その和歌を詠んだのか——。先の大戦を、日本が悪だと一方的に決めつけてしまえば、昭和という時代は理解できないだろう。執筆を終えたいま、以前に増して心を打つのは、先人たちへの感謝だ。昭和天皇とともに生きた世代の日本人は、実に偉大だった。世界最強国と戦ってひるまず、戦後はどん底から奇跡の復興を遂げた。その犠牲と努力の上に現在の平和があるのだと、強く思う。

筆者が引用してきた『昭和天皇実録』全六十巻の本文は、崩御により皇太子が即位し、天子となられた昭和六十四年一月七日をもって終わる。また、その後に行われた大喪の礼などが、附載として記されている。

以下、その附載にそって書き足し、ペンを擱《お》くことにしたい。

大喪の礼が行われた平成元年二月二十四日は、朝から氷雨が降っていた。その中を、昭和天皇の霊柩《れいきゅう》を乗せた轜車《じしゃ》が皇居正門から出門する。海上自衛隊による着剣捧げ銃の敬礼。陸上自衛隊が発する二十一発の弔砲。新宿御苑まで約六・五キロの沿道は約二十万六千人の国民で埋まり、すすり泣きの声が寒空を震わせた。

同御苑での葬場殿の儀には、ブッシュ米大統領やミッテラン仏大統領ら各国元首をはじめ世界百六十四カ国の代表が参列。霊柩の置かれた葬場殿に践祚された天皇陛下（上皇さま）が拝礼し、御誄《おんるい》（弔辞）を奏された。

「皇位に在られること六十有余年、ひたすら国民の幸福と世界の平和を祈念され、未曽有の昭和激動の時代を、国民と苦楽を共にしつつ歩まれた御姿は、永く人々の胸に生き続けることと存じます」——(74)

霊柩は、大正天皇陵のある東京・八王子の武蔵陵墓地に埋葬された。(75)

崩御から一年余り、平成二年二月六日、皇居で昭和天皇を偲《しの》ぶ歌会が行われ、前年の歌会始で詠まれるはずだった昭和天皇の和歌が発表された。

空晴れて　ふりさけみれば　那須岳は
さやけくそびゆ　高原のうへ(76)

註

(1) 所功「靖国『公式参拝』のかたち」(『Voice』平成十五年八月号所収)より
(2) 『実録』三四、三五巻より
(3) 『実録』四〇、四九巻、「靖国『公式参拝』のかたち」より。靖国神社創立百年記念大祭の参拝で昭和天皇は、「国のため　いのちさゝげし人々を　まつれる宮は　もゝとせへたり」の和歌を詠んだ
(4) 『実録』五三巻一七四頁から引用
(5) 平成十八年七月二十日の日本経済新聞から引用
(6)、(7) 『畏るべき昭和天皇』より
(8) A級戦犯の合祀にあたり、侍従次長の徳川義《よし》寛《ひろ》は靖国神社側に「一般にもわかって問題になるのではないか」と苦言を伝えた。同神社は「外には公にしない」としたが、翌年に報道され、侍従長の入江相政は日記に、「朝刊に靖国神社に松岡、白鳥などの合祀のこと出、テレビでもいふ。いやになつちまふ」と書いた(徳川義寛『侍従長の遺言』、『入江相政日記』五巻より)
(9) 『テーミス』平成十八年九月号より
(10) 『実録』五四巻一六五頁から引用
(11) 『人間 昭和天皇』下巻より
(12) 昭和四十七年の『入江相政日記』「年末所感」には、「ヨーロッパの頃から(皇后の物忘れなどが)そろ〳〵だつたが、このごろはひどいことになつておしまひになつたらしい」との記述がある
(13)、(14) 『天皇さまお脈拝見』より
(15) 『入江相政日記』四巻五頁から引用
(16) 三種の神器のうち、天叢雲剣《あめのむらくものつるぎ》と八尺瓊勾玉《やさかにのまがたま》が安置してある部屋。天皇皇后の寝室の隣にあるため、男子禁制の部屋とされる
(17) 『入江相政日記』四巻六、一九、二五頁から引用。当時、入江らは今城が新興宗教にはまっていると疑っており、それが香淳皇后に悪影響を及ぼすと恐れていたとされる
(18) 毎月一、十一、二十一日に宮中の賢所・神殿・皇霊殿で行われる祭典
(19) 『入江相政日記』四巻二五八頁から引用
(20) 河原敏明「昭和天皇を苦悩させた宮中『魔女追放事件』の真実」(『現代』平成十一年一月号所収)より
(21) 今城の退官には昭和天皇も賛同した。欧州歴訪を控え、入江らと皇后が対立するのを憂慮し

たとみられる

(22)「昭和天皇を苦悩させた宮中『魔女追放事件』の真実」から引用。句読点は筆者

(23)『入江相政日記』四巻二〇〇頁から引用

(24)同書五巻五四頁から引用。昭和天皇の苦言に対し、入江は「御退位などにならずに末長く御在位で国民の期待にお応へいたゞきたい、その為に軽いものはお止めいたゞくといふことを申上げ、お許を得る」と日記に書いている

(25)八木秀次「宮中祭祀廃止論に反駁する」(平成二十年六月五日の産経新聞掲載)より

(26)日中共同声明に台湾は猛反発し、国交断絶を宣言した

(27)青木直人『田中角栄と毛沢東』より

(28)毛沢東と周恩来は一九七六(昭和五十一)年に死去し、当時は鄧小平が事実上の最高実力者だった

(29)岩見隆夫『陛下の御質問』五八頁から引用。傍点は筆者

(30)『実録』五五巻九五頁から引用

(31)『入江相政日記』五巻三八〇頁から引用

(32)『陛下の御質問』五九頁から引用。この憶測の出所は侍従長の入江相政だが、入江は五十三年十月二十三日の日記に「竹の間で『不幸な時代もありましたが』と御発言」と書きながら、六年後の五十九年の年末所感に「鄧小平氏の時に、陛下が全く不意に『長い間御迷惑をかけました』と仰有り……」と記しており、後年になって誇張したとみられる

(33)平成二十七年三月三十一日の産経新聞より

(34)加瀬英明編『宮中晩餐会』二九六頁から引用

(35)『実録』五六巻五〜六頁から引用

(36)『陛下の御質問』より。「サッチャーは軍艦だすか」との質問に、外務省情報文化局長の橋本恕は「そのようなことは絶対にありません」と答えたが、数日後に英艦隊の出動命令が出された。橋本は「もう予測的なことは陛下の前では言わない」と冷や汗をかいたという

(37)平野貞夫『昭和天皇の「極秘指令」』一五九〜一六〇頁から引用

(38)、(39)『人間 昭和天皇』下巻より

(40)『入江相政日記』五巻二七頁から引用

(41)『実録』五七巻四〇頁から引用

(42)『実録』四二巻五一頁から引用。原文はスペースなし

(43)『天皇さまお脈拝見』一四七頁から引用

(44)昭和三十年代に大関として活躍した大内山は、その四股名が皇居を意味するものだったこと

から、ひそかに応援していたともいわれる
(45)『天皇さまの還暦』より。侍医の杉村によれば、相撲観戦だけは別で、公務を一時中断してみることもあったという
(46) 昭和五十年十一月一日のサンケイ新聞から引用
(47)、(48)『天皇さまお脈拝見』一五五頁から引用
(49) 群馬県那須町の茶臼岳（標高一九一五メートル）の別称、もしくは茶臼岳を中心とする那須火山群の総称
(50)『人間 昭和天皇』下巻より。植物名は昭和天皇が編集に関わった『那須の植物誌 続編』から引用
(51)『那須の植物誌 続編』の序文から引用
(52)『人間 昭和天皇』下巻より
(53)『実録』四巻より
(54)『実録昭和史（六）』より
(55) この日、生誕から三万七百五十六日となり、最長寿記録の第一〇八代後水尾天皇（一五九六〜一六八〇）と並んだ
(56) 昭和六十二年四月二十九日のサンケイ新聞、朝日新聞、『実録』五九巻より
(57)、(58)、(59)『実録』五九巻一四九、一七九、一八一頁から引用
(60) 最終的に十二指腸乳頭周囲腫瘍とされた。ただ、昭和天皇に告知しない方針だったため、当時は公表されなかった
(61)『実録』五九巻一九九頁から引用。原文はスペースなし
(62)『実録』六〇巻七一頁から引用
(63) 容体急変については昭和六十三年九月二十日の産経新聞、朝日新聞、毎日新聞、読売新聞、葛谷茂『天皇崩御』より。十九日午後十一時半すぎに日本テレビが「天皇陛下の容体急変」とニュースで伝えたのが、第一報とされる
(64)『実録』六〇巻より
(65) 各地の御用邸などでも記帳を受けつけ、最終的な一般のお見舞い記帳者総数は約百九十八万人に上った。ほかに沖縄県知事の西銘順治や社会党委員長の土井たか子もいち早く記帳している
(66)『実録』六〇巻七九頁から引用
(67) 治安問題研究会「検証・日本共産党」（『治安フォーラム』平成十六年十一月号所収）より
(68)『陛下の御質問』五六頁から引用
(69)『天皇崩御』二三五頁から引用
(70)『実録』六〇巻一〇四、一一〇、一一九頁から引用
(71) 天皇の戦争責任発言に右翼団体が過剰に反発

し、本島市長は平成二年一月、銃撃されて重傷を負った

(72)『実録』六〇巻一三四〜一三五頁から引用

(73) 崩御の様子は昭和六十四年一月七日の産経新聞、朝日新聞、毎日新聞、読売新聞各夕刊より

(74)『実録』六〇巻一六一〜一六二頁から引用

(75) 大喪の礼の様子は『実録』六〇巻の附載、平成元年二月二十四日の産経新聞、朝日新聞、毎日新聞、読売新聞各夕刊、二十五日の各朝刊より。海外からの参列者はほかに、カルロス・スペイン国王、フセイン・ヨルダン国王、ボードワン・ベルギー国王、ワンチュク・ブータン国王、アキノ・フィリピン大統領、ムバラク・エジプト大統領、李光耀《リークアンユー》シンガポール初代首相、ワイツゼッカー西独大統領らで、各国要人の葬儀としては史上最大規模となった。中国からは銭其琛外相、韓国からは姜英勲首相が参列した

(76)『実録』六〇巻一七六頁から引用。原文はスペースなし

あとがき

本書は平成二十七年四月から二十八年七月にかけ、産経新聞小説欄に「ふりさけみれば昭和天皇の87年」のタイトルで連載されたノンフィクションを加筆修正したものである。

右の連載は、産経新聞東京本社社会部長の三笠博志が立案し、『昭和天皇実録』取材班キャップだった筆者が取材、執筆を担当、宮内庁キャップの大島真生（現横浜総局次長）がデスクを務めた。

「ふりさけみれば」のタイトル、徹底した史実の追求、引用資料の脚注表記など基本方針は三笠の指示による。執筆にあたっては大島と相談を重ね、そのアドバイスに従った。ほかに複数の社会部員の協力も得ており、社会部全体としてつくりあげた連載である。また、校正および校閲は産経編集センター校閲部の三杯信生が当たった。

参考にした資料は書籍約四百七十冊、論文などを含めれば約五百六十点に上る。執筆に当たり最も苦労したのは、それら資料の収集と読み込み、および参考部分の取捨選択だった。

皇室に関することであり、一つの間違いも許されず、重圧に押しつぶされそうにもなった。

それでも執筆を続けることができたのは、連載中、多くの読者から寄せられた励ましの言葉のおかげだった。産経新聞の読者サービス室を通じて伝えられる、「よく調べて書いているから面白い」「当時にタイムスリップして当事者になった気分です」といったメールや電話に、どれほど勇気づけられたことか。この場を借りて、心からお礼を申し上げたい。

また、筆者は平成十九年からおよそ六年間、産経新聞社発行の月刊誌『正論』編集部に所属した。そこで得た経験が、本書を執筆する原動力となっている。

『正論』誌上に登場する言論人は熱い。仕事を超えたつき合いをさせていただき、学んだことは、自国の歴史を正しく理解しない国家、国民に未来はないということだ。

「歴史を直視せよ」とは左派系知識人の好むフレーズだが、それはむしろ、彼らにこそ向けられている。

本書執筆中も、『正論』編集部時代の人脈を頼りに多くの方々へ取材し、資料の収集にも協力していただいた。とりわけ勝岡寛次氏、倉山満氏、土井郁磨氏、潮匡人氏には、休日や深夜にもかかわらず問い合わせに答えていただき、心から感謝している。

もう一つ、歴史と向き合う筆者自身の姿勢に、影響を与えてくれたものがある。

まったくの私事だが、平成二十年から二十二年にかけ、当時東京都杉並区長だった山田宏氏（現参議院議員）が主宰する勉強会に参加する機会を得た。職種も価値観も異なる企業人、官僚、地方議員、新聞記者らが毎月一回、仕事の終わった夜に集まり、山田氏のもと日清・

日露戦争から先の大戦に至るまでの歴史を研究し、議論し合う会だが、先人たちの教訓を現代社会にどう生かしていくか、深く考えさせられるものだった。

山田氏とともに、メンバーの沢飯敦（金融庁）、塚越公志（新生銀行）、佐藤孝弘（山形市長）の三氏には特に刺激を受けたことを、ここに書き添えておく。

本書が店頭に並ぶ頃には天皇陛下の譲位に関する特例法が国会で可決、成立し、早ければ平成三十年にも、皇太子さまが即位されるだろう。新帝と国民との揺るぎない絆を、本書がさらに深めることになれば、それに勝る喜びはない。

平成二十九年六月

川瀬弘至《ひろゆき》

文庫版のあとがき

本書の原文である産経新聞ノンフィクション小説「ふりさけみれば　昭和天皇の87年」の連載開始から五年、単行本化されてからも三年が経つ。その間、平成から令和へと御代替わりしたが、昨今の新型コロナウイルス感染拡大をはじめ、新帝と迎える新たな時代は試練の連続である。

だが、君臣の絆は微塵も揺るがない。そして君臣の絆がある限り、いかなる国家的危機も乗り越えることができると、筆者は固く信じている。

七十五年前の夏、歴史はそれを証明した。終戦を告げる八月十五日の玉音放送に全国民が涙し、全将兵が銃を置いた。それがなければ、いまの日本はなかった。

今回の文庫版刊行にあたり、心中に去来するのは先人たちへの感謝だ。本書にも登場する特攻隊員の遺書の一節を、もう一度かみしめてみたい。

……実に日本の国体は美しいものです。古典そのものよりも、神代の有無よりも、私はそれを信じて来た祖先達の純心そのもの、歴史のすがたを愛します。美しいと思ひます。私はその美しく尊いものを、身を以て守ることを光栄としなければなりません……

私事ではあるが今春、産経新聞那覇支局勤務を命ぜられて着任した。ここ沖縄は、右の遺書を書いた特攻隊員が散華した地である。そして昭和天皇が、最後の最後まで訪れたいと願いながら、ついに果たせなかった地でもある。

その重みを胸に、日々の職務に励みたい。

なお、「ふりさけみれば」の連載以来、多くの方々の協力がなければ本書の刊行はなかっただろう。なかでも産経新聞編集局総務の三笠博志氏、産経新聞出版社長の皆川豪志氏、潮書房光人新社の小野塚康弘氏に、深く謝意を表する次第である。

令和二年六月六日

産経新聞那覇支局長　川瀬弘至

◇引用・参考図書　※初出の章に記載

▼上巻

【序章】

＊日本国外務省、ロシア連邦外務省編『日露間領土問題の歴史に関する共同作成資料集』（外務省、一九九二年）＊外務省編『終戦史録』（官公庁資料編纂会、一九九一年）＊佐藤尚武『回顧八十年』（時事通信社、一九六三年）＊防衛庁防衛研修所戦史室『戦史叢書 関東軍（二）関特演・終戦時の対ソ戦』（朝雲新聞社、一九七四年）＊木戸日記研究会校訂『木戸幸一日記』上下巻（東京大学出版会、一九六六年）＊同台経済懇話会『近代日本戦争史』第四編（同台経済懇話会、一九九五年）＊下村海南『終戦記』（鎌倉文庫、一九四八年）＊伊藤隆、渡邊行男編『重光葵手記』（中央公論社、一九八六年）＊下村海南『終戦秘史』（大日本雄弁会講談社、一九五〇年）＊池田純久『日本の曲り角　軍閥の悲劇と最後の御前会議』（千城出版、一九六八年）＊平田文市編『ソ満国境 虎頭要塞の戦記』（全国虎頭会事務局、一九七七年）＊復員局『対蘇作戦記録』（復員局、一九四九年）＊愛新覚羅溥儀『わが半生　満州国皇帝の自伝』上下巻（大安、一九六五年）＊迫水久常『機関銃下の首相官邸　二・二六事件から終戦まで』（ちくま学芸文庫、二〇一一年）＊河辺虎四郎『市ケ谷台から市ケ谷台へ　最後の参謀次長の回想録』（時事通信社、一九六二年）＊東久邇宮稔彦『私の記録』（東方書房、一九四七年）＊軍事史学会編『大本営陸軍部戦争指導班 機密戦争日誌』新装版 下巻（錦正社、二〇〇八年）＊興安街命日会編『葛根廟事件の証言　草原の惨劇・平和への祈り』（新風書房、二〇一四年）＊藤原作弥『満州、少国民の戦記』（新潮社、一九八四年）＊佐村恵利編『あゝ、ホロンバイル　元満洲国興安総省在住邦人終戦史録』（非売品、一九八一年）＊森下智『近衛師団参謀終戦秘史』（非売品、二〇〇六年）＊御厨貴、岩井克己監修『徳川義寛終戦日記』（朝日新聞社、一九九九年）＊内田百閒『東京焼盡』（大日本雄弁会講談社、一九五五年）＊中村正吾『永田町一番地』（ニュース社、一九四六年）＊高見順『敗戦日記』（文藝春秋新社、一九五九年）＊桑原武夫編『伊東静雄全集』（人文書院、一九六一年）＊徳川夢声『夢声戦争日記』五巻（中央公論社、一九六〇年）＊『永井荷風日記（断腸亭日乗）』七巻（東都書房、一九五九年）＊安岡章太郎『僕の昭和史（一）』

（講談社、一九八四年）＊高杉善治『天皇明仁の昭和史』（ワック、二〇〇六年）＊木下道雄『側近日誌』（文藝春秋、一九九〇年）

【第一章】

＊田中光顕監修、長野新聞編『聖上御盛徳録』（長野新聞、一九三五年）＊原奎一郎編『原敬日記』一、五巻（福村出版、二〇〇〇年）＊甘露寺受長『背広の天皇』（東西文明社、一九五七年）＊トク・ベルツ編『ベルツの日記』上下巻（岩波文庫、一九七九年）＊安倍能成代表著『天皇の印象』（創元社、一九四九年）＊エセル・ハワード『明治日本見聞録　英国家庭教師婦人の回想』（講談社学術文庫、一九九九年）＊文藝春秋編『昭和天皇の時代』（文藝春秋、一九八九年）＊エレーヌ・カレール＝ダンコース『甦るニコライ二世　中断されたロシア近代化への道』（藤原書店、二〇〇一年）＊和田政雄編『乃木希典日記』（金園社、一九七〇年）＊桜井忠温『肉弾』（国書刊行会、一九七八年）＊参謀本部編『明治卅七八年日露戦史』（偕行社、一九一五年）＊佐々木英昭『乃木希典　予は諸君の子弟を殺したり』（ミネルヴァ書房、二〇〇五年）＊長南政義編『日露戦争第三軍関係史料集　大庭二郎日記・井上幾太郎日記でみる旅順・奉天戦』（国書刊行会、二〇一四年）＊ソ同盟共産党中央委員会付属マルクス＝エンゲルス＝レーニン研究所編『レーニン全集』三三巻（大月書店、一九五九年）＊旧参謀本部編『日本の戦史　日露戦争』下巻（徳間文庫、一九九四年）＊永積寅彦『昭和天皇と私　八十年間お側に仕えて』（神道文化会、一九九二年）＊伊藤正徳『大海軍を想う』（光人社、一九八一年）＊小笠原長生編著『聖将東郷全傳（二）』（国書刊行会、一九八七年）＊海軍軍令部編『明治三十七八年海戦史』（春陽堂、一九〇九―一〇年）＊海軍軍令部編『極秘　明治三十七八年海戦史』（防衛省防衛研究所所蔵）＊ウラジミル・セメヨノフ『日本海大海戦　殉国記』（明治出版社、一九一二年）＊秋山真之『軍談』（実業之日本社、一九一七年）＊イ・ワヤン・バドリカ『インドネシアの歴史　インドネシア高校歴史教科書』（明石書店、二〇〇八年）＊平間洋一編著『日露戦争を世界はどう報じたか』（芙蓉書房出版、二〇一〇年）＊高橋紘『人間　昭和天皇』上下巻（講談社、二〇一一年）＊原敬文書研究会編『原敬関係文書』別巻（日本放送出版協会、一九八九年）

【第二章】

＊学習院百年史編纂委員会編『学習院百年史』第一編（学習院、一九八一年）＊学習院輔仁会編『乃

木院長記念録』(三光堂、一九一四年)＊長與善郎『わが心の遍歴』(筑摩書房、一九五九年)＊宮内省編『明治天皇紀』一二巻(吉川弘文館、一九七五年)＊秩父宮雍仁親王『皇族に生まれて 秩父宮随筆集』(渡辺出版、二〇〇五年)＊栗原広太『人間明治天皇』(駿河台書房、一九五三年)＊黒木勇吉『乃木希典』(講談社、一九七八年)＊夏目漱石『こゝろ』(岩波文庫、一九二七年)＊志賀直哉『志賀直哉全集』一〇巻(岩波書店、一九七三年)＊芥川龍之介『名著復刻 芥川龍之介文学館』(日本近代文学館、一九七七年)＊イザベラ・バード『朝鮮紀行』(講談社学術文庫、一九九八年)＊金正明編、神川彦松監修『日韓外交資料集成』六巻・上 日韓併合編(巖南堂書店、一九六四年)＊伊藤之雄『伊藤博文をめぐる日韓関係 韓国統治の夢と挫折、1905〜1921』(ミネルヴァ書房、二〇一一年)＊李英美『韓国司法制度と梅謙次郎』(法政大学出版局、二〇〇五年)＊伊藤之雄、李盛煥編著『伊藤博文と韓国統治 初代韓国統監をめぐる百年目の検証』(ミネルヴァ書房、二〇〇九年)＊満洲日日新聞社編『安重根事件公判速記録』(満洲日日新聞社、一九一〇年)＊春畝公追頌会編『伊藤博文伝』下巻(統正社、一九四三年)＊呉善花『韓国併合への道 完全版』(文春新書、二〇一二年)＊秩父宮雍仁親王殿下、秩父宮勢津子妃殿下共述『御殿場清話』(世界の日本社、一九四八年)＊小笠原長生編著『東郷元帥詳伝』(忠誠堂、一九二六年)＊甘露寺受長『天皇さま』(日輪閣、一九六五年)＊藤本尚則『国師杉浦重剛先生』(敬愛会、一九五四年)＊回想杉浦重剛編集委員会編『回想杉浦重剛 その生涯と業績』(杉浦重剛先生顕彰会、一九八四年)＊大竹秀一『天皇の学校 昭和の帝王学と高輪御学問所』(文藝春秋、一九八六年)＊猪狩又蔵編『倫理御進講草案』(杉浦重剛先生倫理御進講草案刊行会、一九三六年)＊明治教育史研究会編『杉浦重剛全集』五、六巻(杉浦重剛全集刊行会、一九八二—八三年)＊山室信一、岡田暁生、小関隆、藤原辰史編『現代の起点 第一次世界大戦(一)世界戦争』(岩波書店、二〇一四年)＊外務省調査部編訳『孫文全集』中巻(原書房、一九六七年)＊川田稔『原敬 転換期の構想 国際社会と日本』(未來社、一九九五年)＊佐道明広、小宮一夫、服部龍二編『人物で読む近代日本外交史 大久保利通から広田弘毅まで』(吉川弘文館、二〇〇九年)＊御厨貴『日本の近代(三)明治国家の完成 1890〜1905』(中央公論新社、二〇〇一年)＊鶴見俊輔、中川六平編『天皇百話』上下巻(ちくま文庫、一九八九年)

【第三章】

＊原武史『大正天皇』(朝日選書、二〇〇〇年)＊古川隆久『大正天皇』(吉川弘文館、二〇〇七年)

＊二荒芳徳、沢田節蔵『皇太子殿下御外遊記』（大阪毎日新聞社・東京日日新聞社、一九二五年）＊波多野勝『裕仁皇太子ヨーロッパ外遊記』（草思社、一九九八年）＊吉田茂『回想十年』四巻（新潮社、一九五八年）＊後藤武男『われらの摂政宮』（時友社、一九二五年）＊波多野澄雄、黒沢文貴、波多野勝責任編集『侍従武官長奈良武次日記・回顧録』四巻（柏書房、二〇〇〇年）＊伊藤隆、広瀬順晧編『牧野伸顕日記』（中央公論社、一九九〇年）＊伊藤之雄『山県有朋　愚直な権力者の生涯』（文春新書、二〇〇九年）＊茶谷誠一『牧野伸顕』（吉川弘文館、二〇一三年）＊警視庁編『大正大震火災誌』（警視庁、一九二五年）＊工藤美代子『関東大震災「朝鮮人虐殺」の真実』（産経新聞出版、二〇〇九年）＊神奈川県警察部編『大正大震火災誌』（神奈川県警察部、一九二六年）＊今井清一『日本の歴史（二三）大正デモクラシー』（中公文庫、二〇〇六年）＊高瀬広居『皇后さまの微笑』（山手書房、一九八三年）＊片野真佐子『皇后の近代』（講談社選書メチエ、二〇〇三年）＊山川三千子『女官』（実業之日本社、一九六〇年）＊主婦の友社『貞明皇后』（主婦の友社、一九七一年）＊大正天皇御集刊行会編『大正天皇御集』（大正天皇御集刊行会、一九四八年）＊皿木喜久『大正時代を訪ねてみた　平成日本の原景』（産経新聞ニュースサービス、二〇〇二年）＊植民地文化学会編『近代日本と「満州国」』（不二出版、二〇一四年）＊森克己『満洲事変の裏面史』（国書刊行会、一九七六年）

【第四章】

＊上塚司『高橋是清自伝』（千倉書房、一九三六年）＊大島清『高橋是清　財政家の数奇な生涯』（中公新書、一九六九年）＊高橋亀吉、森垣淑『昭和金融恐慌史』（講談社学術文庫、一九九三年）＊高橋紘、粟屋憲太郎、小田部雄次編『昭和初期の天皇と宮中　侍従次長河井弥八日記』二、三、六巻（岩波書店、一九九三―九四年）＊伊藤之雄『昭和天皇伝』（文藝春秋、二〇一一年）＊枢密院『枢密院会議議事録』四五巻（昭和篇三）（東京大学出版会、一九九二年）＊対支功労者伝記編纂会編『対支回顧録』上巻（対支功労者伝記編纂会、一九三六年）＊参謀本部編『昭和三年支那事変出兵史』（巌南堂書店、一九七一年）＊佐藤元英『昭和初期対中国政策の研究　田中内閣の対満蒙政策』（原書房、一九九二年）＊小川平吉文書研究会編『小川平吉関係文書』二巻（みすず書房、一九七三年）＊大江志乃夫『張作霖爆殺　昭和天皇の統帥』（中公新書、一九八九年）＊原田熊雄述『西園寺公と政局』一～八巻（岩波書店、一九五〇―五二年）＊高倉徹一編『田中義一伝記』下巻（原書房、一九八一

年）＊サンケイ新聞社『蔣介石秘録（八）日本帝国の陰謀』（サンケイ新聞社出版局、一九七六年）＊寺崎英成、マリコ・テラサキ・ミラー編著『昭和天皇独白録』（文春文庫、一九九五年）＊藤樫準二『陛下の〝人間〟宣言　旋風裡の天皇を描く』（同和書房、一九四六年）＊波多野勝『浜口雄幸　政党政治の試験時代』（中公新書、一九九三年）＊浜口雄幸『随感録』（講談社学術文庫、二〇一一年）＊東京12チャンネル報道部編『証言 私の昭和史（一）昭和初期』（学芸書林、一九六九年）＊中村隆英『昭和恐慌と経済政策』（講談社学術文庫、一九九四年）＊森武麿、浅井良夫、西成田豊、春日豊、伊藤正直『現代日本経済史』（有斐閣、一九九三年）＊伊藤正徳『軍閥興亡史』二巻（文藝春秋新社、一九五八年）

【第五章】

＊山口重次『悲劇の将軍 石原莞爾』（世界社、一九五二年）＊阿部博行『石原莞爾 生涯とその時代』上巻（法政大学出版局、二〇〇五年）＊小林龍夫、島田俊彦、稲葉正夫編『現代史資料（一一）続・満洲事変』（みすず書房、一九六五年）＊片倉衷『回想の満洲国』（経済往来社、一九七八年）＊森島守人『陰謀・暗殺・軍刀 一外交官の回想』（岩波新書、一九五〇年）＊幣原喜重郎『外交五十年』（原書房、一九七四年）＊中村菊男『昭和陸軍秘史』（番町書房、一九六八年）＊角田順編『石原莞爾資料 国防論策篇』（原書房、一九六七年）＊東亜同文会編『続対支回顧録』上巻（原書房、一九七三年）＊ＮＨＫ取材班、臼井勝美『張学良の昭和史最後の証言』（角川書店、一九九一年）＊ラルフ・タウンゼント『暗黒大陸 中国の真実』（芙蓉書房出版、二〇〇四年）＊鷲尾義直編『犬養木堂伝』中巻（原書房、二〇一三年）＊前坂俊之『太平洋戦争と新聞』（講談社学術文庫、二〇〇七年）＊今村武雄『三代宰相列伝　高橋是清』（時事通信社、一九五八年）＊岩田規久男『デフレの経済学』（東洋経済新報社、二〇〇一年）＊津本陽『生を踏んで恐れず　高橋是清の生涯』（幻冬舎、一九九八年）＊秦郁彦『軍ファシズム運動史』（原書房、一九八〇年）＊原秀男、澤地久枝、匂坂哲郎編『検察秘録五・一五事件　匂坂資料』一～三巻（角川書店、一九八九―九〇年）＊本庄繁『本庄日記』普及版（原書房、一九八九年）＊秦郁彦『昭和史の謎を追う』上巻（文藝春秋、一九九三年）＊御厨貴監修『歴代総理大臣伝記叢書（二一）　斎藤実』（ゆまに書房、二〇〇六年）＊ハインリッヒ・シュネー『「満州国」見聞記　リットン調査団同行記』（新人物往来社、一九八八年）＊渡部昇一解説・編『全文 リットン報告書』（ビジネス社、二〇〇六年）＊三輪公忠『松岡洋右　その人間と外交』（中公

新書、一九七一年）＊日本国際政治学会編『満州事変』（日本国際政治学会・有斐閣、一九七〇年）
＊東京日日新聞社編『東日七十年史』（東京日日新聞社・大阪毎日新聞社、一九四一年）

【第六章】

＊藤樫準二『千代田城　宮延記者四十年の記録』（光文社、一九五八年）＊高松宮宣仁親王『高松宮日記』二巻（中央公論社、一九九五年）＊日本政治学会編『現代日本政官関係の形成過程』（岩波書店、一九九五年）＊岡田貞寛編『岡田啓介回顧録』（毎日新聞社、一九七七年）＊山口定『ファシズム』（有斐閣選書、一九七九年）＊朝日新聞社編、入江為年監修『入江相政日記』一～五巻（朝日新聞社、一九九〇―九一年）＊永田鉄山刊行会編『秘録 永田鉄山』（芙蓉書房、一九七二年）

【第七章】

＊池田俊彦編『二・二六事件裁判記録　蹶起将校公判廷』（原書房、一九九八年）＊太平洋戦争研究会編、平塚柾緒著『二・二六事件』（河出文庫、二〇〇六年）＊松沢哲成、鈴木正節『二・二六と青年将校』（三一書房、一九七四年）＊鈴木貫太郎伝記編纂委員会編『鈴木貫太郎伝』（鈴木貫太郎伝記編纂委員会、一九六〇年）＊麻生和子『父　吉田茂』（光文社、一九九三年）＊高宮太平『天皇陛下』（酣燈社、一九五一年）＊藤本治毅『石原莞爾』（時事通信社、一九九五年）＊松村秀逸『三宅坂　軍閥は如何にして生れたか』（東光書房、一九五二年）＊広田弘毅伝記刊行会編『広田弘毅』（葦書房、一九九二年）＊筒井清忠『昭和十年代の陸軍と政治　軍部大臣現役武官制の虚像と実像』（岩波書店、二〇〇七年）＊中村粲『大東亜戦争への道』（展転社、一九九〇年）＊岡本隆三『中国革命長征史　現代革命精神の源流』（サイマル出版会、一九六九年）＊J・M・バートラム『西安事件　抗日民族統一運動の転機』（太平出版社、一九七五年）＊田中仁『1930年代中国政治史研究　中国共産党の危機と再生』（勁草書房、二〇〇二年）＊アレン・アイルランド『THE NEW KOREA　朝鮮が劇的に豊かになった時代』（桜の花出版、二〇一三年）＊角田順校訂『宇垣一成日記』二巻（みすず書房、一九七〇年）＊粟屋憲太郎『昭和の政党』（岩波現代文庫、二〇〇七年）＊近衛文麿伝記編纂刊行会、矢部貞治編著『近衛文麿』上下巻（弘文堂、一九五二年）

▼下 巻

【第八章】

＊安井三吉『盧溝橋事件』（研文出版、一九九三年）＊風見章『近衛内閣』（日本出版協同、一九五一年）井本熊男『支那事変作戦日誌』（芙蓉書房出版、一九九八年）＊石射猪太郎『外交官の一生』（中公文庫、二〇〇七年）＊小林龍夫、稲葉正夫、島田俊彦編『現代史資料（一二）日中戦争（四）』（みすず書房、一九六五年）＊日本国際問題研究所中国部会編『中国共産党史資料集』八巻（勁草書房、一九七四年）＊岡野篤夫『蘆溝橋事件 日中開戦の実相』（旺史社、一九八八年）＊上村伸一著、鹿島平和研究所編『日本外交史（二〇）日華事変（下）』（鹿島研究所出版会、一九七一年）＊『戦史叢書 支那事変陸軍作戦（一）』（朝雲新聞社、一九七五年）＊阿羅健一『日中戦争はドイツが仕組んだ上海戦とドイツ軍事顧問団のナゾ（秘史発掘）』（小学館、二〇〇八年）＊田嶋信雄『ナチズム極東戦略 日独防共協定を巡る諜報戦』（講談社選書メチエ、一九九七年）＊『戦史叢書 中国方面海軍作戦（一）』（朝雲新聞社、一九七四年）＊海軍歴史保存会編『日本海軍史』六巻（海軍歴史保存会、一九九五年）＊『戦史叢書 大本営陸軍部（一）』（朝雲新聞社、一九六七年）＊南京戦史編集委員会編『南京戦史資料集（二）』（偕行社・非売品、一九九三年）＊朝雲新聞社編集局編著『防衛ハンドブック（平成二三年版）』（朝雲新聞社、二〇一一年）＊早坂隆『松井石根と南京事件の真実』（文春新書、二〇一一年）＊波多野澄雄、戸部良一編『日中戦争の国際共同研究（二）日中戦争の軍事的展開』（慶應義塾大学出版会、二〇〇六年）＊藤岡信勝『近現代史教育の改革 善玉・悪玉史観を超えて』（明治図書出版、一九九六年）＊南京戦史編集委員会編『南京戦史』（偕行社・非売品、一九八九年）＊東中野修道『再現 南京戦』（草思社、二〇〇七年）＊軍事史学会編『日中戦争の諸相』（錦正社、一九九七年）＊日本国際政治学会『日中戦争と国際的対応』（日本国際政治学会、一九七二年）＊安藤徳器編訳『汪精衛（兆銘）自叙伝』（大日本雄弁会講談社、一九四一年）＊古川隆久『近衛文麿』（吉川弘文館、二〇一五年）＊岡部長章『ある侍従の回想記 激動時代の昭和天皇』（朝日ソノラマ、一九九〇年）＊猪瀬直樹監修、高梨正樹編『目撃者が語る昭和史（五）日中戦争 泥沼化する中国戦線』（新人物往来社、一九八九年）＊笠原孝太『日ソ張鼓峯事件史』（錦正社、二〇一五年）＊小尾俊人編『現代史資料（二）ゾルゲ事件（二）』（みすず書房、一九六二年）＊アドルフ・ヒトラー

『わが闘争』上巻（角川文庫、二〇〇一年）

【第九章】

＊綱川政則『ヒトラーとミュンヘン協定』（教育社歴史新書、一九七九年）＊藤岡信勝編著『条約で読む日本の近現代史』（祥伝社、二〇一四年）＊外務省百年史編纂委員会編『外務省の百年』下巻（原書房、一九六九年）＊鈴木健二『駐独大使 大島浩』（芙蓉書房、一九七九年）＊平沼騏一郎回顧録編纂委員会編『平沼騏一郎回顧録』（平沼騏一郎回顧録編纂委員会・非売品、一九五五年）＊軍事史学会編『日中戦争再論』（錦正社、二〇〇八年）＊辻政信『ノモンハン』（原書房、一九七五年）＊『戦史叢書 関東軍（一） 対ソ戦備・ノモンハン事件』（朝雲新聞社、一九六九年）＊古是三春『ノモンハンの真実 日ソ戦車戦の実相』（産経新聞出版、二〇〇九年）＊小田洋太郎、田端元『ノモンハン事件の真相と戦果 ソ連軍撃破の記録』（原史集成会、二〇〇二年）＊マクシム・コロミーエッツ『ノモンハン戦車戦 ロシアの発掘資料から検証するソ連軍対関東軍の封印された戦い』（大日本絵画、二〇〇五年）＊鎌倉英也『ノモンハン 隠された「戦争」』（日本放送出版協会、二〇〇一年）＊ノモンハン・ハルハ河戦争国際学術シンポジウム実行委員会編『ノモンハン・ハルハ河戦争 国際学術シンポジウム全記録 1991年東京』（原書房、一九九二年）＊ゲ・カ・ジューコフ『ジューコフ元帥回想録 革命・大戦・平和』（朝日新聞社、一九七〇年）＊伊藤隆、照沼康孝編『続・現代史資料（四） 陸軍 畑俊六日誌』（みすず書房、一九八三年）＊ジョン・トーランド『アドルフ・ヒトラー（三） 第二次世界大戦』（集英社文庫、一九九〇年）＊リデル・ハート『第二次世界大戦』上下巻（中央公論新社、一九九九年）＊アラン・ワイクス『ヒトラー 伍長から独裁者へ』（サンケイ新聞社出版局、一九七一年）＊木場浩介編『野村吉三郎』（野村吉三郎伝記刊行会、一九六一年）＊『20世紀年表』（毎日新聞社、一九九七年）＊『昭和史全記録』（毎日新聞社、一九八九年）＊林茂、辻清明編『日本内閣史録』四、五巻（第一法規出版、一九八一年）＊松岡洋右伝記刊行会編『松岡洋右 その人と生涯』（講談社、一九七四年）＊稲葉正夫、小林龍夫、島田俊彦、角田順編『太平洋戦争への道 開戦外交史 別巻資料編』（朝日新聞社、一九八八年）＊義井博『昭和外交史』（南窓社、一九七一年）＊森松俊夫編『参謀次長 沢田茂回想録』（芙蓉書房、一九八二年）＊木戸日記研究会編『木戸幸一関係文書』（東京大学出版会、一九六六年）

【第十章】

＊野村吉三郎『米国に使して　日米交渉の回顧』（岩波書店、一九四六年）＊塩崎弘明『日英米戦争の岐路　太平洋の宥和をめぐる政戦略』（山川出版社、一九八四年）＊日本国際政治学会太平洋戦争原因研究部編『太平洋戦争への道　開戦外交史（七）日米開戦』（朝日新聞社、一九八七年）＊富田健治『敗戦日本の内側　近衛公の思い出』（古今書院、一九六二年）＊防衛研究所戦史部監修、中尾裕次編『昭和天皇発言記録集成』上下巻（芙蓉書房出版、二〇〇三年）＊越後谷太郎『独ソ戦の始まりとその転換点　1941年の軍事情勢を中心に』（文芸社、二〇〇六年）＊近衛文麿『平和への努力　近衛文麿手記』（日本電報通信社、一九四六年）＊『戦史叢書　大本営陸軍部大東亜戦争開戦経緯（四）』（朝雲新聞社、一九七四年）＊加瀬俊一著、鹿島平和研究所編『日本外交史（二三）日米交渉』（鹿島研究所出版会、一九七〇年）＊実松譲編『現代史資料（三四）太平洋戦争（一）』（みすず書房、一九六八年）＊東京裁判研究会編『共同研究　パル判決書』下巻（講談社学術文庫、一九八四年）＊ハーバート・ファイス『眞珠灣への道』（みすず書房、一九五六年）＊棋本捨三『山本五十六・その昭和史』（秀英書房、一九七九年）＊田中宏巳『山本五十六』（吉川弘文館、二〇一〇年）＊『戦史叢書　ハワイ作戦』（朝雲新聞社、一九六七年）＊保阪正康『東条英機と天皇の時代』上巻（伝統と現代社、一九七九年）

【第十一章】

＊淵田美津雄『真珠湾攻撃総隊長の回想　淵田美津雄自叙伝』（講談社、二〇〇七年）＊A・J・バーカー『パールハーバー　われ奇襲に成功せり』（サンケイ新聞社出版局、一九七一年）＊カール・スミス『パールハーバー1941　アメリカ軍から見た真珠湾攻撃』（大日本絵画、二〇〇九年）＊W・S・チャーチル『第二次世界大戦』三巻（河出書房新社、一九七五年）＊ラッセル・グレンフェル『主力艦隊シンガポールへ　日本勝利の記録　プリンスオブウエルスの最期』（錦正社、二〇〇八年）＊勝岡寛次『昭和天皇の祈りと大東亜戦争　『昭和天皇実録』を読み解く』（明成社、二〇一五年）＊半藤一利編著『十二月八日と八月十五日』（文春文庫、二〇一五年）＊陸戦史研究普及会編『陸戦史集（二）第二次世界大戦史　マレー作戦』（原書房、一九六六年）＊『戦史叢書　マレー進攻作戦』（朝雲新聞社、一九六六年）＊大畑篤四郎『近代の戦争（六）太平洋戦争（上）』（人物往来社、一九六六年）＊『歴史群像アーカイブ（九）帝国海軍　太平洋作戦史（一）』（学習研究社、

二〇〇九年）＊産経新聞「ルーズベルト秘録」取材班『ルーズベルト秘録』下巻（産経新聞ニュースサービス、二〇〇〇年）＊柴田武彦、原勝洋『日米全調査 ドーリットル空襲秘録』（アリアドネ企画、二〇〇三年）＊藤田尚徳『侍従長の回想』（講談社、一九六一年）＊『戦史叢書 ミッドウェー海戦』（朝雲新聞社、一九七一年）＊生出寿『凡将 山本五十六』（徳間書店、一九八四年）＊森史朗『ミッドウェー海戦 第一部 知略と驕慢』（新潮選書、二〇一二年）＊森史朗『ミッドウェー海戦 第二部 運命の日』（新潮選書、二〇一二年）＊千早正隆『日本海軍の驕り症候群』（プレジデント社、一九九〇年）＊宇垣纒『戦藻録』（原書房、一九六八年）＊生出寿『烈将 山口多聞』（徳間文庫、一九八九年）＊『戦史叢書 南太平洋陸軍作戦（一） ポートモレスビー・ガ島初期作戦』（朝雲新聞社、一九六八年）＊グレイム・ケント『ガダルカナル 日米〝死闘の島〟』（サンケイ出版、一九七二年）＊土門周平『戦う天皇』（講談社、一九八九年）＊ジェフレー・ジュークス『スターリングラード ヒトラー野望に崩る』（サンケイ新聞社出版局、一九七一年）＊吉田一彦『無条件降伏は戦争をどう変えたか』（PHP新書、二〇〇五年）＊外務省編『日本外交年表並主要文書』下巻（原書房、一九六六年）＊『陸戦史集（一七） 第二次世界大戦史 インパール作戦（下）』（原書房、一九七〇年）＊『戦史叢書 中部太平洋陸軍作戦（一） マリアナ玉砕まで』（朝雲新聞社、一九六七年）＊福田和也『悪と徳と 岸信介と未完の日本』（産経新聞出版、二〇一二年）＊『戦史叢書 捷号陸軍作戦（一） レイテ決戦』（朝雲新聞社、一九七〇年）＊左近允尚敏『捷号作戦はなぜ失敗したのか レイテ沖海戦の教訓』（中央公論新社、二〇一〇年）＊読売新聞社編『昭和史の天皇（一二） レイテ決戦』（読売新聞社、一九七〇年）＊マーティン・ギルバート『第二次世界大戦 人類史上最大の事件』下巻（心交社、一九九四年）＊平塚柾緒編著『米軍が記録した日本空襲』（草思社、一九九五年）＊『戦史叢書 中部太平洋陸軍作戦（二） ペリリュー・アンガウル・硫黄島』（朝雲新聞社、一九六八年）＊小谷秀二郎『硫黄島の死闘 恐怖の洞窟戦』（サンケイ出版、一九七八年）＊栗林忠道『栗林忠道 硫黄島からの手紙』（文藝春秋、二〇〇六年）＊北川衛編『あゝ神風特攻隊 還らざる青春の遺書集』（日本文華社、一九七〇年）＊伊藤正徳『帝国陸軍の最後（四） 特攻篇』（角川文庫、一九七三年）＊保阪正康『「特攻」と日本人』（講談社現代新書、二〇〇五年）＊真継不二夫編『海軍特別攻撃隊の遺書』（KKベストセラーズ、一九七一年）＊猪口力平、中島正『神風特別攻撃隊』（日本出版協同、一九五一年）＊村永薫編『知覧特別攻撃隊』（ジャプラン、一九九一年）＊米国陸軍省編『沖縄 日米最後の戦闘』（光人社NF文庫、一九九七年）＊田村洋三『沖縄県民斯ク戦ヘリ 大田實海軍中将一家の昭和史』（講談社、一九九四年）＊ジェームス・H・ハラス『沖縄シュガーローフの戦い 米海兵隊地獄の7日間』（光人社、二〇〇七年）＊『戦史叢書 沖縄方面陸軍作戦』（朝雲新聞社、一九六八年）＊鈴木一編『鈴木貫太郎自伝』（時事通信社、一九八五年）＊ピーター・ドイル『データで見る第二次世界大戦 軍事力・経済力・兵器・戦闘・犠牲者（ビジュアル版）』（柊風舎、二〇一四年）

【第十二章】

＊ウィリアム・マンチェスター『ダグラス・マッカーサー』下巻（河出書房新社、一九八五年）＊ダグラス・マッカーサー『マッカーサー回想記』下巻（朝日新聞社、一九六四年）＊重光葵『昭和の動乱』下巻（中公文庫、二〇〇一年）＊伊藤隆、渡邊行男編『続 重光葵手記』（中央公論社、一九八八年）＊河原匡喜『マッカーサーが来た日　8月15日からの20日間』（新人物往来社、一九九五年）＊外務省特別資料部編『日本占領及び管理重要文書集』一巻（東洋経済新報社、一九四九年）＊江藤淳責任編集『占領史録』第一巻（講談社、一九八一年）＊小堀桂一郎『東京裁判の呪ひ　呪縛から日本人を解き放て』（PHP研究所、一九九七年）＊半藤一利、横山恵一、秦郁彦、原剛『歴代陸軍大将全覧　昭和篇／満州事変・支那事変期』（中公新書ラクレ、二〇一〇年）＊杉山元帥伝記刊行会編『杉山元帥伝』（原書房、一九六九年）＊伊藤之雄、川田稔編『二〇世紀日本の天皇と君主制　国際比較の視点から一八六七～一九四七』（吉川弘文館、二〇〇四年）＊袖井林二郎『マッカーサーの二千日』（中公文庫、二〇〇四年）＊『斎藤茂吉全集』三三巻（岩波書店、一九七五年）＊杉田幸三『エピソードで綴る天皇さま　明治・大正・昭和篇』（日本教文社、一九八五年）＊髙橋史朗『日本が二度と立ち上がれないようにアメリカが占領期に行ったこと　こうして日本人は国を愛せなくなった』（致知出版、二〇一四年）＊百瀬孝『事典 昭和戦後期の日本　占領と改革』（吉川弘文館、一九九五年）＊勝岡寛次『抹殺された大東亜戦争　米軍占領下の検閲が歪めたもの』（明成社、二〇〇五年）＊ベン＝アミー・シロニー『母なる天皇　女性的君主制の過去・現在・未来』（講談社、二〇〇三年）＊佐藤達夫著、法令普及会編『日本国憲法誕生記』（大蔵省印刷局、一九五七年）＊吉本貞昭『知られざる日本国憲法の正体　マッカーサーはなぜ「帝国憲法」を改正したのか』（ハート出版、二〇一四年）＊倉山満『誰が殺した？日本国憲法！』（講談社、二〇一一年）＊八木秀次『日本国憲法とは何か』（PHP新書、二〇〇三年）＊鈴木正男『昭和天皇の御巡幸』（展転社、一九九二年）＊

大金益次郎『巡幸余芳』（新小説社、一九五五年）＊鈴木一『人間天皇の素顔』（平安書店、一九七四年）＊新田満夫編『極東国際軍事裁判速記録』六、八巻（雄松堂書店、一九六八年）＊菅原裕『東京裁判の正体』（時事通信社、一九六一年）＊清瀬一郎『秘録 東京裁判』（読売新聞社、一九六七年）＊池田佑編『秘録大東亜戦史（六）原爆国内・東京裁判篇』（富士書苑、一九五四年）＊日暮吉延『東京裁判』（講談社現代新書、二〇〇八年）＊上法快男編『東京裁判と東条英機』（芙蓉書房、一九八三年）＊進藤栄一、下河辺元春編『芦田均日記』二巻（岩波書店、一九八六年）＊武田清子『天皇観の相剋　1945年前後』（岩波書店、一九七八年）＊秦郁彦『裕仁天皇五つの決断』（講談社、一九八四年）＊『陸戦史集（一八）朝鮮戦争（五）』（原書房、一九七二年）＊『陸戦史集（二一）朝鮮戦争（六）』（原書房、一九七一年）＊『陸戦史集（二三）朝鮮戦争（七）』（原書房、一九七二年）＊『陸戦史集（二五）朝鮮戦争（八）』（原書房、一九七二年）＊クレイ・ブレアJr.『マッカーサー　その栄光と挫折』（パシフィカ、一九七八年）＊デイヴィッド・ハルバースタム『ザ・フィフティーズ』上巻（新潮社、一九九七年）＊林健太郎監修、高橋紘責任編集『実録昭和史　激動の軌跡（三）日本再建の時代』（ぎょうせい、一九八七年）＊工藤美代子『母宮貞明皇后とその時代　三笠宮両殿下が語る思い出』（中央公論新社、二〇〇七年）＊松本健一『畏るべき昭和天皇』（毎日新聞社、二〇〇七年）＊外務省編『日本外交文書　平和条約の締結に関する調書（七）』（外務省、二〇〇二年）＊外務省『日本外交文書　サンフランシスコ平和条約―対米交渉』（外務省、二〇〇七年）

【第十三章】

＊波多野勝『明仁皇太子　エリザベス女王戴冠式列席記』（草思社、二〇一二年）＊河原敏明『美智子妃』（講談社、一九八七年）＊林健太郎監修、田中理責任編集『実録昭和史　激動の軌跡（四）高度経済成長の時代』（ぎょうせい、一九八七年）＊菅原裕『日本国憲法失効論』改訂版（時事通信社、一九六二年）＊国政問題調査会編『日本の内閣』（国政問題調査会、一九九四年）＊工藤美代子『絢爛たる悪運　岸信介伝』（幻冬舎、二〇一二年）＊大日向一郎『岸政権・一二四一日』（行政問題研究所出版局、一九八五年）＊岸信介『岸信介回顧録　保守合同と安保改定』（広済堂出版、一九八三年）＊浜尾実『皇后　美智子さま』（小学館、一九九六年）＊酒井美意子『元華族たちの戦後史　没落、流転、激動の半世紀』（宙出版、一九九五年）＊杉村昌雄『天皇さまお脈拝見』（新潮社、一九八二年）＊入江相政『天皇さまの還暦』（朝日新聞社、一九六二年）＊由利静夫、東邦彦編『天皇語録』（講談

社、一九七四年）＊真崎秀樹『側近通訳25年　昭和天皇の思い出』（読売新聞社、一九九二年）＊林健太郎監修、三ケ野大典責任編集『実録昭和史　激動の軌跡（五）技術革新と経済大国の時代』（ぎょうせい、一九八七年）＊沖縄県警察史編さん委員会編『沖縄県警察史（三）昭和後編』（沖縄県警察本部、二〇〇二年）＊国民講座日本の安全保障編集委員会編『国民講座・日本の安全保障別巻　沖縄復帰への道』（原書房、一九六八年）＊ロバート・D・エルドリッヂ『沖縄問題の起源　戦後日米関係における沖縄1945－1952』（名古屋大学出版会、二〇〇三年）＊矢吹晋『敗戦・沖縄・天皇　尖閣衝突の遠景』（花伝社、二〇一四年）＊伊藤隆監修『佐藤榮作日記』三巻（朝日新聞社、一九九八年）＊宮本雅史『報道されない沖縄　沈黙する「国防の島」』（角川学芸出版、二〇一二年）＊佐々淳行『菊の御紋章と火炎ビン「ひめゆりの塔」と「伊勢神宮」が燃えた「昭和50年」』（文藝春秋、二〇〇九年）

【終章】
＊徳川義寛『侍従長の遺言　昭和天皇との50年』（朝日新聞社、一九九七年）＊青木直人『田中角栄と毛沢東　日中外交暗闘の30年』（講談社、二〇〇二年）＊岩見隆夫『陛下の御質問　昭和天皇と戦後政治』（毎日新聞社、一九九二年）＊加瀬英明編『宮中晩餐会　お言葉と答辞』（日本教文社、一九九三年）＊平野貞夫『昭和天皇の「極秘指令」』（講談社、二〇〇四年）＊生物学御研究所編『那須の植物誌　続編』（保育社、一九八五年）＊林健太郎監修、塚原政秀責任編集『実録昭和史　激動の軌跡（六）世界調和へ模索の時代』（ぎょうせい、一九八七年）＊葛谷茂『天皇崩御　ドキュメント昭和の終焉　皇室特別取材班記者600日の詳細記録』（ネスコ、一九八九年）

本書は、産経新聞平成27年4月1日～28年7月23日付に連載された「ふりさけみれば　昭和天皇の87年」を大幅に加筆、再構成したものです。

単行本　平成二十九年六月　産経新聞出版刊

装　幀　伏見さつき
DTP　佐藤敦子

産経NF文庫

立憲君主 昭和天皇 下

二〇二〇年七月十五日 第一刷発行

著 者 川瀬弘至

発行者 皆川豪志

発行・発売 株式会社 潮書房光人新社

〒100-8077 東京都千代田区大手町一-七-二

電話/〇三-六二八一-九八九一(代)

印刷・製本 凸版印刷株式会社

定価はカバーに表示してあります

乱丁・落丁のものはお取りかえ致します。本文は中性紙を使用

ISBN978-4-7698-7025-8 C0195

http://www.kojinsha.co.jp

産経NF文庫の既刊本

立憲君主 昭和天皇 上

川瀬弘至

昭和天皇でなければ日本は救えなかった——あの戦争で、終戦の「聖断」はどのように下されたのか。青年期の欧州歴訪を経て、国民とともに歩む立憲君主たらんと志した昭和天皇。現実政治の前で悩み、君主のあるべき姿を体現した87年の生涯を描く。

定価〈本体930円＋税〉 ISBN978-4-7698-7024-1

冤罪

文庫特別版 田中角栄とロッキード事件の真相

石井 一

「P3Cのことは墓場まで持っていく」オヤジは言った。核心には、キッシンジャーと「灰色高官」の暗躍があった。側近中の側近が問う、角栄の無実。自らも「郵便不正事件」で特捜部による「冤罪」を目にした著者が明かす、アメリカの真意、事件の真相、角栄という人物。

定価〈本体820円＋税〉 ISBN978-4-7698-7020-3

産経NF文庫の既刊本

旧制高校物語　真のエリートのつくり方
喜多由浩

私利私欲なく公に奉仕する心、寮で培った教養と自治の精神……。中曽根康弘元首相、ノーベル物理学賞受賞の小柴昌俊博士、作家の三浦朱門氏など多くの卒業生たちが旧制高校の神髄を語る。その教育や精神を辿ると、現代の日本が直面する課題を解くヒントが見えてくる。

定価〈本体820円＋税〉　ISBN978-4-7698-7017-3

神話のなかのヒメたち
イザナミノミコト、天照大御神から飯豊王まで
産経新聞取材班

古事記・日本書紀には神や王を支える女神・女性が数多く登場する。記紀では彼女たちの支援や献身なしには、英雄たちの活躍はなかったことを描き、その存在感は神話時代から天皇の御世になっても変わりなく続く。「女ならでは」の視点で神話・古代史を読み解く。

定価〈本体810円＋税〉　ISBN978-4-7698-7016-6

日本人なら知っておきたい英雄　ヤマトタケル
産経新聞取材班

古代天皇時代、九州や東国の反乱者たちを制し、大和への帰還目前に非業の死を遂げた英雄ヤマトタケル。神武天皇から受け継いだ日本の「国固め」に捧げた生涯を南は鹿児島から北は岩手まで、日本各地を巡り、地元の伝承を集め、郷土史家の話に耳を傾けて綴る。

定価〈本体810円＋税〉　ISBN 978-4-7698-7015-9

産経NF文庫の既刊本

教科書が教えない 楠木正成　産経新聞取材班

明治の小学生が模範とした人物第一位——天皇の求心力と権威の下で実務に長けた武士が国政を取る「日本」を夢見て、そのために粉骨砕身働いたのが正成という武将だった。戦後、墨塗りされ、教科書から消えた正成。その無私の心とは。日本が失った「滅私奉公」を発掘する。

定価〈本体900円＋税〉　ISBN 978-4-7698-7014-2

来日外国人が驚いた 日本絶賛語録　村岡正明
ザビエルからライシャワーまで

日本人は昔から素晴らしかった！ザビエル、クラーク博士、ライシャワーら、そうそうたる顔ぶれが登場。彼らが来日して驚いたという日本の職人技、自然美、治安の良さ、和風の暮らしなど、文献をもとに紹介する。日本人の心を誇りと自信で満たす一〇二の歴史証言集。

定価〈本体760円＋税〉　ISBN978-4-7698-7013-5

「令和」を生きる人に知ってほしい 日本の「戦後」　皿木喜久

なぜ平成の子供たちに知らせなかったのか……GHQの占領政策、東京裁判、「米国製」憲法、日米安保——これまで戦勝国による歴史観の押しつけから目をそむけてこなかったか。「敗戦国」のくびきから真に解き放たれるために「戦後」を清算、歴史的事実に真正面から向き合う。

定価〈本体790円＋税〉　ISBN978-4-7698-7012-8

産経NF文庫の既刊本

神武天皇はたしかに存在した
神話と伝承を訪ねて

産経新聞取材班

〈神武東征という〉長旅があって初めて、天照大御神の孫のニニギノミコトを地上界での祖とする皇室は大和に至り、天皇と名乗って「天の下治らしめしき」ことができたのである。東征は、皇室制度のある現代日本を生んだ偉業、そう言っても過言ではない。（序章より）

定価〈本体810円＋税〉 ISBN978-4-7698-7008-1

中国人が死んでも認めない 捏造だらけの中国史

黄 文雄

真実を知れば、日本人はもう騙されない！中国の歴史とは巨大な嘘！中華文明の歴史が嘘をつくり、その嘘がまた歴史をつくる無限のループこそが、中国の主張する「中国史の正体」なのである。だから、一つ嘘を認めれば、歴史を誇る「中国」は足もとから崩れることになる。

定価〈本体800円＋税〉 ISBN978-4-7698-7007-4

金正日秘録 なぜ正恩体制は崩壊しないのか

龍谷大学教授 李 相哲

米朝首脳会談後、盤石ぶりを誇示する金正恩。正恩の父、正日はいかに権力基盤を築き、三代目へ権力を譲ったのか。北朝鮮研究の第一人者が機密文書など600点に及ぶ文献や独自インタビューから初めて浮かびあがらせた、2代目独裁者の「特異な人格」と世襲王朝の実像！

定価〈本体900円＋税〉 ISBN978-4-7698-7006-7